Decisão Judicial

Decisão Judicial

2020

Rennan Faria Krüger Thamay
Vanderlei Garcia Junior

DECISÃO JUDICIAL
© Almedina, 2020
AUTOR: Rennan Faria Krüger Thamay e Vanderlei Garcia Junior
DIAGRAMAÇÃO: Almedina
DESIGN DE CAPA: FBA
ISBN: 9788584935338

Dados Internacionais de Catalogação na Publicação (CIP)
(Câmara Brasileira do Livro, SP, Brasil)

Thamay, Rennan Faria Krüger
Decisão judicial / Rennan Faria Krüger Thamay, Vanderlei Garcia Junior. -- São Paulo : Almedina, 2019.

Bibliografia.
ISBN 978-85-8493-533-8

1. Decisão judicial 2. Juízes - Brasil 3. Processo civil 4. Processo civil - Brasil I. Garcia Junior, Vanderlei. II. Título..

19-30666   CDU-347.962.6(81)

Índices para catálogo sistemático:
1. Brasil : Juízes : Processo civil 347.962.6(81)
Maria Alice Ferreira - Bibliotecária - CRB-8/7964

Este livro segue as regras do novo Acordo Ortográfico da Língua Portuguesa (1990).

Todos os direitos reservados. Nenhuma parte deste livro, protegido por copyright, pode ser reproduzida, armazenada ou transmitida de alguma forma ou por algum meio, seja eletrônico ou mecânico, inclusive fotocópia, gravação ou qualquer sistema de armazenagem de informações, sem a permissão expressa e por escrito da editora.

Janeiro, 2020

EDITORA: Almedina Brasil
Rua José Maria Lisboa, 860, Conj.131 e 132, Jardim Paulista | 01423-001 São Paulo | Brasil
editora@almedina.com.br
www.almedina.com.br

SOBRE OS AUTORES

RENNAN FARIA KRÜGER THAMAY

Pós-Doutor pela Universidade de Lisboa. Doutor em Direito pela PUC/RS e Università degli Studi di Pavia.
Mestre em Direito pela UNISINOS e pela PUC Minas. Especialista em Direito pela UFRGS.
Professor Titular do programa de graduação e pós-graduação (Doutorado, Mestrado e Especialização) da FADISP.
Professor da pós-graduação (lato sensu) da PUC/SP. Professor Titular do Estratégia Concursos e do UNASP.
Foi Professor assistente (visitante) do programa de graduação da USP.
Foi Professor do programa de graduação e pós-graduação (lato sensu) da PUC/RS.
Presidente da Comissão de Processo Constitucional do IASP (Instituto dos Advogados de São Paulo).
Membro do IAPL (International Association of Procedural Law), do IIDP (Instituto Iberoamericano de Derecho Procesal), do IBDP (Instituto Brasileiro de Direito Processual), IASP (Instituto dos Advogados de São Paulo), da ABDPC (Academia Brasileira de Direito Processual Civil), do CEBEPEJ (Centro Brasileiro de Estudos e Pesquisas Judiciais), da ABDPro (Associação Brasileira de Direito Processual) e do CEAPRO (Centro de Estudos Avançados de Processo). Advogado, consultor jurídico e parecerista.

VANDERLEI GARCIA JUNIOR

Doutorando em Direito pela PUC/SP.
Mestre em Direito pela FADISP e pela Università degli Studi di Roma II.
Especialista em Direito Processual Civil pela Escola Paulista da Magistratura – EPM/SP, com capacitação para o ensino no magistério superior.
Pós-graduado em Direito Privado pela Faculdade de Direito Damásio de Jesus – FDDJ/SP.
Bacharel em Direito pela Faculdade de Direito da Universidade de Ribeirão Preto – UNAERP/SP.
Professor da graduação e da pós-graduação em Direito da Universidade Nove de Julho – UNINOVE e da Faculdade Autônoma de Direito de São Paulo – FADISP.
Professor curador e titular do programa de pós-graduação da Universidade Presbiteriana MACKENZIE.
Coordenador do programa de pós-graduação em Direito (Juizados Especiais Cíveis) da UNILEYA.
Professor convidado do programa de pós-graduação da Escola Paulista de Direito – EPD.
Professor de cursos preparatórios para concursos públicos e Exame de Ordem.
Professor convidado da Escola Judicial dos Servidores do Tribunal de Justiça de São Paulo – EJUS/TJSP.
Membro e Secretário Geral da Comissão Permanente de Estudos de Processo Constitucional do Instituto dos Advogados de São Paulo – IASP.
Membro efetivo do Instituto Brasileiro de Direito Processual – IBDP e do Centro de Estudos Avançados de Processo – CEAPRO. Assessor Jurídico do Tribunal de Justiça do Estado de São Paulo.
Palestrante, autor de livros e artigos jurídicos.

Ao meu Deus (pai amável e fiel),
À minha amada esposa, Priscila Krüger Padrão Thamay (meu eterno amor),
Ao meu pai, Ramiro Thamay Yamane (meu incentivador),
À minha mãe, Nívea Maria Faria (minha educadora amável).
A todos vocês, meus amores, dedico esta obra!
Rennan Thamay

Ao meu Deus, pai amado e fiel, por estar sempre ao meu lado, abençoando-me, guiando-me e oferecendo oportunidades de felicidades.
À minha amada esposa, Priscila Ferreira, razão diária dos meus sorrisos, meu grande e verdadeiro amor.
Aos meus amados pais, Sandra e Vanderlei, responsáveis por tudo, especialmente pelo amor incondicional e pelos valores, princípios e ideais transmitidos durante uma existência.
Vanderlei Garcia Junior

> *"Nenhum esconderijo me pode proteger*
> *contra as consequências dolorosas*
> *dos males que vier a praticar.*
> *Nenhuma potência, terrena ou não,*
> *poderá deter a mão-carícia de Deus*
> *a procurar-me pelo que eu tiver feito de bom.*
> *A isso chamo Justiça"*
> **Hermógenes**

> *"Para ser grande, sê inteiro: nada*
> *Teu exagera ou exclui.*
> *Sê todo em cada coisa. Põe quanto és*
> *No mínimo que fazes.*
> *Assim em cada lago a lua toda*
> *Brilha, porque alta vive"*
> **Fernando Pessoa**

NOTAS E AGRADECIMENTOS DOS AUTORES

Inicialmente, gostaríamos de agradecer e demonstrar nossa eterna gratidão a Deus, nosso mantenedor diário, inspiração e esperança de toda nossa caminhada.

Pensando em como escrever as notas introdutórias desta obra, nos deparamos com algumas reflexões e impressões que sempre nos pautaram ao longo dos anos em nossas vidas profissionais e em nossas discussões diárias, em especial a respeito de um tema em específico: *a decisão judicial*.

É fato que muito se estuda a respeito do tema, buscando uma forma de trazer coerência, integridade e segurança para as decisões judiciais, no intuito de se evitar atitudes por vezes consideradas arbitrárias por parte do julgador e de decisões que sejam divergentes, contraditórias e, até mesmo, dissonantes entre si, ainda mais quando colocadas questões que sejam "difíceis" (*hard cases*), idênticas ou sem qualquer tutela legislativa à análise do Poder Judiciário.

Desta forma, buscamos estruturar a decisão judicial a partir das experiências ordinárias, debates e estudos obtidos por nós ao longo dos anos, especialmente de Rennan Thamay na advocacia do escritório Arruda Alvim & Theresa Alvim Advocacia e Consultoria Jurídica e de Vanderlei Garcia Junior como assessor jurídico de Desembargador do Tribunal de Justiça do Estado de São Paulo.

Muito importante agradecer a todos os amigos e professores com quem debatamos durante todos esses anos e que, certamente, nos prestaram todo auxílio na elaboração deste trabalho, seja com palavras amigas, com indicações bibliográficas, críticas, sugestões e tantos outros conselhos que nos auxiliaram nesta jornada.

Agradecemos, assim, aos amigos Prof. Dr. Arruda Alvim, Profa. Dra. Thereza Alvim, Prof. Dr. Eduardo Arruda Alvim, Prof. Dr. Thiago Lopes Matsushita, Prof. Dr. Elias Marques de Medeiros Neto, Des. César Santos Peixoto, Des. Heraldo de Oliveira, Des. Renato de Salles Abreu, Prof. Me. Daniel Octávio Marinho, Prof. Me. Maurício Antonio Tamer, Prof. Dr. Carlos Alberto Ferri e Prof. Esp. Vinícius Ferreira de Andrade. A vocês, toda nossa gratidão, carinho e agradecimento.

Finalmente, não poderíamos deixar de agradecer aos nossos parceiros e queridos amigos Paulo Queiroz, Ari Moutinho Neto, Giselly Prado, João Oliveira Junior, Raphael Monteiro, Manoel Weinheimer e aos nossos queridos alunos que sempre nos acompanharam, dando-nos ânimo e constante incentivo para irmos adiante e concluirmos mais uma etapa nesta caminhada acadêmica.

Por fim, agradecemos a outras tantas instituições com as quais mantemos vínculos institucionais por todo aporte e incentivo recebidos até aqui.

A todos, realmente, o nosso muito obrigado!

Rennan Faria Krüger Thamay
Vanderlei Garcia Junior

APRESENTAÇÃO

É com prazer que apresento o presente trabalho, intitulado de "Decisão Judicial", elaborado pelos jovens e dedicados processualistas da nova geração Rennan Thamay e Vanderlei Garcia Junior, refletindo suas incansáveis pesquisas e estudos sobre o tema.

Em tempos de um "novo" Código de Processo Civil, afigura-se relevante estudar, de forma aguçada, a estrutura decisionista inerente à própria prestação jurisdicional, assim como o procedimento que se apresenta necessário para que se bem concretize a tutela pretendida, de forma justa e efetiva, seja para a Advocacia, Magistratura ou para as demais atividades que participam da jurisdição.

É de destaque ímpar a obra que tenho a felicidade de apresentar, pois, mostra-se inovadora, estudando e analisando, detidamente, e por completo, a Decisão Judicial, sendo ferramenta importante e relevante para a comunidade jurídica que tanto necessitará se adaptar à realidade apresentada pela nova sistemática processual civil e pela própria realidade do Poder Judiciário.

Merece destaque que esta profunda obra parte do estudo da sistemática processual, analisando os principais institutos do processo contemporâneo, tais como o acesso à justiça, os escopos do processo, e estrutura da ação, do processo e da jurisdição. Estuda-se, também, os reflexos da legitimidade argumentativa no estado (e no processo) contemporâneo e o dever jurisdicional de decidir, o controle judicial de políticas públicas e o papel do magistrado constitucional nessa nova estrutura de processo.

Ainda, a obra vem demonstrar a análise estrutural das decisões judiciais, com o estudo dos principais princípios constitucionais e processuais relacionados à decisão judicial, as modalidades de decisões judiciais e os requisitos estruturantes essenciais da sentença, as decisões judiciais, a instrução processual e os poderes instrutórios do juiz, bem como a legitimidade da fundamentação das decisões judiciais.

Finalmente, a obra nos brinda com um minucioso estudo dos vícios de motivação e de fundamentação das decisões judicias, assim apresentados pelo Código de Processo Civil, buscando proporcionar uma forma de revalorização das decisões judiciais, analisadas diante da nova realidade do processo civil. Ademais, os autores apresentam um estudo a respeito da estabilização das decisões judiciais e os mecanismos necessários para se alcançar a segurança jurídica e a paz social.

Aliam-se, nesta obra, as clássicas noções do direito processual como ciência, dando sólida compreensão aos que puderem conhecer este texto. Somam-se ao conhecimento a juventude e a ousadia de pensar o Direito sem amarras a velhos e superados paradigmas.

Vê-se no estudo, ademais, o grande valor dedicado ao movimento de constitucionalização do processo civil, que foi capaz de aproximar ainda mais do processo civil a Constituição da República, texto centro da estrutura do ordenamento jurídico nacional.

Portanto, o tema objeto desta obra, sem dúvida, é da maior relevância, pois se trabalha de forma objetiva, mas muito profunda, a sistemática de Decisão Judicial, visando a demonstrar as possibilidades de fundamentação e de estabilização das decisões, bem como das principais novidades e inovações sobre o tema trazidas pelo Código de Processo Civil.

Certamente, posso afirmar que esta obra marcará o cenário atual do Direito, especialmente em tempos de uma nova realidade jurídica, pois trará subsídios importantíssimos para a prática forense aliada à boa técnica, qualidades que certamente são esperadas, em tempos atuais, daqueles que participam da construção democrática do processo e, evidentemente, da própria sociedade.

São Paulo.

Eduardo Arruda Alvim

Doutor e Mestre em Direito Processual Civil pela PUC/SP. Professor dos cursos de doutorado, mestrado, especialização e bacharelado da PUC/SP e da FADISP. Advogado.

Prefácio

Temos a honra de prefaciar esta obra de Rennan Faria Krüger Thamay e Vanderlei Garcia Junior, intitulada Decisão Judicial e publicada pela consagrada Editora Almedina.

Esta obra aborda um dos temas mais pungentes da atualidade, que é a necessidade de fundamentação das decisões judiciais e sua complexidade no contexto do direito constitucional contemporâneo.

Partindo de um panorama em que se destacam o crescente ativismo judicial, a intensificação dos poderes instrutórios do juiz e o crescente poder judicial de direção do processo, os autores refletem sobre mecanismos que possam limitar a discricionariedade e arbitrariedade judiciais.

A obra revela a preocupação com o modo pelo qual se utilizam as regras provenientes das teorias da argumentação jurídica para o fim de atribuir maior racionalidade às decisões judiciais. Nesse desiderato, merece destaque a análise cuidadosa de decisões emblemáticas dos Tribunais Superiores, abordagem rara em nosso sistema de matiz continental, sinalizando a tendência contemporânea de se incorporarem os influxos de outros ordenamentos – no caso, os de origem anglo-saxônica, adeptos ao case law.

O professor Rennan Faria Krüger Thamay atua na graduação e pós-graduação (mestrado e doutorado) da FADISP e é membro atuante de diversos institutos de direito processual, entre eles o IBDP, o IAPL (International Association of Procedural Law), do IIDP (Instituto Iberoamericano de Derecho Procesal, o Instituto Iberoamericano de Derecho Procesal e da ABDPC (Academia Brasileira de Direito Processual Civil). Advogado e

parecerista, Pós-Doutor pela Universidade de Lisboa e Doutor pela PUC-
-RS e pela Università degli Studi di Pavia, é autor de diversas obras acadêmicas.

Vanderlei Garcia Júnior é professor do programa de pós-graduação da Universidade Presbiteriana Mackenzie, além de professor da graduação e da pós-graduação em direito da Universidade Nove de Julho – Uninove e da Faculdade Autônoma de Direito – FADISP. Assessor Jurídico do Tribunal de Justiça do Estado de São Paulo, Mestre em Direito pela FADISP e pela Università degli Studi di Roma II. Doutorando em Direito pela PUC/SP, o autor é membro e Secretário-geral da Comissão Permanente de Estudos de Processo Constitucional do Instituto dos Advogados de São Paulo – IASP, membro efetivo do Instituto Brasileiro de Direito Processual – IBDP e do Centro de Estudos Avançados de Processo – CEAPRO e autor de diversos livros e artigos jurídicos.

Nossas congratulações aos autores e à Editora pela publicação deste livro, que oportunamente aborda o tema relevantíssimo da fundamentação das decisões judiciais.

São Paulo.

Arruda Alvim

Doutor e Livre-docente. Professor Titular da Pós-graduação stricto sensu (Mestrado e Doutorado) da Pontifícia Universidade Católica de São Paulo. Advogado em São Paulo, Brasília, Porto Alegre e Rio de Janeiro.

SUMÁRIO

Prefácio 17
Introdução 23

PRIMEIRA PARTE – A DECISÃO JUDICIAL

Capítulo 1 – A Decisão Judicial, o Processo Contemporâneo e a Nova Ordem Constitucional 39
1.1. A Constitucionalização do Processo 39
1.2. O Processo Contemporâneo e as Decisões Judiciais 44
1.3. A Efetividade da Prestação Jurisdicional,
o Acesso à Justiça e os Escopos do Processo 50
1.4. A Decisão Judicial como Discurso Racional Prático
e a Argumentação Jurídica: a Necessidade da Busca pela Resposta Correta
(ou Adequada) aos Casos Concretos 57

Capítulo 2 – Reflexos da Legitimidade Argumentativa no Estado Contemporâneo: o Dever Jurisdicional de Decidir 65

2.1. O Controle Judicial de Políticas Públicas
e a Necessidade de Preenchimento das Lacunas Apresentadas pela Própria Lei .65
2.3. A Legitimidade Argumentativa e o Sistema de Precedentes à Brasileira.... 84
2.4. O Papel do Magistrado Constitucional no Processo Contemporâneo......... 92
2.5. O *Non Liquet* e o dever Jurisdicional de Decidir................................. 95

SEGUNDA PARTE – ANÁLISE ESTRUTURAL DAS DECISÕES JUDICIAIS

**Capítulo 3 – A Decisão Judicial
e os Fatores Legitimantes da Prestação Jurisdicional** 105
3.1. Princípios Processuais e Constitucionais Relacionados às Decisões Judiciais 105
3.1.1. Princípio do Devido Processo Legal 107
3.1.2. Princípio da Inafastabilidade do Controle Jurisdicional 109
3.1.3. Princípio da Motivação das Decisões Judiciais 110
3.1.4. Princípio da Imparcialidade 111
3.1.5. Princípio do Dispositivo 113
3.1.6. Princípio da Igualdade Processual 114
3.1.7. Princípio do Contraditório 117
3.2. A Decisão Judicial e a Técnica Processual:
uma Análise da Estrutura do Processo 119
3.2.1. Modalidades de Decisões Judiciais
e os Requisitos Estruturantes Essenciais da Sentença 122
3.2.2. As Decisões Judiciais, a Instrução Processual e os Poderes Instrutórios
do Juiz: Reflexos do Contraditório e da Ampla Defesa na Decisão Judicial 128
3.3. A Fundamentação e os Poderes de Instrução do Magistrado 133
3.3.1. A Incorporação da Distribuição Dinâmica do Ônus da Prova
e a Função Jurisdicional no Direito Processual Brasileiro 140
3.3.2. A Fundamentação como Limite aos Poderes Instrutórios do Juiz
e à distribuição Dinâmica do Ônus da Prova 143

Capítulo 4 – Os Vícios das Decisões Judiciais 147
4.1. Os Vícios da Motivação e de Fundamentação:
uma Análise do art. 489, §1º, I, II, III e IV, do CPC/2015 147
4.2. Tipos de Motivação 154
4.2.1. Motivação *per relationem* ou *aliunde* 154
4.2.2. A Motivação Sucinta ou Motivação Concisa e a Motivação Inexistente ... 162
4.2.3. Motivação Implícita (ou Intrínseca) 167
4.3. As Decisões Imotivadas e as Nulidades por Vícios de Fundamentação 169
4.4. O Uso dos Precedentes e a Utilização de Outras Decisões
para Fundamentar Decisões (art. 489, § 1º, V e VI, do CPC/2015) 176
4.4.1. O Código de Processo Civil e o Sistema dos Precedentes 176
4.4.2. A Decisão Judicial, o Dever de Fundamentação
e a Estrutura dos Precedentes 179
4.4.3. A Obrigatoriedade de Fundamentação e a Estrutura dos Precedentes ... 182
4.5. A Revalorização das Decisões Judiciais,
Analisadas diante da Nova Realidade do Processo Civil Contemporâneo 188

Capítulo 5 – A Estabilidade das Decisões Judiciais 199
5.1. A Estabilidade das Decisões Judiciais e os Mecanismos de Estabilização.... 199
5.1.1. A Segurança Jurídica e a Paz Social 199
5.2. Mecanismos de Estabilidade das Decisões Judiciais 204
5.2.1. A Coisa Julgada 205
5.2.2. A Preclusão 214
5.2.3. O Trânsito em Julgado 217
5.3. A Estabilidade das Decisões no Controle de Constitucionalidade Abstrato..219
5.3.1. A Inexistência de Coisa Julgada 222

Considerações Finais 239

Posfácio 245

Referências 247

Introdução

Com efeito, sabidamente o legislador constituinte de 1988 introduziu no art. 93, IX, da Constituição Federal a garantia de fundamentação das decisões judiciais, determinando o dever de serem devidamente fundamentadas, sob pena de nulidade. Nota-se que a motivação (assim entendida como a justificação lógico-psicológica utilizada pelo juiz para determinar as razões de decidir, a partir das circunstâncias fáticas e jurídicas) surge em nosso sistema jurídico como uma efetiva garantia conferida aos próprios jurisdicionados, inerente ao Estado Constitucional Democrático de Direito, além de estabelecer, por certo, um limite às eventuais arbitrariedades do julgador e da atividade jurisdicional.

Na verdade, tendo tal dever como baliza e limite para a atuação do julgador, busca-se com o presente estudo elaborar e apresentar o redimensionamento do juiz contemporâneo às exigências reais apresentadas pelo processo civil (e pelo próprio ordenamento jurídico) em cada caso concreto, para evidenciar qual o efetivo papel do magistrado diante desta nova realidade do processo civil contemporâneo. Analisando a evolução do processo como um todo, em especial diante da obrigatoriedade de se analisar cada caso concreto colocado sob a análise do julgador, emerge a necessidade de estudar de que forma, paradoxalmente, teoria e prática (ou seja, realidade fática e hipóteses de interpretação) se convergem para a efetiva solução do caso concreto.

É certo que o julgador deve sempre se portar no processo de forma equidistante das partes litigantes, não no sentido de ser avesso às alegações postas pelas partes, mas, sim, no de garantir maior isonomia e a tão exigida imparcialidade ao processo, entretanto, evidencia-se que o julgador moderno, de fato, não poderá se mostrar contrário às realidades das causas concretas colocadas sob sua análise, ou seja, o intérprete deverá, sempre que possível, considerar todas as circunstâncias, caso a caso, com as suas características individuais e específicas, sobretudo partindo das premissas estabelecidas pela nova estrutura real do processo civil, pretendendo do julgador a busca pela justa e efetiva decisão de mérito para o caso concreto, com a máxima eficiência e a celeridade tão almejada pelo jurisdicionado.

Realmente, e por evidente, que, para estudar essa nova realidade do processo civil, deve-se, obrigatoriamente, analisar o problema da fundamentação das decisões judiciais no direito contemporâneo, que tantas discussões doutrinárias têm acarretado, em especial quanto ao discurso judicial do magistrado, sendo, ainda, inevitável passar pelo estudo da estrutura fundamental da interpretação no Código de Processo Civil de 2.105 e, certamente, pela própria análise da legitimidade argumentativa das novas técnicas de julgamento e de sua evidente influência no estado contemporâneo.

A presente obra tem como escopo fundamental a busca por uma garantia efetiva dos jurisdicionados a uma adequada fundamentação das decisões judiciais, propondo que o Judiciário utilize os critérios veiculados pela argumentação jurídica, para avaliar se determinado juízo valorativo adotado para o julgamento é racionalmente justificável. Para tanto, pretende-se analisar se o ordenamento jurídico vigente, em especial o sistema processual apresentado pelo Código de Processo Civil de 2015, previsto em seu art. 489, II e § 1º, é capaz de permitir e legitimar o verdadeiro e real alcance deste desiderato. Certamente, as decisões judiciais[1] consti-

---

[1] Sobre as decisões de fiscalização da constitucionalidade, importante conferir Miranda, Jorge. Manual de direito constitucional. 4º ed., rev. e atual., T. VI. Coimbra: Coimbra Editora, 2013, p. 68 e ss. Em importante julgado o Min. Luís Roberto Barroso já delimitou o alcance do controle de constitucionalidade abstrato, afirmando que "a eficácia vinculante dos acórdãos proferidos em processos de controle concentrado de constitucionalidade abrange apenas o objeto da ação". (STF, Rcl 4454 AgR / RS, Julgamento: 03/03/2015, Órgão Julgador: Primeira Turma). Ademais, "[...] tem sido reconhecida eficácia vinculante não apenas à parte dispositiva do julgado, mas também aos próprios fundamentos que embasaram a decisão. Em outras palavras: juízes e tribunais devem acatamento não apenas à conclusão do acórdão, mas igualmente às razões de decidir". Barroso, Luís Roberto. O controle de constitucionalidade no Direito brasileiro. 2. ed. São Paulo: Saraiva, 2006. p. 184.

tuem importantes[2] institutos para a manutenção do Estado[3], bem como para a realização da paz social. Antes da moderna[4] criação da figura do Estado[5], os conflitos de interesses eram resolvidos pelas próprias partes

---

[2] Sobre a garantia da Constituição e da constitucionalidade, observando uma teoria da inconstitucionalidade, ver Jorge Miranda *in* Contributo para uma teoria da inconstitucionalidade. Coimbra: Coimbra Editora, 2007, p. 232-285.

[3] Sobre a noção de Estado, vale trazer as contribuições de Bercovici, quando aduz que a própria noção de Estado não é universal e a-histórica, pelo contrário, serve para designar forma política utilizada, sendo desnecessário o exaustivo conhecimento dos mais variados conceitos sobre a temática, podendo haver o rompimento com a visão global do Estado. In: Bercovici, Gilberto. Revista da História das ideias: As possibilidades de uma teoria do Estado. Vol. 26, 2005, p. 07-08. Importante rememorar que o Estado não se forma do dia para a noite; sua construção é algo extremamente complexo e de elaboração lenta. Essa constituição do ente estatal é decorrência natural de um tempo relativamente delongado de lutas e conquistas da sociedade. Nesse sentido observar as lições de Chevallier, Jacques. O Estado pós-moderno. Tradução de Marçal Justen Filho, Belo Horizonte: Forum, 2009, p. 25. "As sociedades desde o princípio sempre necessitaram de certa organização, comando e administração, sendo esse o papel muitas vezes exercido pelo ente do qual se está a falar, o Estado. Essas funções de organização e regulação da sociedade foram transferidas para o Estado ente extremamente ligado à realização da coisa pública e proteção dos direitos de seus membros". Thamay, Rennan Faria Krüger. A relativização da coisa julgada pelo Supremo Tribunal Federal: o caso das ações declaratórias de (in)constitucionalidade e arguição de descumprimento de preceito fundamental. Porto Alegre: Livraria do Advogado, p. 56. "La historia y la especulación demuestran de consuno que el hombre es sociable por naturaleza. Sin embargo, en un principio la sociabilidad obra en el hombre de un modo inconsciente, por medio de agrupaciones cuya organización es rudimentaria; más tarde, el pueblo adquiere conciencia de su unidad y comunidad internas, comprende que es nación, busca una forma política adecuada, y esa tendencia íntima del hombre que le obliga á asociarse, tradúcese en una manifestación externa del conjunto, que suele llamarse genéricamente el Estado. El Estado, aunque en forma muy imperfecta, existe aún en los pueblos bárbaros, pero requiere cierta organización y cultura para llenar sus fines, y los cumple mejor á medida que esa organización se perfecciona y se completa, como sucede en las naciones modernas". Coronado, Mariano. Elementos de derecho constitucional mexicano. Segunda Edición. Guadalajara: Escuela de artes e ofícios del Estado, 1899, p. 05.

[4] Sobre a forma de compreensão da ideia de modernidade, vale observar Santos, Boaventura de Sousa. Pela mão de Alice. O social e o político na pós-modernidade. 7. ed., São Paulo: Cortez, 2000, p. 322-323.

[5] O Estado nasceu no final do federalismo na Europa ocidental, assim como refere Chevallier, Jacques. O Estado pós-moderno. Op. cit., p. 24. É feita crítica por Bolzan de Morais de forma plenamente coerente, em relação a alguns autores que insistem em utilizar a ideia de Estado Moderno, o que é naturalmente tautológico, visto que só há Estado na modernidade, sendo as demais experiências apropriáveis. Sobre essa referência, conferir Morais, José Luis Bolzan

envolvidas, valendo-se o mais forte de sua condição para subjugar o mais fraco, independentemente de realmente ter razão.

Depois de estatizado o poder de decisão ao Estado[6], na figura da jurisdição[7], os conflitos de interesses passaram a ser decididos pelo Poder Judiciário[8] que, por seu turno, já não tinha a condição de uma das partes, mas de um Poder que observa o conflito de interesses totalmente de fora da relação intersubjetiva. Destarte, alerte-se que este exercício da jurisdição[9],

---

de. As crises do estado e da constituição e a transformação espacial dos direitos humanos. Porto Alegre: Livraria do advogado, 2002, p. 23.

[6] Veridicamente o Estado se presta a representar e a buscar o interesse geral, obtendo a realização dos direitos dos cidadãos, assim: Chevallier, Jacques. O Estado pós-moderno. Op. cit., p. 24-25.

[7] "A função jurisdicional é aquela que, por força da tripartição dos Poderes, coube ao Poder Judiciário. Compreende, como se verá, não apenas a tarefa de dizer o direito aplicável ao caso concreto, mas de realizá-lo coativamente (o que se faz através da execução ou da fase de cumprimento de sentença). Tem em vista, antes de mais nada, a preservação da ordem jurídica e da paz social." Alvim, Eduardo Arruda. Direito Processual Civil. 5. ed. rev., atual. e ampl. São Paulo: Revista dos Tribunais, 2013. p. 47. Jurisdição, diz Victor Fairén Guillén, "es la potestad de juzgar y ejecutar lo juzgado en todo tipo de procesos, que corresponde exclusivamente a los jueces y tribunales determinados por las leyes, según las normas de competencia y procedimientos que las mismas establezcan , y en los tratados internacionales" e a ação, "considerada desde un punto de vista jurídico, es un medio de promover la resolución pacífica y autoritaria de los conflictos intersubjetivos de intereses y derechos aparentes. Se trata de un medio indirecto, en oposición a la acción directa o autodefensa, proscrita, como sabemos como tal modalidad; la acción en sentido estrictamente jurídico, nació para que aquélla dejase de existir". Fairén Guillén, Víctor. Teoría general de derecho procesal. México: UNAM, 2006, p. 103 e 77.

[8] Ainda sobre a ideia de função social do Poder Judiciário, vejamos as palavras de Álvaro Felipe Oxley da Rocha vide Rocha, Álvaro Felipe Oxley da. Sociologia do direito: A magistratura no espelho, São Leopoldo: Editora Unisinos, 2002, p. 27. "O Judiciário tem ocupado freqüentemente espaços nos cenários políticos nacional e internacional em razão de sua atuação nos mais diversos setores, seja agindo como agente mantenedor da origem vigente, seja como transformador dessa mesma ordem, à medida que cresce a sua atuação modificadora das políticas de governo, impedindo ou dando nova direção às questões submetidas a seus agentes".

[9] Sobre o tema, conferir Satta, Salvatore. Diritto processuale civile. 9º. ed., Padova: CEDAM, 1981, p. 11 e ss.

implementado pelo Poder Judiciário[10], dá-se, em tempos pós-modernos[11], de forma ativa[12] e não mais como se fosse o julgador um mero espectador. Não há mais, hodiernamente, como pensar e estruturar o Judiciário sem os poderes instrutórios do juiz[13], o ativismo judicial[14] e o poder de efetiva

---

[10] Sobre o Poder Judiciário e sua autoridade, conferir Girons, A. Saint. Manuel de droit constitutionnel. Paris: L. Larose et Forgel Libraires-Editeurs, 1885, p. 512.

[11] Sabe-se que o Estado brasileiro sequer passou pelo estado social, assim como outros países, neste sentido, ver García-Pelayo, Manuel. As transformações do estado contemporâneo. Tradução de Agassiz Almeida Filho, Rio de Janeiro: Forense, 2009. Sobre a ideia de ser o nosso Estado pós-moderno, vejamos: Chevallier, Jacques. O Estado pós-moderno. Tradução de Marçal Justen Filho, Belo Horizonte: Forum, 2009, p. 24 e ss; Bauman, Zygmunt. O mal-estar da pós-modernidade. Tradução de Mauro Gama, Cláudia Martinelli Gama. Rio de Janeiro: Jorge Zahar, 1998, p. 7 e ss; Jayme, Erik. Coursgénéral de droitinternational prive, In recueil des cours, Académie de droit international, t, 251, 1997, p. 36-37; Lyotard, Jean-François. O pós-moderno. Rio de Janeiro: Olympio Editora, 1986; Kumar, Krishan. Da sociedade pós--industrial à pós-moderna. Rio de Janeiro: Jorge Zahar Editor, 1997; Harvey, David. Condição pós-moderna. São Paulo: Edições Loyola, 1992; Vattimo, Gianni. O Fim da Modernidade: niilismo e hermenêutica na cultura pós-moderna, Lisboa: Editorial Presença, 1987; Santos, Boaventura de Souza. Pela Mão de Alice: O social e o político na pós-modernidade. São Paulo: Cortez, 1997. Sobre a troca paradigmática da modernidade para a pós-modernidade, vale conferir Kaufmann, Arthur. La filosofía del derecho en la posmodernidad. Traducción de Luis Villar Borda. Santa Fe de Bogotá: Editorial Temis S.A, 1992, p. 5 e ss.
Entretanto, vale referir que existe corrente, forte e respeitada, no sentido de que acabamos por vivenciar uma modernidade tardia, e não, efetivamente, a pós-modernidade, sendo, nesse sentido, Streck, Lenio Luiz. Hermenêutica jurídica e(em) crise: uma exploração hermenêutica da construção do direito. 5. ed., rev. atual., Porto Alegre: Livraria do Advogado, 2004, p. 25. Para outros autores, o que existe é uma hipermodernidade. Nesse viés, conferir Lipovetsky, Gilles. Os tempos hipermodernos. Tradução de Mário Vilela. São Paulo: Barcarolla, 2004, p. 51 e ss.

[12] "Recentemente vem ganhando espaço, no debate jurídico, a figura do ativismo judicial, que se caracteriza a partir da atuação ativa do magistrado, buscando, por meio de sua condução processual, realizar a jurisdição de forma efetiva e comprometida com a realização das políticas públicas. O ativismo judicial é caracterizado pela postura mais ativa do Poder Judiciário, que busca, diante da falta de solução legislativa adequada para determinado caso, criar soluções para a implementação, sobretudo, de políticas públicas." Alvim, Eduardo Arruda. Thamay, Rennan Faria Kruger. Granado, Daniel Willian. Processo constitucional. São Paulo: RT, 2014, p. 183.

[13] Bedaque, José Roberto dos Santos. Poderes instrutórios do juiz. São Paulo: RT, 3. ed., 2001, p. 159.

[14] Sobre o tema conferir Alvim, Eduardo Arruda. Thamay, Rennan Faria Kruger. Granado, Daniel Willian. Processo constitucional. São Paulo: RT, 2014, p. 183 e ss. Tesheiner, José Maria Rosa; Thamay, Rennan Faria Krüger. Ativismo judicial e judicialização da política: determinação judicial de políticas públicas. Revista Brasileira de Direito Processual – RBDPro, Belo Horizonte, ano 23, n. 92, p. 129-143, out./dez. 2015.

direção do processo[15], sem, todavia, admitir-se a discricionariedade e arbitrariedade. O Juiz de nossos tempos[16] não é aquele acomodado gestor de cartórios. É, evidentemente, de outro lado, um julgador comprometido com os valores constitucionais e, acima de tudo, com as garantias humano-fundamentais. Esta condição de Poder estatal que foi constituído para resolver conflitos de interesses dos quais não participa na condição de parte, mas, sim, e tão somente, na condição de julgador, legitimou o Judiciário a ser o Poder estatal julgador de conflitos que já não mais seriam resolvidos pela força, como antes, mas agora, sim, a partir da observação da existência de um direito[17] a um dos envolvidos no conflito.

Assim, sabendo que os conflitos de interesses são decididos pelo Poder Judiciário, resta necessário compreender-se que as relações sociais devem ser estabilizadas, assim como os conflitos, sendo para tanto relevante perceber que, por vezes, os conflitos humanos são judicializados e estabilizados a partir da decisão judicial estável. Com efeito, a decisão judicial nasceu para ser o posicionamento do Estado-juiz sobre determinada questão vivenciada entre as partes, gerando posteriormente a pretendida estabilidade decisória e segurança jurídica. Destarte, alerte-se que, mesmo sendo (des)favorável o posicionamento judicial, em uma hora ou outra,

---

[15] O Processo Civil é observado como um jogo por Piero Calamandrei, em sua obra Calamandrei, Piero. Estudios sobre El proceso civil. Traducción de Santiago Sentís Melendo. Buenos Aires: Ediciones jurídicas Europa-America, 1973, p. 259. Vejamos: "La razón de que no baste salir de la Universidad con un doctorado en procedimiento civil obtenido con todos los honores, para ser sin más abogado duchos de audiencia, es muy similar psicológicamente a la razón de común experiencia por la cual no se llega a ser hábiles jugadores de ajedrez sólo con aprender de memoria, tomadas de un manual, las reglas del juego".

[16] Deve-se tomar o devido cuidado para que as coisas não se acelerem por demais, visto que o direito deve seguir o seu tempo normal, sem uma aceleração exacerbada e desmotivada que prejudicaria e muito a natural preservação de um direito em sua essência máxima. Nesse sentido, OST, François. O tempo do direito. Lisboa: Instituto Piaget, 1999, p. 39. Sobre como se pode compreender o tempo, vale observar as lições do jus-filósofo Tinant, Eduardo Luis. Persona y tiempo ¿hacia un tiempo biogenético? Revista electrónica El Sigma, 2007. "El diccionario etimológico se encarga de decirnos que el tiempo (del latin tempus) es "la sucesión ilimitada, irreversible y no espacial de instantes en que se suceden los acontecimientos". Tiempo, pues, significa intervalo, duración, momento oportuno (de la misma familia de palabras, temporáneo: oportuno; extemporáneo: inoportuno, temporada, temprano: de bonne heure en lengua francesa)".

[17] Sobre as fontes do direito no sistema jurídico, conferir José de Oliveira Ascensão, As fontes do Direito no sistema jurídico anglo-americano, Lisboa, 1974.

precisará a decisão restar estável, gerando como consequência, por conseguinte, a estabilidade e a paz social[18].

Evidente que o dever de motivação das decisões é pressuposto fundamental do Estado Democrático de Direito, constituindo uma garantia essencial dos cidadãos e um efetivo instrumento de controle da atividade jurisdicional. Mais do que isso, é pelo dever de motivação que o poder jurisdicional presta contas à sociedade, às partes da relação jurídica processual e, inclusive, aos próprios tribunais, aos quais são hierarquicamente vinculados, demonstrando as justificativas que levaram à conclusão e, consequentemente, à tomada de decisão, bem como, de que aquela foi a mais adequada dentre todas as apresentadas pelo ordenamento jurídico. Da mesma forma, a motivação surge como forma essencial e fundamental de segurança jurídica, pois somente por intermédio dela o magistrado exercerá sua função jurisdicional de interpretação do direito positivo, de integração do sistema, de aplicação das normas, dos princípios e das regras existentes no ordenamento jurídico como um todo, de igual maneira, promovendo soluções concretas e efetivas aos casos concretos e, em especial, às eventuais omissões legislativas (sobretudo, ao que se denominou de controle judicial de políticas públicas, *"judicialização dos direitos"* e, em casos extremos, até mesmo, de *"ativismo judicial"*), evitando-se, com isso, o tão repudiado *non liquet*.

A importância do estudo da fundamentação e da estabilização das decisões judiciais aparece em um momento em que uma nova sistemática processual civil entra em vigência em nosso ordenamento jurídico, instituindo um modelo de processo cooperativo (participação ativa) entre os integrantes da relação jurídica processual; efetivando e conferindo maiores poderes e liberdades (controladas) ao julgador para a condução do processo, mormente para a interpretação do direito material e de sua concretização por intermédio do processo; da mesma forma, estabelece uma atribuição de maior validade e eficácia aos chamados precedentes judiciais obrigatórios e vinculantes (decisões pretéritas ou julgamentos pretéritos) e a sua influência na tomada de decisões pelo julgador.

---

[18] A realização de paz social dá-se em decorrência da estabilidade das relações jurídicas e sociais. Nesse sentido, conferir nosso Thamay, Rennan Faria Krüger. A relativização da coisa julgada pelo Supremo Tribunal Federal: o caso das ações declaratórias de (in)constitucionalidade e arguição de descumprimento de preceito fundamental. Porto Alegre: Livraria do Advogado, p. 45.

Na verdade, a conquista de nossa atual democracia, analisada sob a hodierna realidade estatal, proveio de um passado de muitas lutas, derrotas, conquistas e vitórias, até alcançarmos, com a edificação pela Constituição Federal de 1988, um rememorado ideal de democracia, prometendo, dentre vários aspectos, muitas outras conquistas sociais[19], assim entendidas como a realização de ideais de valores humanos e a própria concretização de direitos sociais e fundamentais, principalmente por trazer novas perspectivas aos cidadãos, desde que, por evidente, tais conquistas sejam efetivas, justas e, de todo modo, alcançáveis a todos os interessados.

De fato, a grande preocupação considerando a realidade dos conflitos submetidos à apreciação do Poder Judiciário é a concretização de tais valores, regras e normas positivadas pela Constituição Federal de 1988, situação de extrema preocupação diante dos grandes números de processos e da demora da solução das controvérsias submetidas ao seu jugo, chegando-se, por vezes, a falar em "crise", ou em muitas outras, ouvimos dizer, em "descrédito" do Poder Judiciário.

Reconhece-se, inevitavelmente, que esta realidade atual vivida pelo Poder Judiciário brasileiro, qual seja de excesso de trabalho, de excesso de demandas, da judicialização em massa, bem como da diminuta e escassa mão de obra disponível, seja com relação aos próprios julgadores, seja na própria infraestrutura do Judiciário, com poucos funcionários disponibilizados para o elevado número de processos tramitando no próprio Poder Judiciário, por vezes, resulta em uma deficiente ou ineficiente prestação jurisdicional, prejudicando, ainda, e de todo modo, a própria forma com que se justificam (fundamentam) as decisões judiciais.

O acesso à justiça, por seu turno, erigido como garantia constitucional, por si só, não se mostra suficiente e capaz de responder de maneira efetiva aos anseios de uma sociedade que tem pressa e está em constante transformação, na qual as relações a cada dia se tornam mais complexas, insurgindo diariamente novas controvérsias que necessitam de solução. Nessa perspectiva, em função desta "crise" que se estabeleceu no Poder Judiciário,

---

[19] Essa análise, a partir de um passado iluminado, é relevante para que o futuro seja influenciado por um passado vitorioso e belo; isso é relevante para que a nossa sociedade não ande em um futuro nebuloso, fazendo vívidas as palavras de Tocqueville, que foi magistrado em 1827, de que o passado, quando não mais ilumina o futuro, deixa o espírito andando nas trevas. Nestes termos, veja: TOCQUEVILLE, Alexis de. *La démocratie em Amérique*. Paris: Garnier: Flammarion, 1951, t. II, cap. VIII, p. 336.

é necessário que o próprio judiciário procure novas formas para a solução dos litígios, uma vez que a sociedade espera uma prestação jurisdicional que, além de célere, seja justa e efetiva. Da mesma forma, contrapondo-se a essa celeridade exigida pela nova realidade social, surge a necessidade de que a prestação jurisdicional seja não só rápida, mas também efetiva e qualificada, não podendo o julgador abrir mão de fundamentar devidamente as suas decisões judiciais em prol de uma ilusória celeridade.

O que se exige, de fato, e que será amplamente analisado nesta obra, é que o Judiciário, especialmente na pessoa de seus julgadores e legítimos representantes, considere os casos concretos colocados a julgamento e possam, assim, sempre tendo a fundamentação como baliza essencial, fundamental e como premissa necessária, apresentar a resposta adequada àquele caso específico, com todas as suas especificidades, inerentes a todas as pessoas e a todos os fatos rotineiros do cotidiano, tais como circunstâncias sociais, econômicas, regionais e, até mesmo, jurídicas, bem como de outras que possam influenciar a formação da convicção do magistrado e na concretude da questão fática posta a julgamento.

A partir de tais premissas iniciais, buscando analisar a forma com que se estabelece a mais adequada fundamentação das decisões judiciais aos casos concretos, apresentam-se os principais ideais para que se possa empregar certas e determinadas regras de argumentação e de interpretação para fundamentar racionalmente os discursos emergentes das decisões judiciais, não somente apresentando o discurso jurídico como uma forma de emprego de técnicas que garantam não apenas a racionalidade da decisão, mas também a utilização de critérios outros de caráter essencialmente jurídico, bem como morais, sociais, éticos ou, até mesmo, a aplicabilidade de aspectos valorativos inerentes a todo discurso jurídico que leve à resolução das questões apresentadas, com um mínimo, pois, de racionalidade.

Segundo a afirmação de Karl Larenz, *"ninguém mais pode afirmar seriamente que a aplicação das normas jurídicas não é senão uma subsunção lógica às premissas maiores abstratamente formuladas"*[20].

Essa afirmação demonstra, de certa forma, uma verificação quase unânime entre os juristas a respeito do qual a própria discussão metodológica que envolve a fundamentação das decisões judiciais, *grosso modo*, não seria

---

[20] LARENZ, Karl. *Metodologia da Ciência do Direito*. 7. ed. Fundação Calouste Gulbenkian, p. 395.

mais visto unicamente como uma constante atividade de subsunção lógica, de aplicação imediata das normas abstratas aos casos concretos, mas, sim, envolvendo questões, métodos, técnicas e, até mesmo, subjetivismos cada vez mais complexos, em especial analisando a própria rapidez inerente à evolução social.

As decisões judiciais que põem fim a uma disputa judicial, na maioria de seus casos, não expressam logicamente as formulações das normas jurídicas vigentes, juntamente com os enunciados empíricos que se devam reconhecer como verdadeiros ou provados. Segundo afirma Robert Alexy, isso se dá, basicamente, por quatro motivos: primeiro, em razão da imprecisão da linguagem do Direito; segundo, pela possibilidade de existência de conflitos entre as normas; terceiro, pela possibilidade de haver casos que requeiram uma regulamentação jurídica própria, uma vez que não cabem em nenhuma outra norma válida existente, e quarto, pela possibilidade, em casos especiais, de uma decisão que contraria a literalidade da norma[21].

Sem dúvida, a suposição que se faz é de que as regras dispostas nesta então cunhada de teoria da argumentação jurídica se efetivam nas decisões judiciais quando são devidamente observadas e respeitadas as regras processuais alusivas ao próprio devido processo legal e que, desse modo, viabilizam o real alcance da pretensão colocada sob julgamento. Diante desta nova realidade, surge, por conseguinte, a necessidade de estudar a força normativa da Constituição e os principais elementos formadores da nova interpretação constitucional, como a normatividade dos princípios, com a utilização da ponderação de direitos, valores e normas como forma de efetivação da prestação jurisdicional. Ademais, vislumbrando a análise da legitimidade argumentativa, estudam-se os reflexos da argumentação no Estado Contemporâneo e o papel do magistrado no processo civil moderno, necessitando da efetiva utilização da atividade (ou função) criativa inerente à sua própria função jurisdicional, tendo, por certo, a garantia constitucional da motivação das decisões como limites necessários à referida criatividade judicial.

Por certo, defende-se a legitimidade argumentativa, com os subsequentes reflexos da argumentação no Estado Contemporâneo Democrático de Direito, ponderando o real papel do magistrado constitucional no pro-

---

[21] ALEXY, Robert. *Teoria da Argumentação Jurídica: a teoria do discurso racional como teoria da fundamentação jurídica*, op. cit., p. 19/20.

cesso e a ascensão de sua função criativa, embora seja criticado e rejeitado por muitos a ideia de discricionariedade judicial. Ainda, verificaremos os mecanismos de estabilidade das decisões judiciais, pesados e estruturados para que se tornassem estáveis e, consequentemente, seguras as decisões produzidas pelo Poder Judiciário[22], fazendo com que, sendo estáveis suas decisões, fosse consequência natural a segurança jurídica.

Dessa forma, estável o pronunciamento judicial, gerando a segurança jurídica a todos os participantes da *quaestio*, seria possível às partes conformar-se com a solução, embora entenda adequada ou não, gerando, desse modo, portanto, a tão pretendida paz social, pois o conflito, desta forma, teria sido encerrado. Nessa linha, deve-se compreender a estrutura e o caminho para a estabilidade das decisões judiciais, entendendo que esta se realizará, tradicionalmente, por meio da coisa julgada[23], da preclusão

---

[22] O autor Ovídio A. Baptista da Silva, quando fala do Poder Judiciário, aduz que: "Ele funciona segundo os princípios e pressupostos imaginados por aqueles que o conceberam. Um ponto que não preocupa aqueles que se angustiam com os atuais problemas da administração da justiça é saber se a celeridade processual fora, realmente, concebida como um objetivo desejado pelo sistema. Ou seja, ainda não se demonstrou que nosso sistema processual fora programado para andar rápido. Ao contrário, ao priorizar o valor segurança, inspirada em juízos de certeza, como uma imposição das filosofias liberais do Iluminismo, o sistema renunciou à busca de efetividade – que nossas circunstâncias identificam com celeridade –, capaz de atender à solicitação de nossa apressada civilização pós-moderna. O Poder Judiciário funciona satisfatoriamente bem, em nosso país. Os problemas da Justiça são estruturais. Não funcionais. Ele atende rigorosamente bem ao modelo que o concebeu. Nossa percepção, no entanto, não alcança os problemas estruturais que condicionam a atual situação vivida pelo Poder Judiciário – seja porque eles se tornaram, para nossa compreensão, "naturais", como o dia e a noite e o movimento dos astros –, seja por parecerem-nos, de qualquer modo, como inalteráveis – a verdade é que a estrutura do sistema não é questionada, nem problematizada pelos que sofrem os danos de uma justiça que perdeu, até mesmo, a desejada funcionalidade. Pelo menos, os processualistas, que mais diretamente são atingidos por esse estado de coisas, não a questionam. Limitam-se a melhorar o seu funcionamento, como se o problema residisse em algum defeito funcional". E ainda complementa: "O problema, sem dúvida, não é funcional. Dentre outros muitos fatores desta ordem, ocorre-me o primeiro deles no próprio conceito e limites da jurisdição que praticamos como herança da Revolução Europeia, desde suas origens medievais. O primeiro fator estrutural está na inabalável premissa redutora do conceito de jurisdição como simples declaração dos direitos, que é, por sua vez, o alicerce do procedimento ordinário e da interminável cadeia recursal". Vide Silva, Ovídio A. Baptista da. Da função à estrutura – www.baptistadasilva.com. br/artigos, acessado em 22/05/2010 às 22:40.

[23] Destaque-se que, para este trabalho, trata-se unicamente da coisa julgada material, pois a coisa julgada formal não passa de mera preclusão, em alguns casos, ou até de mero trânsito em julgado em outras situações. Nesse sentido, Thamay, Rennan Faria Krüger. A inexistência de

(temporal, consumativa e lógica) e do trânsito em julgado, porquanto, realizada a estabilização, ter-se-ia, então, a segurança jurídica e, por conseguinte, a paz social.

Esses mecanismos serão estudados e compreendidos para que se possa ter a certeza de como se realiza a estabilização das decisões judiciais, geradora da segurança jurídica e da paz social no controle abstrato de constitucionalidade frente ao Supremo Tribunal Federal, podendo-se pensar essa teorização para o Tribunal Constitucional Português. Por fim, analisa-se a real estrutura da motivação no processo civil, como fator legitimante da prestação jurisdicional, sob a perspectiva da técnica processual, na qual serão estudados, dentre outros aspectos, a evolução e as justificativas históricas da motivação, culminando com a fundamentação na perspectiva constitucional de 1988. Apresentam-se, ainda, os principais princípios processuais e constitucionais relacionados à fundamentação das decisões judiciais, bem como a sua relação com a real estrutura do processo. Após, estudam-se as proposições legislativas do Código de Processo Civil de 2015, com os possíveis vícios e nulidades presentes nas decisões judiciais pela inobservância das regras apresentadas e daquela decisão que não seria considerada como efetivamente "fundamentada".

Com essas ideias, tem-se a fundamentação e a própria argumentação judicial como fatores legitimantes da prestação jurisdicional, verificando a evolução histórica da motivação como garantia política e processual. Ainda, com a entrada em vigência do CPC/2015, analisam-se as disposições do art. 489 e as nulidades das sentenças por ausência ou insuficiência de motivação, em especial examinando a tendência e o risco de padronização decisória em uma sociedade que tem pressa, cujo Judiciário se encontra assoberbado de processos e de casos concretos (por certo, fáceis e difíceis, tanto em matérias fáticas como de direito) necessitando de decisões cada vez mais urgentes e rápidas.

Finalmente, analisadas todas as estruturas e propostas a respeito da fundamentação, busca-se ponderar se realmente esta incessante busca por uma padronização (ou de uma chamada "tendência de estandardização") das decisões judiciais na sociedade contemporânea é, de fato, fator de legitimação judicial e de efetivo cumprimento da prestação jurisdicio-

---

coisa julgada, nos moldes clássicos, no controle de constitucionalidade abstrato. Tese (Doutorado) – Faculdade Direito, Pós-Graduação em Direito, PUCRS, Porto Alegre, 2014, p. 131.

nal ou, tão somente, cumpre seu dever de simplesmente "dar uma resposta" ao caso concreto.

Assim, pretende-se verificar e demonstrar a necessidade de redimensionar a função do magistrado e de revalorizar a garantia de fundamentação das decisões judiciais, analisadas à luz da argumentação jurídica, inclusive examinando, ao final de nosso estudo, decisões proferidas pelos nossos Tribunais Superiores (STF e STJ) em matérias e temas controversos e polêmicos. Qual seria, portanto, a melhor resposta normativa, dentre todas aquelas possíveis e apresentadas pelo ordenamento jurídico, a ser efetivamente aplicada a determinado caso concreto? Talvez seja a pergunta mais importante de toda a Ciência do Direito e de todo o estudo da fundamentação das decisões judiciais. Como se chegar, então, a uma decisão justa, adequada e racional? De fato, as dificuldades de tais respostas aos propostos questionamentos aumentam quando se percebe que as noções antes apresentadas pelo positivismo[24] não servem mais ao Direito e, consequentemente, à justificação ou à argumentação das decisões judiciais.

---

[24] Sobre o positivismo jurídico, ver BOBBIO, Norberto. *O Positivismo Jurídico: Lições de filosofia do direito*. São Paulo: Ícone, 2006. p. 12. A respeito da superação do positivismo, deve ser examinado Dworkin e Hart. No Brasil vale conferir BARROSO, Luís Roberto. *Fundamentos teóricos do novo direito constitucional brasileiro. A nova interpretação constitucional*. Rio de Janeiro: Renovar, 2003. p. 26/27.

# PRIMEIRA PARTE – A DECISÃO JUDICIAL

Capítulo 1 – A Decisão Judicial, o Processo Contemporâneo e a Nova Ordem Constitucional

1.1. A Constitucionalização do Processo

Importante verificar que, diante das inúmeras relações interpessoais implicadas pela vida em sociedade, surgiu a necessidade de regulamentação de algumas dessas relações pelo Estado, por meio de determinadas regras e normas de condutas[25]. O Estado moderno[26], no desempenho de sua fina-

---

[25] Nesse sentido, explica Rennan Thamay: "Em uma sociedade muito célere, volátil e consumista, temos a difícil missão de tentar proteger, dentro do possível, a existência e realização dos direitos humano-fundamentais, o que, por si só, já é severa e penosa pretensão, embora não impossível. Nossa sociedade pós-moderna e pós-positivista é extremamente mutável, dinâmica e evolutiva, o que faz com que as realidades anteriormente construídas e as entidades normativas existentes se tornem extremamente desatualizadas em um curto tempo". THAMAY, Rennan Faria Krüger. *A relativização da coisa julgada pelo Supremo Tribunal Federal: o caso das ações declaratórias de (in)constitucionalidade e arguição de descumprimento de preceito fundamental*. Porto Alegre: Livraria do Advogado, 2013, p. 19.

[26] O Estado nasceu no final do federalismo na Europa ocidental, assim como refere Chevallier, Jacques. *O Estado pós-moderno*. Op. cit., p. 24. É feita crítica por Bolzan de Morais de forma plenamente coerente, em relação a alguns autores que insistem em utilizar a ideia de Estado Moderno, o que é naturalmente tautológico, visto que só há Estado na modernidade, sendo as demais experiências apropriáveis. Sobre essa referência, conferir MORAIS, José Luis Bolzan de. *As crises do estado e da constituição e a transformação espacial dos direitos humanos*. Porto Alegre: Livraria do advogado, 2002, p. 23. Veridicamente, o Estado se presta a representar e buscar o interesse geral, buscando a realização dos direitos dos cidadãos, assim: CHEVALLIER, Jacques. *O Estado pós-moderno*. Op. cit., p. 24-25.

lidade, qual seja a de conservar e desenvolver condições da vida em sociedade, exerce três funções distintas, correspondentes aos três Poderes: Executivo, Legislativo e Judiciário. Ao Poder Judiciário[27] ficou incumbida a função de tutelar a *atividade jurisdicional* do Estado, distribuindo e organizando todo o sistema judicial. Esta competência estatal constitui um poder-dever-função, que se inicia quando a parte, que tem o interesse de ver seu direito tutelado, invoca-o.

Ao longo dos anos, muitos foram os mecanismos criados pelo legislador para possibilitar e garantir ao cidadão o livre acesso à Justiça. Contudo, na busca pela efetiva prestação jurisdicional, o Estado moderno vem encontrando no decorrer do tempo uma série de empecilhos, tendentes a influenciar na eficácia do serviço estatal. Para solucionar os embaraços, no intuito de fazer prevalecer a validade e o sentido das normas, surgiu a necessidade de uma nova reinterpretação do sistema de ritos cíveis, sob a ótica constitucional, permitindo observar o comprometimento do processo civil brasileiro com o Estado Democrático de Direito[28], conquistado e priorizado pela Constituição Federal[29], para garantir a eficácia da tutela

---

[27] Ainda sobre a ideia de função social do Poder Judiciário, vejamos as palavras de Álvaro Felipe Oxley da Rocha vide ROCHA, Álvaro Felipe Oxley da. *Sociologia do direito: A magistratura no espelho*, São Leopoldo: Editora Unisinos, 2002, p. 27. "O Judiciário tem ocupado freqüentemente espaços nos cenários políticos nacional e internacional em razão de sua atuação nos mais diversos setores, seja agindo como agente mantenedor da origem vigente, seja como transformador dessa mesma ordem, à medida que cresce a sua atuação modificadora das políticas de governo, impedindo ou dando nova direção às questões submetidas a seus agentes". Sobre o Poder Judiciário e sua autoridade conferir GIRONS, A. Saint. *Manuel de droit constitutionnel*. Paris: L. Larose et Forgel Libraires-Editeurs, 1885, p. 512.

[28] Essa referência se dá tanto no preâmbulo da Constituição Federal como também no artigo 1º. Assim, vejamos o preâmbulo: "Nós, representantes do povo brasileiro, reunidos em Assembleia Nacional Constituinte para instituir um Estado Democrático, destinado a assegurar o exercício dos direitos sociais e individuais, a liberdade, a segurança, o bem-estar, o desenvolvimento, a igualdade e a justiça como valores supremos de uma sociedade fraterna, pluralista e sem preconceitos, fundada na harmonia social e comprometida, na ordem interna e internacional, com a solução pacífica das controvérsias, promulgamos, sob a proteção de Deus, a seguinte CONSTITUIÇÃO DA REPÚBLICA FEDERATIVA DO BRASIL". Também vejamos o art. 1º: "Art. 1º A República Federativa do Brasil, formada pela união indissolúvel dos Estados e Municípios e do Distrito Federal, constitui-se em Estado democrático de direito e tem como fundamentos (...)".

[29] Jorge Miranda observa a Constituição a partir da ideia de que "na Constituição se plasma um determinado sistema de valores da vida pública, dos quais é depois indissociável. Um conjunto de princípios filosófico-jurídicos e filosófico-políticos vêm-na justificar e vêm-na

jurisdicional e a eficiência do Poder Judiciário[30]. É fato que a Constituição Federal de 1988 erigiu uma nova orientação a todo o sistema jurídico, principalmente o processual, com a superação do Estado Legalista e a imposição de um novo Estado Constitucional. A Carta Magna passou a ser o centro do referido sistema, consistindo em um filtro axiológico de hermenêutica jurídica.

Analisando o direito processual civil, por ser um ramo do direito público, verifica-se uma íntima e intrínseca relação com o direito constitucional, com muito de seus princípios e institutos tratados como linhas basilares da Constituição Federal. Na verdade, como bem assevera Luiz Guilherme Marinoni, *"não há como pretender ensinar direito processual sem antes tratar de uma teoria do processo elaborada à luz do Estado constitucional e das teorias dos direitos fundamentais*[31]*"*.

Desta forma, pode-se afirmar que surge, a partir dessa ideia, o chamado *neoprocessualismo*, que se apresenta como uma ideia de revaloração de diversos conceitos processuais analisados à luz de preceitos constitucionais e de direitos fundamentais, em especial daqueles interligados à relação jurídica processual e à teoria geral do processo. Cândido Rangel Dinamarco, Antônio Carlos de Araújo Cintra e Ada Pelegrini Grinover outrora já ensinavam que essa nova visão ou reinterpretação do sistema jurídico processual *"não se trata de um ramo autônomo do direito processual,*

---

criar". MIRANDA, Jorge. *Contributo para uma teoria da inconstitucionalidade*. Coimbra: Coimbra Editora, 2007, p. 30. Pode-se compreender a Constituição a partir da economia, sociologia, filosofia, ciência política, história e ciência da linguagem, mas para este estudo, reconhecendo a importância das demais formas de observação, deve ser compreendida desde uma perspectiva jurídica. Clèmerson Merlin Clève refere, sob a perspectiva jurídica da Constituição, que "As Constituições, agora, são documentos normativos do Estado e da sociedade. A Constituição representa um momento de redefinição das relações políticas e sociais desenvolvidas no seio de determinada formação social. Ela não apenas regula o exercício do poder, transformando a potestas em auctoritas, mas também impõe diretrizes específicas para o Estado, apontando o vetor (sentido) de sua ação, bem como de sua interação com a sociedade. A Constituição opera força normativa, vinculando, sempre, positiva ou negativamente, os Poderes Públicos. Os cidadãos têm, hoje, acesso direto à normativa constitucional, inclusive para buscar proteção contra o arbítrio ou a omissão do Legislador." CLÈVE, Clèmerson Merlin. *A fiscalização abstrata da constitucionalidade no Direito brasileiro*. 2. ed. São Paulo: Revista dos Tribunais, 2000. p. 22.

[30] SILVA, Ovídio A. Baptista da. Da função à estrutura. *Revista de Processo*, vol. 158, São Paulo: Editora Revista dos Tribunais, abril/2008.

[31] MARINONI, Luiz Guilherme; ARENHART, Sérgio Cruz. *Teoria Geral do Processo*. 7ª ed. rev. e atual. São Paulo: Revista dos Tribunais, 2008. V. I, p. 09.

mas de uma opção metodológica, onde o direito processual constitucional abrange os princípios fundamentais do processo como a chamada jurisdição constitucional ou tutela constitucional do processo"[32].

Alguns renomados constitucionalistas procuraram enumerar certas condições para a constitucionalização do direito, dentre as quais se destacam a garantia jurisdicional da Constituição; a força vinculante da Constituição; a aplicação direta das normas constitucionais; a interpretação das leis conforme a Constituição, e a influência da Constituição sobre as relações políticas[33]. Ademais, não obstante a apresentação das diretrizes expostas e apresentadas, o núcleo da discussão a respeito da verdadeira importância para a compreensão do processo de constitucionalização do direito processual encontra-se no legítimo papel de implementação de uma ordem objetiva de valores, ou seja, não se verifica que unicamente a presença de normas infraconstitucionais constantes na Constituição deva necessariamente constituir em uma *"constitucionalização de normas"*.

Assim, a Constituição[34], com razão, passa a ser reconhecidamente como um filtro axiológico necessário de todo o sistema jurídico, no qual o intérprete das normas infraconstitucionais deve obrigatoriamente passar, consagrando nela todos os princípios e valores norteadores da atividade jurisdicional. Tanto é que os reflexos do movimento de constituciona-

---

[32] CINTRA, Antonio Carlos de Araújo; GRINNOVER, Ada Pelegrini; e DINAMARCO, Candido Rangel. *Teoria Geral do Processo*, 27ª ed. São Paulo: Malheiros, 2011, p. 85.

[33] BARROSO, Luís Roberto. *Neoconstitucionalismo e constitucionalização do direito. O triunfo tardio do Direito constitucional no Brasil*. Revista da Escola da Magistratura Regional Federal da 2ª Região – EMARF. Rio de Janeiro: EMARF – TRF 2ª Região/RJ 2010 – vol. 13, nº 1, p. 205-224. Ainda, a respeito da relação entre a Constituição e o Processo, verifique: WAMBIER, Luiz Rodrigues. TALAMINI, Eduardo. *Curso avançado de processo civil*. 14. ed., rev. e atual. São Paulo: RT, 2014, p. 59-60.

[34] Oswaldo Luiz Palu refere que "A Constituição deve ter preservada sua força ordenadora e deve ser efetivamente obedecida, gerando efeitos na realidade social (constituição normativa)." PALU, Oswaldo Luiz. Controle de constitucionalidade: conceitos, sistemas e efeitos. 2. ed. São Paulo: Revista dos Tribunais, 2001. p. 56. Clèmerson Merlin Clève refere que "A supremacia constitucional deve vir acompanhada, também, de uma certa 'consciência constitucional' ou, como prefere Hesse, de uma 'vontade de constituição'. Ela reclama a defesa permanente da obra e dos valores adotados pelo Poder Constituinte. Afinal, sem 'consciência constitucional' ou sem 'vontade de constituição', nenhuma sociedade consegue realizar satisfatoriamente sua Constituição ou cumprir com seus valores." CLÈVE, op. cit., p. 33-34. Ainda sobre essa supremacia pode-se conferir HESSE, Konrad. A força normativa da Constituição. Tradução de Gilmar Ferreira Mendes. Porto Alegre: Fabris, 1991. p. 19.

lização do direito processual civil, ou desse chamado *neoprocessualismo*, puderam ser percebidos ainda quando da apresentação do Anteprojeto do Novo Código de Processo Civil, em 08 de junho de 2010, apresentado ao então presidente do Senado José Sarney, pelo presidente da Comissão de Juristas, Ministro Luiz Fux[35]. Diante dessa realidade, entrou em vigência a Lei nº 13.105/2015 (Novo Código de Processo Civil), em 18 de março de 2016, positivando e normatizando a verdadeira *constitucionalização do processo civil*, em seu art. 1º, no qual determina que *"o processo civil será ordenado, disciplinado e interpretado conforme os valores e as normas fundamentais estabelecidos na Constituição da República Federativa do Brasil, observando-se as disposições deste Código"*.

Importante identificar, ainda, outra característica marcante no CPC/2015, qual seja a tentativa de conferir uma maior aproximação da decisão judicial com a realidade, já que a nova sistemática processual civil se direcionou, fortemente, para a valorização das decisões judiciais (conforme consagrado pelo art. 93, IX, da Constituição Federal), buscando a efetiva realização e cumprimento daquilo que fora determinado pelo julgador (*"decisão de mérito justa e efetiva"*, nos termos do art. 6º do CPC/2015).

Desta forma, emerge de tais ponderações a ideia principal de que o processualista contemporâneo, atento às modernidades[36], às transformações da sociedade contemporânea, bem como à própria evolução dos sistemas jurídicos[37], adquiriu a consciência de que o processo civil, entendido como um instrumento a serviço da ordem constitucional, necessita refletir as

---

[35] *"Na elaboração deste Anteprojeto de Código de Processo Civil, essa foi uma das linhas principais de trabalho: resolver problemas. Deixar de ver o processo como teoria descomprometida de sua natureza fundamental de método de resolução de conflitos, por meio do qual se realizam valores constitucionais. (...) A coerência substancial há de ser vista como objetivo fundamental, todavia, e mantida em termos absolutos, no que tange à Constituição Federal da República. Afinal, é na lei ordinária e em outras normas de escalão inferior que se explicita a promessa de realização dos valores encampados pelos princípios constitucionais. (...) A necessidade de que fique evidente a harmonia da lei ordinária em relação à Constituição Federal da República fez com que se incluíssem no Código, expressamente, princípios constitucionais, na sua versão processual. (...) Trata-se de uma forma de tornar o processo mais eficiente e efetivo, o que significa, indubitavelmente, aproximá-lo da Constituição Federal, em cujas entrelinhas se lê que o processo deve assegurar o cumprimento da lei material (...)"*

[36] Sobre a forma de compreensão da ideia de modernidade, vale observar Santos, Boaventura de Sousa. *Pela mão de Alice. O social e o político na pós-modernidade*. 7. ed., São Paulo: Cortez, 2000, p. 322-323.

[37] A respeito dos grandes sistemas jurídicos do direito contemporâneo, ver: DAVID, Rene. *Os grandes sistemas do direito contemporâneo*. 4ª ed. São Paulo: Martins Fontes, 2002

bases do regime democrático de direito e os princípios proclamados pela Constituição Federal.

1.2. O Processo Contemporâneo e as Decisões Judiciais

Com efeito, Candido Rangel Dinamarco utiliza a expressão *"Juiz Pilatos"* para expressar o repúdio pelo processo civil moderno ao magistrado inerte, que só observa o embate dialético existente entre as partes e não interfere no processo (*"juiz mudo"*[38]), tão somente atribuindo a má prestação jurisdicional às partes litigantes, *"lavando as suas mãos"* no processo, escondendo-se na ideia da busca pela verdade formal e de uma efetividade apenas aparente[39].

Leciona o doutrinador que "o juiz moderno tem o dever de participar da formação do material sobre o que apoiará afinal a sua livre convicção"[40], da mesma forma ensinando que "o processo civil moderno repudia a ideia do juiz Pilatos, que, em face da instrução processual mal feita, resigna-se a fazer injustiça atribuindo a falha aos litigantes"[41].

Certamente, pela nova visão da relação jurídica processual apresentada tanto pelo CPC/2015, quanto pela corrente processual moderna, emerge ao lado das partes a figura física do magistrado como aquele que, no processo civil, é o responsável e aquele legitimamente capaz de produzir, pela sua atuação efetiva, resultados diretos nas vidas dos jurisdicionados. Nesse sentido, em razão da visão cada vez mais publicista do processo civil, cabe ao juiz corrigir e superar os obstáculos à efetiva prestação jurisdicional, fazendo uso dos poderes a ele atribuídos pela lei processual.

Nas palavras de Sidnei Agostinho Beneti, "o Juiz, nesse sentido especial, é, também, um 'político', porque participa da direção comportamental da sociedade[42]". Indo ao encontro da visão moderna, o nosso sistema processual civil consagrou, por exemplo, o princípio dispositivo na determinação das provas, admitindo, contudo, a possibilidade da atuação excep-

---

[38] *"O juiz mudo tem também algo de Pilatos e, por temor ou vaidade, afasta-se do compromisso de fazer justiça"*. DINAMARCO, Cândido Rangel. Instituições de direito processual civil. Vol. I. 2ª Ed. São Paulo: Malheiros, 2002, p. 224.

[39] DINAMARCO, Candido Rangel. *Instituições de direito processual civil*, v. II, Cap. XXXIX, nº 511, p. 234.

[40] DINAMARCO, Candido Rangel. *Instituições de direito processual civil.* op. cit., p. 234.

[41] DINAMARCO, Candido Rangel. *Fundamentos do processo civil moderno...* op. cit. p. 134.

[42] BENETI, Sidnei Agostinho. *Deveres do Juiz*, palestra proferida em 1996 aos juízes do Estado de Rondônia, *Da conduta do juiz*, p. 149.

cional ex ofício do magistrado, em situações expressas previstas em lei, como quando determina a distribuição diversa do ônus da prova, sendo necessária a observação do art. 373, §§ 1º e 2º, do CPC/2015, bem como quando o próprio juiz determina, de ofício, a produção de determinada prova, conforme art. 370 do CPC/2015. De todo modo, deverá o juiz participar ativamente do processo e apreciar as provas constantes dos autos, independentemente do sujeito que a tiver promovido, indicando, na decisão, os motivos ou as razões da formação de seu convencimento.

Por essa mesma razão, Cândido Rangel Dinamarco define o processo civil, em suma, como sendo a técnica de solução imperativa de conflitos. É o Estado quem conduz o processo por intermédio de agentes específicos, os juízes e seus auxiliares, mediante o exercício do poder estatal de jurisdição, consistente na capacidade de decidir imperativamente, bem como de impor as suas decisões[43].

Assim, o direito processual pode ser conceituado, pois, como o conjunto de princípios e normas destinados a reger a solução de conflitos pelo exercício do poder estatal. A jurisdição, principalmente no Estado de Direito, destina-se à aplicação das regras jurídicas a fim de assegurar a efetividade dos resultados, além de permitir a efetiva participação dos interessados, pelos meios legalmente permitidos, da mesma forma que também definem e delimitam a atuação dos juízes.

Assenta-se que a atividade jurisdicional é exercida por meio dos agentes que compõem o Estado-Juiz, substituindo-se à vontade das partes para solucionar os conflitos. O juiz, personificando o poder do Estado e ciente de seus poderes-deveres, tem a necessidade de promover efetivamente a pacificação social, deixando de lado a ambição pessoal de seus próprios valores de homem, para atuar de acordo com a vontade da lei. Nesse sentido, ensina o jurista uruguaio Eduardo Juan Couture:

> *"El problema del juez consiste en eligir un hombre a quién há de asignarse la misión casi divina de juzgar a sus semejantes, sin poder abdicar de sus pasiones, de sus dolores y de sus impulsos de hombre. Ser al mismo tiempo juez y hombre constituye un dilema dramático; como decía finamente el can-*

---

[43] DINAMARCO, Cândido Rangel. *Instituições de Direito Processual Civil*. Volume I, 4ª ed., São Paulo: Editora Malheiros, 2004.

ciller D'Auguesseau, lo prodigioso del juez es que lo puede todo para la justicia y no puede nada para sí mismo"[44].

O processo é, pois, o instrumento ou mecanismo pelo qual o Estado exerce o poder jurisdicional e, como todo instrumento, deverá ser efetivo quando atingir a sua finalidade primordial. É imperioso reconhecer que, modernamente, o magistrado vem ganhando uma posição de maior destaque e atividade no processo civil, abandonando sua antiga postura de *mero espectador* do embate dialético entre as partes, ocupando-se do processo como interessado participativo, não no benefício próprio individual, mas, sim, buscando os escopos ao qual se vale o processo, bem como a paz social e a manutenção da ordem jurídica.

Assim, Dinamarco, em sua obra intitulada de *Instrumentalidade do Processo*[45], definiu o processo como sendo o *"microcosmo democrático do Estado de direito, com as conotações da liberdade, igualdade e participação (contraditório), em clima de legalidade e responsabilidade"*. Desta forma, apresenta o processualista a jurisdição, a ação, a defesa e o processo (*quadrinômio estrutural*) como as quatro grandes categorias (ou institutos fundamentais) que compõem o núcleo estrutural do direito processual, em torno das quais gira todo o conteúdo dogmático da ciência processual[46].

---

[44] COUTURE, Eduardo Juan. *Estudios de derecho procesal civil*, t. I, p. 147. Tradução livre: *"O problema do juiz é escolher um homem que possui atribuição missão quase divina de julgar seus pares, incapazes de abandonar suas paixões, suas dores e seus impulsos do homem. Estar no mesmo tempo como juiz e homem constitui um dilema dramático, como disse o chanceler D'Auguesseau finamente, a maravilha é que o juiz pode fazer tudo pela justiça e não pode fazer nada por si mesmo"*.
[45] DINAMARCO, Candido Rangel. *Instrumentalidade do Processo*, 14ª ed. São Paulo: Malheiros, 2009.
[46] Segundo o autor: as grandes categorias do direito processual, que compõem e exaurem o objeto das normas processuais, são a jurisdição, a ação, a defesa e o processo. A *jurisdição* é o poder que o juiz exerce para a pacificação e pessoas ou grupos e eliminação de conflitos; a *ação* é o poder de dar início ao processo e participar dele com vista à obtenção do que pretende aquele que lhe deu início; a *defesa* é o poder de resistir, caracterizando-se coo exato contraposto da ação; o *processo* é ao mesmo tempo o conjunto de atos desses três sujeitos, o vínculo jurídico que os interliga e o método pelo qual exercem suas atividades. Tudo que as normas processuais disciplinam enquadra-se num desses quatro setores do direito processual ou cumulativamente em mais de um deles. Nada no direito processual ou em sua ciência, está fora desses setores. O quadrinômio *jurisdição-ação-defesa-processo* constitui e exaure, portanto, o *objeto material da ciência processual* – ou seja, as realidades a que esta dedica suas investigações e suas conclusões. DINAMARCO, Cândido Rangel. *Instituições...*, op. cit., vol. I, p. 293/294.

No entanto, embora possa ser considerada válida a estrutura proposta por Dinamarco, entendemos que, na verdade, jurisdição, ação e processo devam ser considerados como os institutos ou elementos essenciais que se interligam para formar o que a doutrina denomina de *trilogia estrutural do processo*[47]. A formulação do que se denominou posteriormente de teoria estrutural da ciência do processo civil deve ser apontada aos ensinamentos propostos por Ramiro Podetti, com a ressalva feita por Cipriano Gómez Lara[48], reunindo os três elementos, por ele considerados como *"la base metodológica y científica del estudio de la teoría y de la práctica del proceso"*. Segundo o autor, esse estudo *"debía fundamentarse em una consideración unitária y subordinada de estos três conceptos"*, esclarecendo tratar-se de uma concepção, primeiro, de um complexo unitário, *"porque ninguno de los três puede tener existência independiente"*; e, na sequência, afirma que são interdependentes, porque a ideia de cada um desses termos, isoladamente considerados, constitui pressuposto lógico do entendimento que se deva formar acerca do outro instituto[49].

Com efeito, as noções doutrinárias propostas para o que deveria se entender como *jurisdição*, *ação* e *processo* sofreram consideráveis modificações com o decorrer dos anos, em especial analisando a própria evolução do direito processual civil, com a reformulação, por exemplo, das ideias de jurisdição voluntária, bem como, por outro lado, o surgimento de novos conceitos de tipos de processo, tais como os processos objetivos das ações de controle concentrado de constitucionalidade[50] e a própria ideia da arbitragem.

---

[47] RAMIRO PODETTI, Teoría y Técnica del Proceso Civil y Trilogia Estructural de la Ciencia del Proceso Civil. Buenos Aires: EDIAR Soc. Anón. EDITORES, 1963, pp. 338/339, nº 2.
[48] Segundo o autor, foi Chiovenda, conforme registrado por Niceto Alcalá-Zamora y Castillo, quem primeiro apontou as três categorias como sendo os conceitos essenciais da ciência do processo, em aula inaugural de um curso na Universidade de Bolonha, no ano de 1903, no entanto, reconhecendo que, *"con grande acierto"*, foi Podetti quem havia associado as noções de jurisdição, ação e processo como fundamentos unitários. LARA, Cipriano Gómez. *Teoria General del Proceso*. México: Universidad Autônoma de México, Dirección General de Publicaciones, 1974, Capítulo 18: Conceptos Fundamentales de la Ciência Procesal, p. 95.
[49] PODETTI, Ramiro. *Teoria y Tecnica del Proceso Civil Y Trilogia Estructural de la Ciência del Proceso Civil...* op. cit, p. 338/339.
[50] São chamados de "processos objetivos", porque dizem respeito ao direito em tese e não a direitos subjetivos ou situações jurídicas subjetivas, donde a afirmação da inexistência de "partes". Nesse sentido, TESHEINER, José Maria; e THAMAY, Rennan Faria Kruguer. *Teoria*

Em linhas gerais, sem a pretensão de se esgotar o tema, mas apenas e tão somente na tentativa de conceitua-los à luz do progresso natural do processo civil e tendo como premissa que o processo é instrumento a serviço da jurisdição, pode-se caracterizar esse primeiro elemento — a *jurisdição* — como sendo uma das *funções essenciais* do Estado, mediante a qual ocorre a substituição dos titulares dos interesses em conflito e atua na vontade concreta da lei, ressaltando, sempre por meio do processo (instrumento da jurisdição).

Importante observar que, etimologicamente, jurisdição pode ser conceituada a partir dos vocábulos latins *iuris* (direito) e *dictio* (para alguns, "dizer", "manifestar" ou "pronunciar"[51]), bem como, podendo também ser traduzida a partir do vocábulo romano *ius* (direito) *dicere* (dizer), significando, semanticamente, como a função estatal responsável por *pronunciar o direito* nos casos concretos. Por certo que tal definição semântica ou literal se mostra, de certa forma, insuficiente para caracterizar o que seria efetivamente jurisdição.

Ainda, pode-se visualizar que, mais do que simples função do Estado, a jurisdição também pode ser individualizada como uma das expressões do *poder* Estatal, por meio do qual se decide e se impõem decisões, exercidas por intermédio do processo, passíveis de produzir efeitos concretos, bem como a coisa julgada e concretizando a ideia clássica em torno da função jurisdicional[52]. Por fim, a jurisdição pode ser ainda concebida como expressão de *atividade* estatal, ou seja, assim caracterizada como um

---

Geral do Processo, em conformidade com o Novo CPC. Capítulo XI – Processos Objetivos. Rio de Janeiro: Forense, 2015.

[51] Murga Gener, José Luis. *Derecho Romano Clasico II: El processo.* Zaragoza: Secretariado de Publicaciones de la Universidad de Zaragoza, 1980. p. 42. Note-se não ser aconselhável conceber e expressão *dicere* única e tão somente como "enunciar", "manifestar", "pronunciar" ou "exprimir", mas sim, em matéria de relações jurídicas, relembrar que *dicere* não possui valor declarativo, mas sim constitutivo de "estatuir", "fixar", "impor". Bastaria recordar alguns termos tomanos, tais como: *dictadorem dicere, dotem dicere, multam dicere, edicere, interdicere*. Nesse sentido: "In primo luogo si è inteso dicere come "enunciare", "pronunciare", "esprimere", dimenticando che il proprio in materia di rapporti giuridici dicere no ha valore dichiarativo, ma costitutivo di "statuire", "fissare", "imporre". Basterebbe ricordare: dictatorem dicere, dotem dicere, edicere, interdicere". Gioffredi, Carlo. *Contributi allo studio del processo civile romano; note critiche e spunti ricostruttivi.* Milano: Giuffrè, 1947. p. 10.

[52] Nas palavras de Eduardo COUTURE, *"la cosa juzgada es, em este orden de elementos, la piedra de toque de lacto jurisdicional".* In. COUTURE, Eduardo Juan. *Fundamentos del Derecho Procesal Civil.* 3ª ed. Buenos Aires: DEPALMA, 1972, p. 43.

complexo de atos praticados pelo juiz no processo, exercendo efetivamente os poderes pelos quais foi investido (pelo próprio Estado) e cumprindo a função que a lei lhe atribui[53].

É exatamente este trinômio – *função, poder e atividade* – que liga a jurisdição à atividade Estatal[54], exercido ou externado por meio do *processo*, assim entendido como o instrumento da jurisdição, composto por um conjunto de atos ordenados, resultando no vínculo jurídico que interliga a jurisdição e a ação.

Ressaltando que a ação é o direito à jurisdição, ou, nas palavras de José Ignácio Botelho de Mesquita, ação é *"o direito à realização da ordem jurídica, por meio da atividade do Estado. É um direito subjetivo público, dirigido contra o Estado, a quem incumbe o dever de, pela atividade de seus órgãos jurisdicionais, tornar efetiva a ordem prevista na lei"*[55]. Por outro lado, etimologicamente, a palavra *processo* provém do latim *"procedere"*, o qual significa *"ir para frente"*, caminhar em direção a um determinado fim, submergindo, nestes termos, a ideia de *desenvolvimento temporal*.

Partindo das premissas supraexpostas, nos dizeres de Cândido Dinamarco, o poder estatal, quando aplicado à função de eliminar conflitos e pacificar pessoas ou grupos, constitui o que se chama de *"jurisdição"*, sendo esta a principal e essencial função do juiz no processo. O poder jurisdicional do Estado, exercido por meio de seu instrumento, o *processo*, e provocado pela *ação*[56], tem por objetivo precípuo alcançar a paz social. Quando ocorre um conflito intersubjetivo de interesses e este é levado à apreciação

---

[53] Verifique a importante colocação de Arruda Alvim: "O que se preconiza atualmente é que o Estado não é o único – e, algumas vezes, sequer o mais adequado ente vocacionado para esta função (jurisdicional), que pode muito bem ser exercida por particulares, algumas vezes com resultados mais proveitosos do que aqueles obtidos no âmbito do Judiciário. Não se trata de destituição do poder estatal para solucionar conflitos e, menos ainda, de inobservância ao princípio da inafastabilidade da apreciação jurisdicional; o poder-dever do Estado remanesce". ALVIM, ARRUDA. Manual de direito processual civil. 15ª ed. rev. atual. e ampl. São Paulo: Editora Revista dos Tribunais, 2012, p. 203.
[54] CINTRA, Antonio Carlos de Araújo; GRINOVER, Ada Pellegrini; e DINAMARCO, Cândido Rangel, *Teoria geral do processo*, op. cit., p. 113.
[55] MESQUITA, José Ignácio Botelho de. *Da Ação Civil*. São Paulo: Editora Revista dos Tribunais, 1975, § 20.
[56] Verifique que José Carlos BARBOSA MOREIRA especificou que "chama-se demanda ao ato pelo qual alguém pede ao Estado a prestação de atividade jurisdicional". BARBOSA MOREIRA, José Carlos. *O Novo Processo Civil Brasileiro*. 25.ed. §1º, nº 1º. Rio de Janeiro: Forense, 2007.

jurisdicional, o Estado deve compô-lo, pondo fim à discórdia e restabelecer, dessa forma, a tão almejada harmonia da vida em sociedade[57].

Tanto é que, além de a própria Constituição Federal garantir o acesso à função jurisdicional do Estado, em seu art. 5º, XXXV, o Código de Processo Civil também reconheceu a importância dessa proteção, reproduzindo em seu art. 3º aquilo que constitucionalmente buscou-se garantir, determinando que *"não se excluirá da apreciação jurisdicional ameaça ou lesão a direito"*. Ademais, o art. 140 do CPC também determinou a indeclinabilidade da jurisdição, apresentando que *"o juiz não se exime de decidir sob a alegação de lacuna ou de obscuridade no ordenamento jurídico"*, vedando-se, portanto, o *non liquet* e impondo ao Estado, pois, o dever de oferecer respostas adequadas a todas as questões, pretensões e demandas que lhe são dirigidas.

Diante disso, o processo deve ser, efetivamente, o instrumento ou método de trabalho desenvolvido pelo Estado, para assegurar a solução do litígio e garantir a efetividade da prestação jurisdicional e a tão buscada pacificação social. Finalmente, como bem explicitou José Roberto dos Santos Bedaque, *"todos os valores de segurança, efetividade, justiça e paz social não podem ser olvidados no exame da técnica, pois esta é simples meio para se chegar àqueles, os reais fins do processo"*[58].

1.3. A Efetividade da Prestação Jurisdicional, o Acesso à Justiça e os Escopos do Processo

Como visto, constitui direito fundamental de todo cidadão o acesso à jurisdição efetiva sempre que sofrer lesão ou ameaça de lesão a qualquer direto seu, nos termos da Constituição Federal, artigo 5º, inciso XXXV[59], reproduzido na legislação infraconstitucional pelo art. 3º do CPC. Não obstante a determinação constitucional, há a necessidade de se concretizarem e de se tornarem efetivos os direitos de acesso à justiça, ou à jurisdição, como forma de possibilitar a obtenção da *"justa e efetiva"* prestação jurisdicional, em observação à razoável duração do processo, como bem preconiza o art. 6º do CPC.

---

[57] CINTRA, Antonio Carlos de Araújo; GRINOVER, Ada Pellegrini; e DINAMARCO, Cândido Rangel. *Teoria geral do processo...* op. cit., p. 41.

[58] BEDAQUE, José Roberto. *Efetividade do Processo e Técnica Processual*, 2.ed., p. 40.

[59] Sobre o tema, verifique a obra: TAMER, Maurício Antonio. *O princípio da inafastabilidade da jurisdição no direito processual civil brasileiro*. Rio de Janeiro: LMJ Mundo Jurídico, 2017.

A preocupação com a celeridade do processo visa a garantir não só um processo rápido como, também, a efetivação do direito tutelado, com a garantia ao cidadão da realização no campo material do seu direito, no tempo em que ele desta necessita. De fato, a prestação jurisdicional morosa constitui fator de insegurança jurídica e de descrédito do Poder Judiciário. Em termos filosófico-sociológicos constitui, especialmente, problemas sociais que contribuem para a manutenção da desigualdade social, da pobreza e da corrupção, dentre outros considerados *"males sociais"*.

Muitas foram as reformas proporcionadas em nosso sistema Processual Civil e Constitucional, principalmente visando a tornar mais acessível o acesso do cidadão ao Poder Judiciário, bem como mais efetiva e rápida a prestação jurisdicional, v.g., a Emenda Constitucional nº 45/2004, conhecida como a Reforma do Judiciário, assim como pela criação de um Título específico e inédito em nosso ordenamento processual a respeito das normas e princípios fundamentais, constituídas pelo Código de Processo Civil de 2015 (arts. 1º a 12).

Contudo, quando se fala que as mudanças realizadas no Código de Processo Civil asseguraram o acesso à justiça, não podemos entender essa situação unicamente como a possibilidade de mero acesso dos cidadãos ao Poder Judiciário (acesso à justiça formal), via interposição de invariáveis e indetermináveis ações, mas, sim, de um efetivo acesso a uma *"Justiça Justa"* (acesso à justiça material). Atualmente, a ideia de acesso à justiça, segundo Kazuo Watanabe, não mais se limita ao simples acesso aos Tribunais:

Não se trata apenas e somente de possibilitar o acesso à Justiça como instituição estatal, mas de viabilizar o acesso à ordem jurídica justa. Dados elementares do direito à ordem jurídica justa são: a) o direito à informação; b) o direito à adequação entre a ordem jurídica e a realidade socioeconômica do país; c) o direito ao acesso a uma Justiça adequadamente organizada e formada por juízes inseridos na realidade social e comprometidos com o objetivo de realização da ordem jurídica justa; d) o direito a preordenação dos instrumentos processuais capazes de promover a objetiva tutela dos direitos; e, e) o direito à remoção dos obstáculos que se anteponham ao acesso efetivo a uma Justiça que tenha tais características[60].

---

[60] WATANABE, Kazuo. *Acesso à Justiça e sociedade moderna*. In: GRINOVER, Ada Pellegrini Cândido Rangel Dinamarco e Kazuo Watanabe. São Paulo: Revista dos Tribunais, 1988, p. 128/129.

Justiça no processo significa exercício da função jurisdicional em conformidade com os valores e princípios normativos conformadores do processo justo em determinada sociedade, assim entendidos como a imparcialidade e independência do órgão judicial, contraditório, ampla defesa, igualdade formal e material das partes, juiz natural, motivação, publicidade das audiências, término do processo em prazo razoável, direito à prova, entre outros.

Inequivocamente, mais do que julgar em tempo razoável de duração e de garantir o efetivo acesso dos cidadãos à justiça, há a necessidade do julgador de fundamentar adequadamente as suas decisões judiciais, para que, desse modo, possa ser efetivada a tutela jurisdicional por meio da participação do magistrado na relação jurídica processual, de forma *"justa"*, eficaz e imparcial.

Para Araújo Cintra, Grinover e Dinamarco[61], não há como desvincular o processo do mundo social moderno e, consequentemente, dos três objetivos buscados pelo Estado, por meio dele e da jurisdição[62]. Tais objetivos são classificados pelos autores como sendo as finalidades primordiais do Estado: sociais, políticos e jurídico; sendo que o consequente entendimento deles se faz necessário para a compreensão do que viria a ser a *instrumentalidade do processo*.

Nessa esteira, Dinamarco informou que o direito processual civil vive por um terceiro momento metodológico, caracterizado pela *consciência da instrumentalidade*. Em sua obra, *Instrumentalidade do Processo*, inteiramente dedicada ao tema, o processualista foi além dessa simples afirmação, ressaltando o atual crescimento da interpretação e dos propósitos do processo:

É vaga e pouco acrescenta ao conhecimento do processo a usual afirmação de que ele é um instrumento, enquanto não acompanhada da indicação dos objetivos a serem alcançados mediante o seu emprego. Todo instrumento, como tal, é 'meio'; e todo meio só é tal e se legitima, em função dos 'fins' a que se destina. O raciocínio teleológico há de incluir então, necessariamente, a fixação dos escopos do processo, ou seja, dos 'propósitos' norteadores da sua instituição e das condutas dos agentes estatais que o utilizam. Assim é que se poderá conferir um conteúdo substancial a

---

[61] CINTRA, Antonio Carlos de Araújo; GRINOVER, Ada Pellegrini; e DINAMARCO, Cândido Rangel. *Teoria geral do processo*, op. cit. p. 149/151.

[62] Nesse mesmo sentido, analise a obra: TESHEINER, José Maria; e THAMAY, Rennan Faria Kruguer. *Teoria Geral do Processo, em conformidade com o Novo CPC*. 2ª ed. Rio de janeiro: Forense, 2015.

essa usual assertiva da doutrina, mediante a investigação do escopo, ou escopos em razão dos quais toda ordem jurídica inclui um sistema processual[63].

Ainda, ressaltando a importância do estudo do tema, Bedaque ensina que:

> A identificação dos escopos do processo contribui decisivamente para a determinação da natureza pública desse ramo do Direito, destinado a regular o meio pelo qual o Estado atua coercitivamente as regras de direito material e obtém a pacificação social. A ciência processual visa o estudo de seus princípios e fundamentos teóricos.

Diante dessas premissas, Dinamarco identificou e definiu as aludidas finalidades como sendo os chamados escopos principais do processo civil: o *social*, o *político* e o *jurídico*, necessários para revelar o grau de utilidade e de efetividade da prestação jurisdicional. Pelo primeiro escopo analisado pelo autor, o social, a função jurisdicional e a legislação estão diretamente ligadas pela unidade do escopo fundamental de ambas, qual seja a *pacificação social*. Direito e processo, portanto, constituem um só sistema voltado justamente à busca pela pacificação de conflitos. O escopo social, ou seja, a busca por esta missão pacificadora, não pode ficar subjugada ao mero cumprimento e alcance das decisões judiciais, quaisquer que sejam elas, sem ser considerado o seu principal, isto é, o teor das decisões judiciais tomadas. Desta forma, afirma que *"entra aqui a relevância do valor Justiça. Eliminar conflitos mediante critérios justos – eis que o mais elevado escopo social das atividades jurídicas do Estado"*[64].

É inegável o valor social prestado pelo Estado por meio do processo e do exercício da jurisdição, em especial analisando que segurança e certeza jurídica são, igualmente, fatores condizentes com a própria pacificação social e, portanto, não constituem um escopo em si mesmo, mas, sim, constituindo um verdadeiro degrau na *"obtenção do objetivo último de pacificação, ou eliminação do estado anímico de insatisfação*[65]*"*. A respeito do escopo político, Dinamarco sustenta a função do processo para a estabilidade das

---

[63] DINAMARCO, Cândido Rangel. *Instrumentalidade do Processo...* op. cit., pag. 181.
[64] DINAMARCO, Candido Rangel. *Instrumentalidade do Processo...* op. cit. pag. 191.
[65] DINAMARCO, Candido Rangel. *Instrumentalidade do Processo...* op. cit. pag. 197.

instituições políticas e para a participação dos cidadãos na vida e nos destinos do Estado. Para tanto, apresenta três fatores essenciais da ligação entre processo e política. O primeiro deles, segundo informa, certamente é a necessidade do Estrado em firmar seu poder de forma imperativa, até mesmo como possibilidade de ultimar e cumprir a finalidade pela qual ele se legitima. O segundo aspecto é cultivar o culto ao valor liberdade, ressalvando o autor a necessidade de limitar e de sempre observar *"os contornos do poder e do exercício, para a dignidade dos indivíduos as quais se exerce*[66]*"*.

Por fim, o terceiro aspecto está na necessidade de garantir a presença da sociedade nas decisões políticas do Estado, em especial garantindo, de fato, a participação social nos destinos da sociedade política, cuja efetivação se dará por meio do exercício jurisdicional, no qual o próprio Estado busca integrar seu principal elemento de autoridade, tendo a participação social como forma de viabilizar o preceito democrático imposto na Constituição Federal e apto a conferir validade ao processo político.

Assim, *"a função jurisdicional tem a missão institucionalizada de promover a efetividade desses três valores fundamentais no Estado e na democracia, para a estabilidade das instituições*[67]*"*. Portanto, evidente que a utilização do processo pelo Estado, no intuito de se atingirem os fins políticos abarcados pela norma, constitui um instrumento estatal efetivo de ação política. O processo organiza a própria existência do Estado, mediante a utilização dos meios legítimos para a efetividade imperativa de seu poder, tudo isso pela jurisdição e, sobretudo, pelo processo. Ainda, a preservação das liberdades públicas também representa outro importante objetivo político do

---

[66] Sustenta o autor: São fundamentalmente três aspectos. Primeiro, afirmar a capacidade estatal de decidir imperativamente (poder), sem a qual ele mesmo se sustentaria, nem teria como cumprir os fins que o legitimam, nem haveria razão de ser para seu ordenamento jurídico, posição positivada do seu poder e dele próprio; segundo, concretizar o culto ao valor liberdade, com isso limitando e fazendo observar os contornos do poder e do seu exercício, para a dignidade dos indivíduos as quais ele se exerce; finalmente assegurar a participação dos cidadãos por si mesmo ou através de associações, nos destinos da sociedade política. Poder (autoridade) e liberdade são dois pólos de um equilíbrio que mediante o exercício da jurisdição o Estado procura manter; participação é um valor democrático inalienável, para a legitimidade do processo político. Pois a missão jurisdicional tem a missão institucionalizada de promover a efetividade desses três valores fundamentais no Estado e na Democracia, para a estabilidade das instituições. DINAMARCO, Cândido Rangel. *Instrumentalidade do processo...* op. cit., p. 168.

[67] DINAMARCO, Candido Rangel. *Instrumentalidade do processo...* op. cit. p. 198-199.

processo, uma vez que, independentemente de qual seja o seu objeto, há, de fato, por parte do Estado, uma interferência para a consagração de um direito já positivado, ou seja, o Estado Democrático faz a solene promessa de observar e limitar o exercício do poder de modo a não invadir as esferas de liberdade.

Desta forma, todos os meios que o indivíduo e a sociedade possuem para influenciar o Poder são formas de concretizar a prática da democracia. Por este motivo que a Constituição Federal consagrou em seu texto determinadas medidas de garantias e proteção individual, inclusive, perante o Estado, como nos casos do *habeas corpus*, do *habeas data* e do mandado de segurança.

Por fim, apresenta-se o escopo jurídico como a última função buscada pelo processo, assim entendido como sendo, justamente, a função essencial para visualizar e privilegiar a técnica processual. Referida técnica possui grande relevância em razão da maneira como o processo e seus resultados se exteriorizam no mundo político, pois esclarece a visão que ele exerce tanto diante do direito quanto a sua posição no sistema jurídico. Assim, para possibilitar a definição do escopo jurídico, essencialmente, necessita diferenciar a oposição entre as teorias dualista e unitária, para demonstrar o momento em que o processo é admitido no mundo jurídico, bem como o modo em que auxilia a efetivação do próprio direito[68].

Nesse sentido, segundo a teoria dualista e representado pelos ensinamentos de Giuseppe Chiovenda, o direito material possui um sistema eficiente em si mesmo para a criação de direitos e obrigações, logo em seguida à efetiva ocorrência de fatos jurídicos relevantes. Para a corrente, direitos subjetivos, obrigações e relações jurídicas constituem a criação imediata da concreta ocorrência dos fatos previstos nas normas. Pois, relevante conclusão retirada desse posicionamento é a de que a sentença, por certo, não seria fonte legítima de criação normativa, tampouco concorre para a sua criação, ou seja, o Estado, por intermédio da atuação do juiz (e

---

[68] Neste sentido, sustenta Dinamarco que "É de suma importância e vital relevância na técnica processual a definição do modo como o processo e seus resultados repercutem no sistema jurídico; além disso, as fórmulas mais conhecidas, através das quais se tentou a definição teleológica do processo, constituem acima de tudo pronunciamentos acerca da função que o processo desempenha perante o direto e na vida dos direitos". DINAMARCO, Cândido Rangel. *A instrumentalidade do processo...* op. cit. p. 177.

da prestação jurisdicional), somente reconhece direitos preexistentes ou previamente previstos na norma abstrata.

Por outro lado, a teoria unitária, cujo principal representante foi Francesco Carnelutti, sustenta que o ordenamento jurídico seria único desde que processo e direito material se fundissem em uma unidade ou um todo unitário, e a produção de direitos subjetivos, obrigações e concretas relações jurídicas entre sujeitos fossem obra da sentença e não da mera ocorrência de fatos previstos em normas gerais e abstratas[69]. Desta forma, o processo participa efetivamente da criação de direitos subjetivos, editando regras que efetivamente solucionariam os conflitos.

Portanto, para a consciente percepção da ordem processual e do sistema jurídico como um todo, é imprescindível adotar uma posição quanto às teorias apresentadas, principalmente para diferenciar o ponto de inserção do processo no sistema de direitos subjetivos. Seguindo os ensinamentos de Dinamarco, a teoria dualista é a que mais se sustenta em nosso ordenamento jurídico, principalmente porque se vislumbra que a sentença não cria direitos, obrigações ou concretas relações jurídicas (esta já apresentada pela lei e pela vontade do legislador), mas apenas revela-os, bem como busca desvelar a significativa compreensão do verdadeiro sentido da lei. Mesmo quando por sentenças criam situações jurídicas novas (ou seja, aquelas que possuam natureza constitutiva) ou confere-lhe efetividade (no caso da execução forçada), é certo afirmar que o direito preexiste à sentença que os cria.

Desta forma, o escopo jurídico do processo não reside unicamente na composição da lide, na criação ou na complementação da regra a prevalecer no caso concreto, mas, sim, na atuação ou exercício da prestação jurisdicional, desvendando a *vontade do direito*. Não há dúvidas de que o escopo jurídico do processo é o que mais se presta a considerações de ordem prática e que mais influência projeta sobre a própria técnica processual. Contudo, isso não autoriza a conceituar o processo sob o enfoque puramente técnico, sem considerar fatores outros de origens sociais, éticos e sociológicos, dentre outros.

Finalmente, informa o processualista que o processo não possui apenas um escopo, mas, sim, vários *"escopos"*. Considera o autor muito insuficiente a determinação de um escopo exclusivamente jurídico, pois o que há de

---

[69] DINAMARCO, Candido Rangel. *Instituições de Direito Processual Civil – vol. I...* op. cit., p. 136.

mais importante é a destinação social e política do exercício da prestação jurisdicional. Na verdade, concluindo, o processo e a jurisdição efetivamente atuam com todos os escopos analisados, de forma conjunta, tanto os sociais (como no caso da busca pela pacificação social), os políticos (nos casos das liberdades públicas, de participação democrática e de afirmação da autoridade do Estado) e os jurídicos (por intermédio da atuação jurisdicional na busca e na aplicação da vontade da norma abstrata, aos casos concretos).

1.4. A Decisão Judicial como Discurso Racional Prático e a Argumentação Jurídica: a Necessidade da Busca pela Resposta Correta (ou Adequada) aos Casos Concretos

Inicialmente, importe ponderarmos que as linhas aqui traçadas não possuem a pretensão, por certo, de encerrar toda a matéria acerca dos temas da argumentação jurídica e do discurso racional, mas tão somente de apresentar as ideias para que se possa embasar o presente estudo e, ao final, identificarmos a necessidade de conciliar os argumentos do discurso como forma efetiva para revalorizar as decisões judiciais, dentro dessa análise argumentativa e persuasiva, possibilitando não só a forma de controle das próprias decisões, mas evitando abusos ou arbitrariedades eventualmente cometidos pelos julgadores.

Em um primeiro momento, para que se possa entender a respeito da necessidade do estudo dos elementos da argumentação jurídica, importante buscar o entendimento sobre o próprio desenvolvimento dessa teoria. Desta forma, Anízio Pires Gavião Filho explica:

Em uma grande quantidade de casos de aplicação das normas jurídicas resultantes do procedimento da criação do Direito, para uma mesma questão jurídica particular, várias proposições normativas são possíveis. Com isso, está colocada a necessidade de uma teoria da argumentação jurídica para dar conta de que a proposição normativa particular seja acompanhada das melhores razões e, assim, melhor justificada racionalmente. Isso somente pode ser alcançado no marco do discurso jurídico racional entendido, então, como um caso especial (Sonderfall) do discurso prático geral.

Segundo as lições e os estudos de Robert Alexy, após verificar justamente essa possibilidade de existência para um mesmo caso concreto colocado sob julgamento, a existência de proposições diversas igualmente aplicáveis à hipótese, concluiu que, de igual maneira, existem também diversas formas de discursos jurídicos, sendo que estas formas variadas de se apresentarem as discussões possuem, em contrapartida, diferenças e semelhanças na forma com que externadas, no entanto, o traço mais importante é a existência, mesmo que de forma parcial, de argumentos jurídicos[70].

De fato, Alexy entende que o discurso jurídico seria somente um caso especial[71] do chamado discurso prático geral que, de acordo com o seu entendimento, decorreu da constatação de três pontos principais: primeiro, as discussões jurídicas dedicam-se a questões práticas; segundo, que há a exigência de correção, e, terceiro, que as discussões jurídicas encontram ou devem encontrar determinados limites dentro do *"tipo escrito"*.

De acordo com o autor, esses *"discursos jurídicos se relacionam com a justificação de um caso especial de afirmações normativas, isto é, aquelas que expressam julgamentos jurídicos*[72]*"*. Neste aspecto, duas questões da justificação podem ser observadas, quais sejam: a chamada justificação interna e a chamada justificação externa.

Analisando a questão de maneira simplista, tendo em vista que mais à frente a matéria será mais aprofundada, mencione-se que a justificação interna se relaciona às premissas utilizadas e formuladas pelo intérprete; e a justificação externa, por seu turno, correlaciona-se à possibilidade de

---

[70] A título de ilustração, verifica-se que, em seu texto, Robert Alexy apresenta a dificuldade de distinção entre o argumento jurídico e o argumento geral: *"A questão sobre o que distingue a argumentação jurídica da argumentação geral prática é um dos problemas centrais da teoria do discurso jurídico. [...] No contexto da discussão jurídica nem todas as questões estão abertas ao debate. Essa discussão ocorre com certas limitações."* ALEXY, Robert. Teoria da Argumentação Jurídica. Tradução de Zilda Hutchinson Schild Silva. São Paulo: Landy, 2001, p. 212.

[71] Importante mencionar que, na introdução de sua obra Teoria da Argumentação Jurídica, o autor menciona a respeito da "correção": *"Terá de ser fundamentado que tanto na afirmação de uma constatação prática geral, como na afirmação ou apresentação de uma constatação jurídica se propõe a reivindicação da correção. [...] A reivindicação de correção jurídica, implícita no enunciado de qualquer constatação jurídica é a reivindicação de que, sujeita às limitações estabelecidas por essas condições limitadoras, a afirmação é racionalmente justificável."* ALEXY, Robert. Teoria da Argumentação Jurídica... op. cit., p. 27.

[72] ALEXY, Robert. Teoria da Argumentação Jurídica... op. cit., p. 216.

correção de tais premissas[73]. A respeito da justificação interna e externa, verificam-se as explicações de Wolf Geremberg, que ensina:

A 'argumentação jurídica' deve ser estudada a partir de duas etapas: (a) a primeira etapa é denominada 'justificação interna', fase de descoberta das premissas, quando a estrutura argumentativa é organizada segundo as estruturas formais das regras ou dos princípios (b) a segunda etapa é denominada 'justificação externa', fase de justificação das premissas, quando as premissas elencadas na etapa anterior serão fundamentadas. É na 'justificação externa' que a relação entre fato e norma é completada[74].

Na verdade, Alexy sempre negou expressamente a tentativa de se elaborar uma *"teoria normativa da interpretação"*, composta tão somente por critérios expressos, absolutos e semânticos, que possibilitem unicamente a identificação de apenas uma resposta jurídica dentro de um universo sistêmico predeterminado. Em contrapartida a essa ideia, o autor apresenta a sua teoria normativa, tendo como foco principal a argumentação, composta de uma série de regras que definem o procedimento argumentativo que todo orador deve seguir para ser considerada racional.

No entanto, tais regras servem como parâmetro para a aferição de toda racionalidade do discurso, aplicáveis não apenas aos discursos jurídicos, mas a todos os discursos práticos em geral. Assim, a teoria de Alexy foi desenvolvida dentro de um sistema de regras de uma forma bem mais analítica, oferecendo o esboço do que ele próprio chamou de "código de razão prática", que seria *"uma sinopse e uma formulação explícita de todas as regras e formas de argumentação prática racional"*[75]. Desse modo, o autor formulou uma série de regras que, para ele, definiriam o discurso racional prático, apresentadas como uma *"condição prévia da possibilidade de toda comunicação linguística que da origem a qualquer questão sobre a verdade ou a correção*[76]*"*.

São elas: (i) nenhum orador pode se contradizer; (ii) todo orador só pode afirmar aquilo em que crê; (iii) todo orador que aplique um predicado F a um objeto A, tem de estar preparado para aplicar F a todo outro objeto que

---

[73] ALEXY, Robert. *Teoria da Argumentação Jurídica...* op. cit., p. 218.
[74] GEREMBERG, Alice Leal Wolf. *A teoria compreensiva de Robert Alexy: a proposta do 'trialismo'*. Tese de doutorado apresentada na PUC/Rio. Rio de Janeiro, 2006. Disponível em: http://www.maxwell.lambda.ele.puc-rio.br/9593/9593_3.PDF. Acesso em: 24/07/2016.
[75] ALEXY, Robert. *Teoria da Argumentação Jurídica...* op. cit., p. 186.
[76] ALEXY, Robert. *Teoria da Argumentação Jurídica...* op. cit., p. 187.

seja semelhante a A, em todos os aspectos importantes, e (iv) diferentes oradores não podem usar a mesma expressão com diferentes significados.

Essas chamadas regras básicas definem que um discurso racional precisa, antes de ser efetivo, ser sempre sincero, ou seja, fundamentado em uma linguagem unívoca e pautado por uma consistência lógica, tais como previstas acima, incorporando elementos de lógica formal, que não são ligadas, especificamente a um discurso normativo, bem como afirmando que a comunicação deve seguir uma racionalidade comunicativa, voltada ao entendimento e consentimento recíprocos, e não à simples dominação do auditório por meio do discurso. Da mesma forma, o orador necessita, além de dominar a linguagem, privilegiar a fixação de critérios semânticos bem definidos para cada termo utilizado, de tal forma que a compreensão não seja dificultada por desacordos ou desarmonias meramente linguísticas. Porém, o passo mais relevante da argumentação de Alexy é dado na definição do segundo grupo de regras, que diz respeito à justificação das afirmações.

Nesse ponto, Alexy argumenta que *"quem faz uma afirmação não só quer expressar uma crença de que algo é o caso, mas também exige implicitamente que o que está sendo dito possa ser justificado"*, o que importa no reconhecimento da regra segundo a qual *"todo orador tem de dar razões para o que afirma quando lhe pedem para fazê-lo, a menos que possa citar razões que justifiquem uma recusa em dar justificação*[77]*"*, afirmando que essa regra tenta garantir, de fato, a racionalidade do discurso, na medida em que esta é ligada à justificação analisada pelo orador para cada enunciado utilizado ou apresentado, e é complementada pelas exigências de igualdade, ou seja, possibilitando a todos o direito de participação do discurso, apresentando as suas razões e estando livres de quaisquer imposições que sejam exteriores ou estranhas ao próprio discurso.

Alexy, em contrapartida, apresenta ainda ideias a respeito da inserção de concepções morais do orador, mas, desde que *racionalmente justificadas*, isto é, admite que todo discurso, inevitavelmente, sofre a influência de questões de ordem moral e valorativa, no entanto, sempre na coerência que lhe é peculiar, justifica que todo e qualquer discurso deriva da necessidade de ser observada uma série de regras predefinidas, que devem obrigatoriamente fazer parte integrante de uma espécie de *razão comunicativa*.

---

[77] ALEXY, Robert. *Teoria da Argumentação Jurídica...* op. cit., p. 239/240.

E, embora o próprio Alexy admita que, ainda que observadas tais regras, não há a efetiva garantia de que a concordância geral seja, de fato, alcançada, considerando, todavia, que a sua observância aumenta *"a probabilidade de alcançar acordo em assuntos práticos*[78]*"*, formando consensos que sempre estarão abertos ao controle social, à revisão e às eventuais correções, nos termos das próprias regras propostas para o discurso.

De forma objetiva, Robert Alexy apresenta a técnica de ponderação, justamente como uma técnica de decisão própria para casos difíceis, em relação aos quais o raciocínio tradicional e as regras básicas de argumentação e de subsunção não se demonstram mais adequados. Assim, no nosso sistema, quando o intérprete se deparar com conflitos ou casos difíceis em que se contraponham normas que possuam, igualmente, status constitucionais, bem como frente a determinadas normas que sejam, da mesma forma, de igual patamar hierárquico infraconstitucional, possivelmente se estará diante de um caso prático no qual somente a ponderação se apresenta como o meio adequado para se chegar à solução efetiva de um possível conflito, como bem ensinou Luís Roberto Barroso:

> A existência de colisões de normas constitucionais leva à necessidade de ponderação. [...] Chega-se, por fim à argumentação, à razão prática, ao controle da racionalidade das decisões proferidas, mediante ponderações nos casos difíceis, que são aqueles que comportam mais de uma solução possível e razoável[79].

Ademais, conforme se depreende das lições de Ana Paula de Barcellos:

> Quando se trabalha com a Constituição, no entanto, não é possível simplesmente escolher uma norma em detrimento das demais: o princípio da unidade, pelo qual todas as disposições constitucionais têm a mesma hierarquia e devem ser interpretadas de forma harmônica, não admite essa solução. Situação semelhante ocorre com muitas normas infraconstitucionais que, refletindo

---

[78] ALEXY, Robert. *Teoria da Argumentação Jurídica...* op. cit., p. 200.
[79] BARROSO, Luís Roberto. *Neoconstitucionalismo e Constitucionalização do Direito (O Triunfo Tardio do Direito Constitucional do Brasil).* In: In: SOUZA NETO, Cláudio Pereira de; SARMENTO, Daniel (organizadores). A Constitucionalização do Direito, Fundamentos Teóricos e Aplicações Específicas. Rio de Janeiro: Lumen Juris, 2007, p. 215/216.

os conflitos internos da Constituição, encontram suporte lógico e a axiológico em algumas normas constitucionais mas parecem afrontar outras[80].

Desta forma, a respeito da aplicação da ponderação, concernente ao direito civil, os referidos autores sustentam a possibilidade de existência de conflitos envolvendo, de um lado, a autonomia da vontade, e, de outro, direito fundamental diverso. Extrai-se o exemplo prático onde houve a ponderação, realizada pelo Superior Tribunal de Justiça e apresentado nas lições de Ana Paula de Barcellos, que menciona um caso em que o STJ julgou uma ação declaratória de nulidade de ato jurídico cumulada com um pedido de repetição de indébito. A ação foi proposta porque, em ação anterior, na qual se discutia a respeito de uma desapropriação indireta, a Fazenda Pública do Estado de São Paulo foi vencida e estava pagando por meio de parcelas seu débito aos autores, de modo que, na referida ação de desapropriação, não mais havia prazo para a propositura de ação rescisória, quando então foi descoberto que a área discutida já pertencia ao Estado e não aos autores que haviam vencido a demanda. Explicando a decisão proferida pelo Superior Tribunal de Justiça, a autora esclarece que:

> A discussão sobre a concessão ou não de tutela antecipada, a fim de interromperem-se os pagamentos, chegou ao STJ e sua 1ª Turma, por maioria, concedeu a antecipação de tutela pretendida. O principal argumento utilizado pelos votos vencedores foi o de que a coisa julgada e seu fundamento, a segurança jurídica, não podem sobrepor-se aos princípios da moralidade pública, da razoabilidade e da proporcionalidade, sendo indispensável ponderar todos esses elementos constitucionais[81].

Portanto, a partir dessas colocações, torna-se claro que a própria argumentação jurídica possui um papel fundamental no sentido da busca por

---

[80] BARCELLOS, Ana Paula de. *Alguns Parâmetros Normativos para a Ponderação Constitucional*. In: BARROSO, Luís Roberto (organizador). A Nova Interpretação constitucional: ponderação, direitos fundamentais e relações privadas. 2. ed. Rio de Janeiro: Renovar, 2006, p. 53.
[81] BARCELLOS, Ana Paula de. *Alguns Parâmetros Normativos para a Ponderação Constitucional...* op. cit., p. 53.

uma solução adequada, em que se entenda como acertada a decisão proferida, assim justificada por intermédio do desenvolvimento de uma atividade racional do julgador, considerando que os discursos argumentativos são construídos historicamente, e as decisões, tomadas com base nesses argumentos valorativos ou de ponderação, não são necessariamente arbitrárias, porque elas podem ser justificadas numa discussão jurídica racional, de forma que se trata de um instrumento importante não só a ser utilizado por parte dos juízes, como acima mencionado, mas também, pelos demais operadores do direito[82].

---

[82] Nesse sentido: ATIENZA, Manuel. *As razões do direito: teorias da argumentação jurídica*. São Paulo: Landy, 2000.

Capítulo 2 – Reflexos da Legitimidade Argumentativa no Estado Contemporâneo: o Dever Jurisdicional de Decidir

2.1. O Controle Judicial de Políticas Públicas e a Necessidade de Preenchimento das Lacunas Apresentadas pela Própria Lei

A ideia de controle ou de determinação judicial de políticas públicas[83] condiz com a própria contextualidade do direito contemporâneo, pertinente e inerente à própria atividade jurídica estatal (prestação jurisdicional) e à ação judiciária. Da mesma forma, pode-se identificar que essa ideia também se encontra intimamente ligada à atuação de determinado Poder do Estado (no caso, o Judiciário); bem como à função jurisdicional exercido

---

[83] Sobre o tema, conferir Alvim, Eduardo Arruda. Thamay, Rennan Faria Kruger. Granado, Daniel Willian. *Processo constitucional*. São Paulo: RT, 2014, p. 183 e ss. Tesheiner, José Maria Rosa; Thamay, Rennan Faria Krüger. *Ativismo judicial e judicialização da política: determinação judicial de políticas públicas*. Revista Brasileira de Direito Processual – RBDPro, Belo Horizonte, ano 23, n. 92, p. 129-143, out./dez. 2015.

por esse Poder; ao processo, assim entendido como instrumento da jurisdição, e à própria organização Judiciária[84] e Tripartição dos Poderes[85].

Embora criticada a atuação ativa por parte do julgador e do próprio Poder Judiciário, tem-se por *ativismo judicial* a representação de uma atitude proativa exercida pelos julgadores, de interpretação da própria Constituição Federal, explanando seu verdadeiro sentido e a sua real extensão.

Da mesma forma, pode-se verificar o fenômeno quando exigido do julgador uma postura mais contundente e decisiva para resolver demandas que, por vezes, exigem adequada solução imediata, diante de evidentes lacunas e omissões legislativas. O conceito apresentado, antes de ser uma ideologia, representa uma atuação jurisdicional real de ordem prática do

---

[84] Segundo Rennan Thamay, "no Brasil 'a sistemática organizacional do Poder Judiciário é bem definida constitucionalmente, não deixando dúvida ou qualquer abertura para debates em relação às atribuições e competências de cada membro do Poder Judiciário'". THAMAY, Rennan Faria Krüger. *Los procesos colectivos: Argentina y Brasil*. Buenos Aires: Cathedra Jurídica, 2012. p. 4.

No mesmo sentido, explica Eduardo Arruda Alvim: "a Constituição instituiu as chamadas justiças especializadas (militar, trabalhista e eleitoral). O que não couber na esfera de atribuição de cada uma delas, competirá à justiça comum. A justiça comum, a seu turno, subdivide-se em justiça penal e justiça civil. A esfera de atribuições da justiça civil é determinada por exclusão. Vale dizer, dentro daquilo que cabe à justiça comum, o que não competir à justiça penal caberá à civil. De outra parte, os órgãos da justiça comum podem ser federais (justiça federal) ou estaduais (justiça estadual). A competência da justiça federal vem prevista no art. 109 da CF". ALVIM, Eduardo Arruda. *Direito processual civil*. 5. ed. rev., atual. e ampl. São Paulo: RT, 2013. p. 69.

[85] Sobre a separação dos poderes e sua estrutura, deve-se conferir GIRONS, A. Saint. Manuel de droit constitutionnel. Paris: L. Larose et Forgel Libraires-Editeurs, 1885. p. 80 e ss. "La unidad que caracteriza la soberanía, no impide, lo repetimos, que el Estado tenga distintos deberes; las funciones públicas varían, en su forma, según el objeto de su actividad. Pero no es exacto hablar de la separación de los poderes; la separación absoluta destruiría la unidad; más bien, continuando el símil de Bluntschli, diremos que así como los miembros del cuerpo humano, aunque distintos, están ligados para formar el organismo, así los diversos poderes se ligan y unen en la potestad suprema de la nación, en el fin del organismo político. Los tres poderes que reconoce nuestra Constitución, y que responden á las tres funciones cardinales de la soberanía, aunque iguales en importancia y dignidad no lo son por la naturaleza de sus atribuciones. Así, el Poder legislativo abarca más amplia esfera que el Judicial; en tanto que el Ejecutivo representa la soberanía en el exterior, lo cual no hace directamente el Legislativo. Decíamos que son iguales, de suerte que ninguno debe pretender dominar á los otros ni invadir atribuciones ajenas; los tres, en su órbita constitucional, son indispensables para que funcione con perfección el mecanismo político." CORONADO, Mariano. *Elementos de derecho constitucional mexicano*. Segunda Edición. Guadalajara: Escuela de artes e ofícios del Estado, 1899. p. 106.

Judiciário, diante de situações em que ocorrem omissões por parte do Poder Legislativo, ou seja, onde exista uma inadequação entre a esfera política e a sociedade, impossibilitando a prestação jurisdicional de maneira mais justa e efetiva.

A doutrina moderna tem conceituado o ativismo judicial como sendo uma postura atuante e interpretativa a ser adotada pelas Cortes Supremas[86], que a leve ao reconhecimento de sua atividade como elemento fundamental para o eficaz e efetivo exercício da atividade jurisdicional. Por certo, o vocábulo *"ativismo"* pode ser empregado com mais de uma acepção. No âmbito da ciência do Direito, ele é utilizado para designar a atuação do Poder Judiciário excedendo-se aos poderes que lhe são conferidos pela ordem jurídica. A corrente filosófica, por seu turno, considera o ativismo como sendo uma doutrina específica que privilegia condutas que buscam, de modo legítimo, realizar transformações na *"realidade em detrimento da atividade exclusivamente especulativa, frequentemente subordinando sua concepção de verdade e de valor ao sucesso ou pelo menos à possibilidade de êxito na ação"*[87].

A controvérsia existente na doutrina, a respeito da origem do termo ativismo judicial, surge referente a dois aspectos: primeiro, quanto à sua *origem* e, segundo, no momento de sua *definição*. O Ministro do Supremo Tribunal Federal Luís Roberto Barroso afirma que o ativismo judicial des-

---

[86] Conforme muito bem nos ensina Rennan Thamay: "Sabe-se que o ativismo judicial tem sido estudado, e recentemente compreendido pelos juristas, de modo que ainda é inicial a produção científica sobre o tema, todavia, ao que tudo indica, em breve ter-se-á muito mais reflexão. Também se faz crítica ao tema e ao protagonismo do julgador, alertando que o critério de valor empregado nas decisões por alguns julgadores é um dos grandes malefícios do ativismo judicial. Com efeito, fato é que, queiramos ou não, o ativismo se tem implementado por algumas razões. A primeira, pelo fato de haver clara e evidente omissão dos demais Poderes, por exemplo, do Executivo, que deveria implementar e realizar políticas públicas. Diante da omissão de aludido Poder nesse contexto, tem-se que cada vez mais os cidadãos têm recorrido ao Judiciário na busca da solução adequada para o seu caso. A segunda, sustenta-se que não é dado ao Judiciário simplesmente furtar-se ao julgamento de ação que a ele tenha sido submetida sob o fundamento de que não pode se imiscuir na esfera de outros Poderes. Enfim, não cabe ao Judiciário lavar as mãos, sobretudo, diante da falta de solução legislativa adequada ou de omissão do Executivo quanto à implementação de direitos fundamentais. A terceira, em decorrência da necessidade de implementar e realizar políticas públicas que são direitos dos cidadãos que contribuem e não têm a respectiva e adequada contraprestação do Poder Público. TESHEINER, José Maria; e THAMAY, Rennan Faria Kruguer. *Teoria Geral do Processo, em conformidade com o Novo CPC*. Cap. XII Novos caminhos do processo contemporâneo. Rio de Janeiro: Forense, 2015, p. 292.

[87] HOUAISS, Antônio, in *Dicionário Houaiss*.

pontou juridicamente com um matiz conservador, citando como exemplo a Suprema Corte Americana que utilizou justamente do conceito aplicado à época para o ativismo, no intuito de justificar a manutenção da segregação racial, nos seguintes termos: *"Foi na atuação proativa da Suprema Corte que os setores mais reacionários encontraram amparo para a segregação racial*[88]*"*.

Para o doutrinador, o ativismo judicial é uma atitude, uma escolha do magistrado no modo de interpretar as normas constitucionais, expandindo seu sentido e alcance, estando normalmente associado a uma retração do Poder Legislativo:

> A ideia de ativismo judicial está associada a uma participação mais ampla e intensa do Judiciário na concretização dos valores e fins constitucionais, com maior interferência no espaço de atuação dos outros dois Poderes. A postura ativista se manifesta por meio de diferentes condutas, que incluem: (i) a aplicação direta da Constituição a situações não expressamente contempladas em seu texto e independentemente de manifestação do legislador ordinário; (ii) a declaração de inconstitucionalidade de atos normativos emanados do legislador, com base em critérios menos rígidos que os de patente e ostensiva violação da Constituição; (iii) a imposição de condutas ou de abstenções ao Poder Público[89].

Historicamente, pode-se afirmar que o vocábulo *"ativismo"* foi empregado pela primeira vez no ano de 1917, pela imprensa belga. Contudo, foi somente em 1947 que o termo se popularizou, quando o jornalista Arthur Schlesinger, em interessante reportagem sobre a Suprema Corte dos Estados Unidos, mencionou a expressão "ativismo judicial" para caracterizar a atuação do magistrado que exerce função interpretativa da Constituição, no intuito exclusivo de garantir direitos que ela própria já prevê[90]. Entre-

---

[88] BARROSO, Luís Roberto. *Judicialização, Ativismo Judicial e Legitimidade Democrática*. Disponível em: http://www.oab.org.br/oabeditora/users/revista/1235066670174218181901.pdf. Acesso em 04 jan. 2016.

[89] BARROSO, Luís Roberto. *Judicialização, Ativismo Judicial e Legitimidade Democrática*. op. cit., p. 06

[90] Neste sentido: "O ativismo judicial foi mencionado, pela primeira vez (cf. M. Pereira, em O Globo de 21.03.09, p. 4), em 1947, pelo jornalista americano Arthur Schlesinger, numa reportagem sobre a Suprema Corte dos Estados Unidos. Para ele há ativismo judicial quando o juiz

tanto, como explica Dierle Nunes, esta percepção protagonista do juiz já havia sido defendida tempos antes por vários estudiosos e estruturadores da socialização processual, ou seja, desde o final do século XIX, com especial destaque, como bem assevera o autor, para Franz Klein, em palestra realizada ainda no ano de 1901[91].

No entanto, somente no início dos anos de 1970, ainda nos Estados Unidos, é que a sua postura foi efetivamente consagrada pela Suprema Corte, que passou a proferir decisões concretas, com efeitos mais abrangentes do que aqueles unicamente previstos pela lei ou pela Constituição. Na corrente jurídica norte-americana, o doutrinador e historiador Vincent Blasi (Professor titular da Faculdade de Direito da Universidade de Colúmbia, Nova York), em artigo intitulado *"A Corte Suprema, instrumento de mudança"*[92], afirmou categoricamente que o Direito Constitucional Americano já vinha analisando o ativismo judicial desde os primeiros momentos do século XX, sem deixar de acompanhar a sua aplicação em algumas específicas decisões judiciais[93].

---

se considera no dever de interpretar a Constituição no sentido de garantir direitos. Como se vê, o conceito de ativismo judicial que acima utilizamos não coincide exatamente com o que acaba de ser descrito. Se a Constituição prevê um determinado direito e ela é interpretada no sentido de que esse direito seja garantido, para nós, isso não é ativismo judicial, sim, judicialização do direito considerado. O ativismo judicial vai muito além disso: ocorre quando o juiz inventa uma norma, quando cria um direito não contemplado de modo explícito em qualquer lugar, quando inova o ordenamento jurídico". GOMES, Luís Flávio. *O STF está assumindo um ativismo judicial sem precedentes?* Disponível em: https://jus.com.br/artigos/12921/o-stf-esta-assumindo-um-ativismo-judicial-sem-precedentes. Acesso em 25.04.2017.

[91] KLEIN, Franz. *Zeitund Geistesströmungen im Prozesse*. Frankfurt am Main: Vittorio Klostermann, 1958. p. 25. Apud NUNES, Dierle José Coelho; BAHIA, Alexandre Gustavo Melo Franco. *Ativismo e protagonismo judicial em xeque. Argumentos pragmáticos*. Jus Navigandi, Teresina, ano 13, n. 2106, 7 abr. 2009. Disponível em: http://jus.com.br/artigos/12587. Acesso em: 23 abr. 2016. Ainda, segundo Dierle José Coelho Nunes: "Klein idealizou as bases legais da socialização processual para todos os sistemas processuais ocidentais". in. *Processo jurisdicional democrático: uma análise crítica das reformas processuais*. Curitiba: Juruá, 2008.

[92] *In* Revista de Direito Público nº 79, p. 05, tradução de Élcio Gomes Teixeira.

[93] Neste mesmo sentido, Luís Roberto Barroso informa: "(...) remontam à jurisprudência norte-americana. Registre-se que o ativismo foi, em um primeiro momento, de natureza conservadora. Foi na atuação proativa da Suprema Corte que os setores mais reacionários encontraram amparo para a segregação racial (Dred Scott v. Sanford, 1857) e para a invalidação das leis sociais em geral (Era Lochner, 1905-1937), culminando no confronto entre o Presidente Roosevelt e a Corte, com a mudança da orientação jurisprudencial contrária ao intervencionismo estatal (West Coast v. Parrish, 1937). A situação se inverteu completamente

Notadamente, no próprio direito norte-americano a aplicação do ativismo na interpretação e aplicação das normas constitucionais pode ser verificada em algumas decisões históricas, a exemplificar pela sentença prolatada no emblemático caso de *Watergate*, no qual a Suprema Corte obrigou e determinou a Richard Nixon a entrega das fitas gravadas no gabinete presidencial; ainda, no caso *"Brown vs. Bord of Education"*, considerado um dos maiores exemplos de aplicação do ativismo, julgado no ano de 1954, quando a Corte Suprema norte-americana decidiu pôr fim à doutrina apregoada pelos Estados Sulistas de segregação racial, estabelecida desde o ano de 1896. Por intermédio da referida decisão, a Suprema Corte norte-americana, de forma inédita, deliberou a respeito da possibilidade de filhos de negros estudarem nas escolas públicas destinadas, até então, exclusivamente aos brancos.

Em nosso sistema constitucional, várias são as decisões proferidas pelos Tribunais Superiores, bem como pelos Tribunais Estaduais locais que comprovam a legitimidade do Poder Judiciário como órgão controlador de políticas públicas, em especial examinando a compatibilidade com os objetivos fundamentais previstos no art. 3º, da Constituição Federal, o que, conforme lição de Ada Pellegrini Grinover, em nada viola o princípio de independência e de separação dos poderes, havendo a necessidade de atuação harmônica e conjunta para justamente consolidar e dar efetividade a tais objetivos fundamentais[94].

Todavia, a processualista elenca três limites para a atuação do Poder Judiciário, visando a coibir eventuais excessos ou invasões indevidas de competências: (i) que apenas a garantia do *mínimo existencial* (direito à saúde, ao saneamento básico, à educação fundamental, ao acesso à justiça, dentre outros), justificaria a intervenção do Judiciário para corrigir ou implementar políticas públicas; (ii) irrazoabilidade do ato discricioná-

---

a partir da década de 50, quando a Suprema Corte, sob a presidência de Warren (1953-1969) e nos primeiros anos da Corte Burger (até 1973), produziu jurisprudência progressista em matéria de direitos fundamentais, sobretudo envolvendo negros (Brown v. Board of Education, 1954), acusados em processo criminal (Miranda v. Arizona, 1966) e mulheres (Richardson v. Frontiero, 1973), assim como no tocante ao direito de privacidade (Griswold v. Connecticut, 1965) e de interrupção da gestação (Roe v. Wade, 1973)". BARROSO, Luis Roberto. *Judicialização, ativismo judicial e legitimidade democrática*. Op. cit., p. 7.

[94] GRINOVER, Ada Pellegrini. *O Controle de Políticas Públicas pelo Poder Judiciário*. In. SALLES, Carlos Alberto Correa (Coord.). As Grandes Transformações do Processo Civil Brasileiro: homenagem ao Professor Kazuo Watanabe. São Paulo: Quartier Latin, 2009, p. 114-116.

rio da administração pública, ou da escolha feita pelo poder público e uma razoabilidade da pretensão individual, devendo o juiz pautar a sua análise em atenção ao princípio da razoabilidade[95]; (iii) a observação da *reserva do possível*, tendo em vista que a implementação de uma política pública, necessariamente, depende de disponibilidade orçamentária e financeira do Poder Público[96].

Assim, conclui que o Poder Judiciário possui legitimidade para intervir no Executivo, desde que respeitados os sobreditos limites para coibir abusos ou excessos, para controlar as políticas públicas e para verificar a compatibilização com os objetivos fundamentais da República Federativa do Brasil, previsto no art. 3º da Constituição Federal, em especial analisando que o princípio da separação dos poderes sofre uma *mudança de feição*, no intuito de conferir efetivamente aos três Poderes (expressões de um só poder maior Estatal), a harmonia necessária para a efetividade dos objetivos e princípios fundamentais do Estado, cabendo ao Judiciário a investigação dos fundamentos de todos os atos estatais, a partir dos objetivos fundamentais inseridos na Constituição Federal[97].

No Brasil, o Supremo Tribunal Federal admite a interpretação e a aplicação do controle judicial de políticas públicas no direito constitucional pátrio, principalmente demonstrando a influência da doutrina para o aper-

---

[95] GRINOVER, Ada Pellegrini, *O Controle...* op. cit. p. 123.
[96] Observa a professora Ada que a insuficiência de recursos por parte da administração pública necessita de *comprovação* (deve ser *provada*), não *apenas alegada*, seja por aplicação analógica da inversão do ônus da prova (CDC, art. 6º, VIII), seja pela regra de distribuição dinâmica do ônus da prova, que "flexibiliza o art. 333 do CPC, para atribuir a carga da prova à parte que estiver mais próxima dos fatos e tiver mais facilidade de prová-los". Conclui que, muitas vezes, a *reserva do possível* "pode levar o Judiciário à condenação da Administração a uma obrigação de fazer em duas etapas: primeiro, a inclusão no orçamento da verba necessária ao adimplemento de uma obrigação; e, em seguida à inclusão, à obrigação de aplicar a verba para o adimplemento da obrigação". GRINOVER, Ada Pellegrini. *O Controle...* op. cit., p. 123-124.
[97] GRINOVER, Ada Pellegrini. *O Controle...* op. cir., p. 112 e 134. No mesmo sentido, Plauto Faraco de Azevedo, contrapondo os argumentos contra a politização da aplicação judicial do direito, de que a origem do Judiciário não seria democrática, contrapõe que "uma instituição não é democrática unicamente por provir de eleição popular e nem tudo o que não provém desta origem é necessariamente 'aristocrático'. *Uma instituição é democrática quando é funcional para o sistema democrático*, isto é, quando é necessária à sua continuidade, como sucede com o Judiciário. Quando se diz que o Poder Judiciário tem legitimidade constitucional, mas não tem legitimidade democrática, se ignora sua funcionalidade democrática". AZEVEDO, Plauto Faraco de. *Direito, Justiça Social e Neoliberalismo*. São Paulo: Revista dos Tribunais, 1999, p. 46.

feiçoamento da entrega da prestação jurisdicional, seja sob a feição de ativismo judicial, seja nomeando a atividade jurisdicional de judicialização de direitos, cujas definições e distinções serão oportunamente trabalhadas.

Neste sentido, se considerarmos os principais casos de ativismo estampados na Corte Suprema Brasileira, podemos elencar alguns julgamentos emblemáticos, tais como: o caso do reconhecimento da fidelidade partidária; o pedido de suspensão de dispositivos da Lei de Imprensa, incompatíveis com a Constituição Federal de 1988; a determinação da extensão aos servidores públicos federais da lei reguladora de greve por parte dos empregados celetistas, e a resolução de limites estabelecidos para as atividades das Comissões Parlamentares de Inquérito, evitando, desse modo, eventuais abusos e arbitrariedades que estavam sendo praticados.

Outro caso paradigmático de atuação ativa do Supremo Tribunal Federal está representado no julgamento do direito de creche e pré-escola às crianças até seis anos de idade, direito este assegurado pelo próprio texto constitucional (artigo 208, inciso IV), decorrente da compreensão global do direito à educação como um dever jurídico, cuja execução se impõe ao poder público, notadamente ao Município (STJ RE/AgR 410715/SP, Rel. Min. Celso de Mello, j. 21/11/2005). Ainda, a vedação do nepotismo, nas três esferas de Poderes, Federais, Estaduais, Municipais e Distritais, também se apresenta como exemplo da aplicação deste controle judicial pelo Supremo Tribunal Federal, estampada no julgamento da Ação Direta de Constitucionalidade nº 12, com relatoria do eminente Ministro Carlos Britto e no Recurso Extraordinário nº 579.951, do ilustre Ministro Ricardo Lewandowsky.

Ressalta-se que, na referida Ação Direta de Constitucionalidade, o C. STF consolidou o entendimento apresentado por meio da edição da Súmula Vinculante nº 13 que, contrariamente ao previsto e determinado pelo texto constitucional quanto à sua criação (art. 103-A, § 1º, da CF), ou seja, a edição da súmula não derivou diretamente de controvérsia jurídica relativa à determinada norma constitucional expressamente prevista[98], mas, sim,

---

[98] Neste sentido: Art. 103-A. O Supremo Tribunal Federal poderá, de ofício ou por provocação, mediante decisão de dois terços dos seus membros, após reiteradas decisões sobre matéria constitucional, aprovar súmula que, a partir de sua publicação na imprensa oficial, terá efeito vinculante em relação aos demais órgãos do Poder Judiciário e à administração pública direta e indireta, nas esferas federal, estadual e municipal, bem como proceder à sua revisão ou cancelamento, na forma estabelecida em lei. § 1º A súmula terá por objetivo a validade, a

de discussão relacionada à constitucionalidade de atos jurídicos emanados pelo Poder Público.

Não obstante a existência de Resoluções do Conselho Nacional de Justiça e do Conselho Nacional do Ministério Público acerca do assunto, que, ressalta-se, não possuem caráter *"erga omnes"*, o Supremo Tribunal Federal inovou ao invocar para si a regulamentação de competência de matéria distinta daquelas hipóteses configuradoras do artigo 103-A da Constituição Federal, previstas para edição da súmula vinculante. Contudo, certamente, a atuação do Supremo Tribunal Federal inequivocamente se adapta à nova ordem constitucional e aos anseios sociais, impedindo, neste específico caso, a propagação da corrupção por meio do nepotismo, obstáculo lógico à democracia e à consolidação do Estado de Direito.

Ademais, em instâncias inferiores, talvez o mais contundente caso em número de decisões judiciais são as ações que pedem o fornecimento de medicamentos de alto custo que não estão na lista do Sistema Único de Saúde (SUS), muitas vezes concedidas liminarmente pelos magistrados de primeiro grau. O número de decisões é relativamente considerável, tanto que o Supremo Tribunal Federal deu à causa status de repercussão geral, acarretando, inclusive, em realização de audiência pública no ano de 2009, a terceira na história da Corte, para debater o tema antes de proferir a decisão de mérito (Recurso Extraordinário nº 657.718 e Suspensão de Segurança SS nº 3.691, publicado no DJE, em 28/04/09).

Na decisão emanada pela Presidência do Supremo Tribunal Federal, na Suspensão de Tutela Antecipada STA nº 175, e que retrata o posicionamento atual daquela Excelsa Corte, o argumento da "Reserva do Possível" foi superado diante da impostergável necessidade de serem efetivados os direitos à saúde e à vida dos cidadãos. Decidiu-se pela impossibilidade de restrição do direito à saúde e à vida, sem que o Estado demonstre a insuficiência de recursos destinados para a área da saúde, ressaltando que o alto custo do medicamento não é, por si só, motivo para o seu não fornecimento, visto que a Política de Dispensação de Medicamentos Excepcionais visa a contemplar justamente o acesso da população acometida por enfermidades raras aos tratamentos disponíveis[99].

interpretação e a eficácia de normas determinadas, acerca das quais haja controvérsia atual entre órgãos judiciários ou entre esses e a administração pública que acarrete grave insegurança jurídica e relevante multiplicação de processos sobre questão idêntica.

[99] STF - Suspensão de Tutela Antecipada - STA nº 175.

Ao deferir certa prestação de saúde incluída entre as políticas sociais e econômicas formuladas pelo Sistema Único de Saúde (SUS), o Judiciário não está criando política pública, mas apenas determinando o cumprimento de direito constitucionalmente previsto[100]. Desta forma, quanto à possibilidade de intervenção do Poder Judiciário, confira o julgado realizado na ADPFMC 45/DF, com relatoria do Ministro Celso de Mello:

> Arguição de descumprimento de preceito fundamental. A questão da legitimidade constitucional do controle e da intervenção do poder judiciário em tema de implementação de políticas públicas, quando configurada hipótese de abusividade governamental. Dimensão política da jurisdição constitucional atribuída ao supremo tribunal federal. Inoponibilidade do arbítrio estatal à efetivação dos direitos sociais, econômicos e culturais. Carácter relativo da liberdade de conformação do legislador. Considerações em torno da cláusula da 'reserva do possível'. Necessidade de preservação, em favor dos indivíduos, da integridade e da intangibilidade do núcleo consubstanciador do 'mínimo existencial'. Viabilidade instrumental

---

[100] Neste sentido, verifique o teor do voto do ilustre Ministro Gilmar Mendes: "Diante da relevância da concretização do direito à saúde e da complexidade que envolve a discussão de fornecimento de tratamentos e medicamentos por parte do Poder Público, inclusive por determinação judicial, entendo necessário, inicialmente, retomar o tema sob uma perspectiva mais ampla, o que faço a partir de um juízo mínimo de delibação a respeito das questões jurídicas presentes na ação principal, conforme tem entendido a jurisprudência desta Corte, da qual se destacam os seguintes julgados: SS-AgR no 846/DF, Rel. Sepúlveda Pertence, DJ 8.11.1996 e SS-AgR no 1.272/RJ, Rel. Carlos Velloso, DJ 18.5.2001. (...) Após ouvir os depoimentos prestados pelos representantes dos diversos setores envolvidos, ficou /constatada a necessidade de se redimensionar a questão da judicialização do direito à saúde no Brasil. Isso porque, na maioria dos casos, a intervenção judicial não ocorre em razão de uma omissão absoluta em matéria de políticas públicas voltadas à proteção do direito à saúde, mas tendo em vista uma necessária determinação judicial para o cumprimento de políticas já estabelecidas. Portanto, não se cogita do problema da interferência judicial em âmbitos de livre apreciação ou de ampla discricionariedade de outros Poderes quanto à formulação de políticas públicas. (...) Melhor sorte não socorre à agravante quanto aos argumentos de grave lesão à economia e à saúde públicas, visto que a decisão agravada consignou, de forma expressa, que o alto custo de um tratamento ou de um medicamento que tem registro na ANVISA não é suficiente para impedir o seu fornecimento pelo Poder Público. Além disso, não procede a alegação de temor de que esta decisão sirva de precedente negativo ao Poder Público, com possibilidade de ensejar o denominado efeito multiplicador, pois a análise de decisões dessa natureza deve ser feita caso a caso, considerando-se todos os elementos normativos e fáticos da questão jurídica debatida".

da arguição de descumprimento no processo de concretização das liberdades positivas (direitos constitucionais de segunda geração).

Assim, o Supremo Tribunal Federal, atuando como *"guardião da Constituição"*, tem o dever de ser provocado para manifestar-se quando estiverem em riscos direitos, princípios e valores fundamentais constitucionalmente previstos[101]. Conforme especifica Arnoldo Wald *"qualquer política pública prevista na Constituição Federal e que serve para todo o país tem que ser julgada somente pelo Supremo Tribunal Federal"*[102].

De fato, logicamente a Constituição Brasileira não contempla todas as possibilidades existentes e possíveis de políticas públicas, que também se modificam conforme a época e as necessidades da sociedade. O ativismo judicial, portanto, apresenta-se apenas como uma possibilidade de preenchimento das lacunas apresentadas pela própria lei e, anota-se, pois, que o ativismo busca realçar a imposição da vontade explícita e implícita pela norma positivada, interpretada com base nos postulados e princípios a que a ela está subordinada, dentro do próprio ordenamento jurídico posto pelo Estado. Assim como especifica Luís Roberto Barroso, *"o ativismo judicial é uma atitude, a escolha de um modo específico e proativo de interpretar a Constituição, expandindo o seu sentido e alcance"*[103].

O ativismo judicial conduz o juiz a atribuir um processo de racionalização do direito quando estão em jogo valores componentes da dignidade humana e da cidadania. Quando empregado com ponderação e afastado de qualquer influência ideológica, amolda-se aos parâmetros estabelecidos para o constitucionalismo da era atual que se caracteriza por defender a aplicação imediata dos postulados e princípios que informam a Constituição, concretizando a sua vontade[104].

Portanto, o ativismo judicial, embora duramente criticado por considerável parte da doutrina, tornou-se uma realidade do Poder Judiciário,

---

[101] BARROSO, Luis Roberto. *Judicialização, ativismo judicial e legitimidade democrática...* op. cit., p. 3.
[102] WALD, Arnold, *in* http://oab-rj.jusbrasil.com.br/noticias/1033956/ativismo-judicial--ganha-cada-vez-mais-forca-afirmam-juristas., acesso em 17.02.15
[103] BARROSO, Luis Roberto. *Judicialização, ativismo judicial e legitimidade democrática...* op. cit., p. 6.
[104] DELGADO, José Augusto, *Ativismo Judicial. O papel político do poder judiciário na sociedade contemporânea*, in Processo Civil, Novas Tendências. Del Rey: Belo Horizonte, 2008.

contribuindo, consequentemente, para impor a força normativa da Constituição, especialmente, no que concerne à proteção dos direitos fundamentais, da dignidade da pessoa humana, da cidadania, e de todos aqueles considerados valores fundamentais. Assim, pela influência da doutrina constitucional contemporânea, os métodos tradicionais de interpretação das normas de direito, quer constitucionais, quer infraconstitucionais, não mais atendem aos anseios da sociedade moderna. Busca-se tornar efetivos e eficazes os princípios fundamentais que lhe são assegurados, especialmente os da dignidade da pessoa humana, da razoável duração do processo, da valorização social do trabalho, da igualdade, de proteção à saúde, da liberdade, dentre outros.

Importante verificar, ainda, o conceito e a definição de *judicialização de direitos* e a sua distinção com o *ativismo judicial*, assim entendido como sendo a resolução de conflitos de ordem política, moral, científica e social realizada pelo Poder Judiciário, em face dos Poderes Executivo e Legislativo, tendo em vista, geralmente, a omissão destes[105].

---

[105] Explica Luis Roberto Barroso, que "a judicialização e o ativismo judicial são primos. Vêm, portanto, da mesma família, frequentam os mesmos lugares, mas não têm as mesmas origens. Não são gerados, a rigor, pelas mesmas causas imediatas. A judicialização, no contexto brasileiro, é um fato, uma circunstância que decorre do modelo constitucional que se adotou, e não um exercício deliberado de vontade política. Em todos os casos referidos acima, o Judiciário decidiu porque era o que lhe cabia fazer, sem alternativa. Se uma norma constitucional permite que dela se deduza uma pretensão, subjetiva ou objetiva, ao juiz cabe dela conhecer, decidindo a matéria. Já o ativismo judicial é uma atitude, a escolha de um modo específico e proativo de interpretar a Constituição, expandindo o seu sentido e alcance. Normalmente ele se instala em situações de retração do Poder Legislativo, de um certo descolamento entre a classe política e a sociedade civil, impedindo que as demandas sociais sejam atendidas de maneira efetiva. A ideia de ativismo judicial está associada a uma participação mais ampla e intensa do Judiciário na concretização dos valores e fins constitucionais". BARROSO, Luís Roberto. *Fundamentos teóricos e filosóficos do novo direito constitucional brasileiro (pós-modernidade, teoria crítica e pós-positivismo)*. In: BARROSO, Luís Roberto (org.). *A nova interpretação constitucional: ponderação, direitos fundamentais e relações privadas*. 2. ed. Rio de Janeiro: Renovar, 2006, p. 27-28.
Em sentido contrário, Lênio Streck apresenta alguns conceitos e algumas críticas: "Ademais, a judicialização é contingencial. Num país como o Brasil, é até mesmo inexorável que aconteça essa judicialização (e até em demasia). Mas não se pode confundir aquilo que é próprio de um sistema como o nosso (Constituição analítica, falta de políticas públicas e amplo acesso à Justiça) com o que se chama de ativismo. O que é ativismo? É quando os juízes substituem os juízos do legislador e da Constituição por seus juízos próprios, subjetivos, ou, mais que subjetivos, subjetivistas (solipsistas). No Brasil esse ativismo está baseado em um catálogo interminável de 'princípios', em que cada ativista (intérprete em geral) inventa um princípio

Pela doutrina, essa omissão é denominada como *síndrome da ineficácia das normas constitucionais*, tendo em vista que determinados dispositivos constitucionais para produzirem efeitos e serem eficazes, necessitam de uma obrigação ou ato originário da própria atividade legislativa[106].

O Judiciário, muitas vezes, visando a garantir o gozo dos direitos previstos nos dispositivos constitucionais, que, em tese, só poderiam ser exercidos com criação de uma norma infraconstitucional pelo legislador, é obrigado, amiúde, a exceder a sua competência, sendo chamado para se pronunciar em questões que caberiam, tecnicamente, ao poder legislativo ou executivo, mas, em razão da falta e omissões a respeito de políticas públicas, socorre-se do Judiciário, como sua última possibilidade, ou sua última trincheira, fato que caracteriza a judicialização.

Nesse sentido, citam-se os apontamentos de Marcos Faro Castro: *"A judicialização da política ocorre porque os tribunais são chamados a se pronunciar onde o funcionamento do Legislativo e do Executivo mostra-se falhos, insuficientes ou insatisfatórios. Sob tais condições, ocorre certa aproximação entre Direito e Política e, em vários casos, torna-se mais difícil distinguir entre um 'direito' e um 'interesse político', sendo possível se caracterizar o desenvolvimento de uma 'política de direitos'"*[107].

Por seu turno, Gisele Citadino afirma que a judicialização é um meio de se concretizar a Constituição, pois representa um *"alargamento do seu círculo de intérpretes, especialmente em face do conteúdo universalista dos princípios do Estado Democrático de Direito"*[108]. Assim, percebe-se que a preocupação maior é, sem dúvida alguma, com a efetivação dos direitos constitucionais dos cidadãos, com o bem-estar social, garantindo a todos, mesmo diante da falta de regulamentação ou de omissão dos Poderes Legislativo e Executivo, o exercício efetivo e a garantia integral de seus direitos.

---

novo. Na verdade, parte considerável de nossa judicialização perde-se no emaranhado de ativismos". STRECK, Lenio Luiz; MORAIS, José Luis Bolzan de. OAB in foco, Uberlândia, ano 4, n. 20, ago-set. 2009, p. 15.

[106] SILVA, José Afonso. *Curso de Direito Constitucional Positivo* 35ª ed. São Paulo: Malheiros, 2012.

[107] CASTRO, Marcos Faro. *O Supremo Tribunal Federal e a judicialização da política*, Revista de Ciências Sociais, São Paulo, nº 34, vol. 12, p.27, 1997.

[108] CITTADINO, Gisele. *Judicialização da política, constitucionalismo democrático e separação de poderes.* In: VIANNA, Luiz Werneck (org). *A democracia e os três poderes no Brasil*. Belo Horizonte: Editora UFMG. Rio de Janeiro: IUPERJ/FAPERJ, 2002, p. 18.

Neste mesmo sentido, Luís Flávio Gomes diz que, para Arthur Schlesinger, *"há ativismo judicial quando o juiz se considera no dever de interpretar a Constituição no sentido de garantir direitos"*[109]. No entanto, para o autor, se a Constituição prevê um determinado direito e ela é interpretada no sentido de que esse direito seja garantido, não há ativismo, mas, sim, judicialização do direito considerado. Continua o autor informando que o ativismo ocorre sempre que o juiz inventa uma norma, cria um direito, ou *"inova o ordenamento jurídico"*. Além disso, cita duas espécies de ativismo judicial: o *inovador* e o *revelador*.

É preciso distinguir essas duas espécies de ativismo judicial. No primeiro caso, o julgador cria a própria norma, ou o direito, *ex novo*, ainda inexistente no ordenamento jurídico. Por sua vez, o chamado de ativismo revelador surge a partir da criação pelo juiz de uma norma, de uma regra ou de um direito, com fundamento nos valores e princípios constitucionais já existentes ou a partir de uma regra lacunosa, necessitando certamente de complementação. Ressalta-se que, neste último caso, o juiz chega a inovar o ordenamento jurídico, mas não no sentido de criar uma norma completamente nova, mas, sim, no sentido de complementar ou de integrar o entendimento de um princípio ou de um valor constitucional existente ou, ainda, de uma regra que seja lacunosa.

Finalmente, Ada Pellegrini Grinover ensina que a atividade jurisdicional do juiz deve ser pautada por valores sociais e atuar de forma coerente com eles. Da mesma forma, afirma que deve considerar as consequências, sociais e políticas inclusive, de sua atuação e, em especial, de suas decisões[110].

Nesse sentido, a atividade do intérprete e aplicador das normas, portanto, tanto na *judicialização de direitos*, quanto no *ativismo judicial*, é a de aplicar minuciosamente e buscar o real alcance dos princípios, dos preceitos e dos direitos constitucionais, em especial a respeito da influência que eles possuem na ordem jurídica e social, seja pela omissão dos Poderes Públicos na sua atuação, seja pela imperfeição do próprio sistema jurídico, com a existência de lacunas nas normas constitucionais e infraconstitucio-

---

[109] GOMES, Luiz Flávio. *O STF está assumindo um ativismo judicial sem precedentes?* Jus Navigandi, Teresina, ano 13, n. 2164, 4 jun. 2009. Disponível em: **http://jus.com.br/revista/texto/12921**. Acesso em: 12.01.2016.

[110] GRINOVER, Ada Pellegrini. *Ensaio sobre a processualidade*. Brasília: Gazeta Jurídica, 2016, p. 128.

nais, sendo que, por certo, todas as suas decisões devem ser, por imposição legal e constitucional, devidamente fundamentadas, garantindo, assim, a possibilidade de controles por parte da sociedade e dos próprios jurisdicionados (também chamados de internos e externos, que oportunamente serão analisados) sobre a atuação do magistrado.

2.2. A Legitimidade Argumentativa das Decisões Judiciais e os Reflexos da Argumentação no Estado Contemporâneo

Uma das principais questões críticas a respeito do controle judicial de políticas públicas surge quando os julgamentos pelo Poder Judiciário contrariam decisões outras, anteriormente proferidas ou tomadas pelo poder público, ou seja, atos praticados por aqueles que exercem cargos eletivos e possuam poderes concedidos diretamente por atos de soberania popular.

Diante de todo o exposto, para alguns doutrinadores, haveria, de fato, uma chamada *crise de legitimidade* do Judiciário, em razão da invasão ou usurpação indevida de poderes, contrariando decisões *legítimas*, tomadas por aqueles que teriam sido *legitimamente* escolhidos pelo povo[111]. Neste sentido, seguindo este posicionamento, o processo político, por conseguinte, conferiria essa legitimidade, tão somente, aos Poderes Executivo e Legislativo, mas não ao Poder Judiciário.

Soma-se a tais argumentos, o fato de que o Judiciário é aparelhado unicamente para decidir casos concretos e específicos que lhe são apresentados, sendo bastante difícil (ou quase impossível) que, dentro dessa estrutura, possa ser feita uma análise minuciosa e individual, quando do conteúdo das decisões judiciais, das consequências econômicas, sociais e voltadas para a efetivação das políticas públicas[112]. Assim, sustentam que uma decisão do Poder Judiciário, a respeito de políticas públicas, aplicada

---

[111] Neste sentido, sustenta Freire Júnior: "Admitirmos o controle judicial de políticas públicas significaria colocar o judiciário como um superpoder, visto que poderia sempre controlar, mesmo que por razões não tão confessáveis, os atos dos demais poderes. Implicando na quebra de igualdade e separação dos poderes. A constituição exige que as escolhas de aplicação de recursos públicos sejam feitas pelos representantes do povo, eleitos democraticamente e não por juízes". FREIRE JÚNIOR, Américo Bedê. *O controle Judicial de Políticas Públicas*. São Paulo: Revista dos Tribunais, 2005, p. 73.

[112] FERRAZ, Octávio; SUPINO, Fabíola. *Direito à Saúde, Políticas Públicas e Desigualdade Sociais no Brasil: Equidade como Princípio Fundamental*. Revista Dados, v. 51, n.1, 2009.

no caso concreto e voltada tão só ao benefício de um indivíduo ou a grupos determinados de pessoas, impediria o planejamento de longo prazo de toda a sociedade, ou seja, de um número maior de pessoas, podendo causar prejuízos difusos ainda maiores.

No entanto, embora tais críticas sejam pertinentes, entende-se que não são suficientes para excluir a atuação do Poder Judiciário na apreciação de políticas públicas, pois, por óbvio, respeitados certos e determinados limites de atuação, não há que se falar em *medida antidemocrática* ou em atividade efetiva causadora de desigualdades sociais, pelo contrário, pode se consubstanciar em uma forma legítima e democrática de participação e contestação (efetivação de acesso ao Judiciário) aos menos favorecidos.

Ainda, em sentido contrário e contrapondo aos argumentos apresentados, entende-se que a legitimidade conferida ao Poder Judiciário provém da mesma fonte que conferiu legitimidade aos demais poderes, qual seja a própria Constituição Federal, derivando, dentre outros, da própria imparcialidade do juiz e da independência do Judiciário com relação às demais forças políticas[113]. Aliás, a legitimidade (atribuição) dos juízes para o julgamento de conflitos, nos casos concretos (*processos subjetivos*), bem como para a declaração de inconstitucionalidade de leis, em concreto ou abstrato (*processos objetivos*[114]), ainda que não existam conflitos entre partes determinadas, proveio de determinação do Poder Constituinte Originário superior a qualquer vontade dos legisladores ou, até mesmo, dos próprios poderes constituídos.

No caso dos ministros do Supremo Tribunal Federal, com maior razão, a legitimidade torna-se ainda mais evidente, ao analisar a forma pela qual a Constituição Federal estabeleceu as condições para a sua nomeação, ou

---

[113] GRINOVER, Ada Pellegrini. *Ensaio sobre a processualidade...* p. 126.

[114] Gilmar Ferreira Mendes, falando sobre o controle de constitucionalidade abstrato, refere que, "Desde então, parece pacífico o entendimento sobre a natureza do controle abstrato de normas como processo objetivo, para cuja instauração se afigura suficiente a existência de um interesse público de controle. A outorga do direito de propositura a diferentes órgãos estatais e a organizações sociais diversas ressalta o caráter objetivo do processo do controle abstrato de normas, uma vez que o autor não alega a existência de lesão a direitos, próprios ou alheios, atuando como representante do interesse público. Já sob a vigência da Constituição de 1988, teve o Tribunal oportunidade de reiterar essa orientação, reconhecendo que, no controle abstrato de normas, tem-se processo objetivo, que não conhece partes, destinado, fundamentalmente, à defesa da Constituição". MENDES, Gilmar Ferreira. *Jurisdição constitucional: o controle abstrato de normas no Brasil e na Alemanha.* 5. ed. São Paulo: Saraiva, 2005. p. 156-157.

seja, cuja previsão constitucional determina a dependência de indicação pela Presidência da República, contando com a autorização posterior pelo Senado Federal, ressaltando, ambos com representantes eleitos pelo povo.

Assim, é possível afirmar, portanto, que a legitimidade dos juízes decorre de determinação expressa na própria Constituição Federal, como consectário lógico de organização do Poder Judiciário e não como vontade da maioria. É o que se observa em Luís Roberto Barroso:

> O fundamento normativo decorre, singelamente, do fato de que a Constituição brasileira atribui expressamente esse poder ao Judiciário e, especialmente, ao Supremo Tribunal Federal. A maior parte dos Estados democráticos reserva uma parcela de poder político para ser exercida por agentes públicos que não são recrutados pela via eleitoral, e cuja atuação é de natureza predominantemente técnica e imparcial. (...) Ao aplicarem a Constituição e as leis, estão concretizando decisões que foram tomadas pelo constituinte ou pelo legislador, isto é, pelos representantes do povo[115].

---

[115] Continua o autor: "Essa afirmação, que reverencia a lógica da separação de Poderes, deve ser aceita com temperamentos, tendo em vista que juízes e tribunais não desempenham uma atividade puramente mecânica. Na medida em que lhes cabe atribuir sentido e expressões vagas, fluidas e indeterminadas, como dignidade da pessoa humana, direito de privacidade ou boa-fé objetiva, tornam-se, em muitas situações, co-participantes do processo de criação do Direito. A justificação filosófica para a jurisdição constitucional e para a atuação do Judiciário na vida institucional é um pouco mais sofisticada, mas ainda assim fácil de compreender. O Estado constitucional democrático, como o nome sugere, é produto de duas ideais que se acoplaram, mas não se confundem. Constitucionalismo significa poder limitado e respeito aos direitos fundamentais. O Estado de direito como expressão da razão. Já democracia significa soberania popular, governo do povo. O poder fundado na vontade da maioria. Entre democracia e constitucionalismo, entre vontade e razão, entre direitos fundamentais e governo da maioria, podem surgir situações de tensão e de conflitos aparentes. Por essa razão, a Constituição deve desempenhar dois grandes papéis. Um deles é o de estabelecer as regras do jogo democrático, assegurando a participação política ampla, o governo da maioria e a alternância no poder. Mas a democracia não se resume ao princípio majoritário. Se houver oito católicos e dois muçulmanos em uma sala, não poderá o primeiro grupo deliberar jogar o segundo pela janela, pelo simples fato de estar em maior número. Aí está o segundo grande papel de uma Constituição: proteger valores e direitos fundamentais, mesmo que contra a vontade circunstancial de quem tem mais votos. E o intérprete final da Constituição é o Supremo Tribunal Federal. Seu papel é velar pelas regras do jogo democrático e pelos direitos fundamentais, funcionando como um fórum de princípios – não de política – e de razão pública – não de doutrinas abrangentes, sejam ideologias políticas ou concepções religiosas.

Ada Pellegrini Grinover, por seu turno, ensina que "a par desse argumento legitimador, importa ressaltar, novamente, que o Estado Democrático Constitucional é marcado por uma democracia de direitos, na qual a regra da maioria submete apenas aos objetivos delimitados previamente pela Constituição, mesmo que isto importe em permanente tensão entre a regra da maioria e os direitos fundamentais. E as regras da maioria, próprias dos poderes majoritários, podem ser equilibrados pela observância dos direitos das minorias, preservados em face da independência e da imparcialidade do Judiciário"[116].

Ademais, além de assegurar a garantia democrática, a efetiva participação popular, o pluralismo político, dentre outras de representação de natureza política, o segundo grande papel de uma Constituição é o de proteger valores, princípios e normas de direitos fundamentais, ainda que contra a decisão ou vontade da maioria, sendo, nestes termos, o Supremo Tribunal Federal a "ultima ratio" de intepretação do texto constitucional.

A despeito desse argumento de índole predominantemente formal, é possível asseverar, na linha proposta por Robert Alexy[117], que, por ser uma instância de reflexão do processo político, sua legitimidade está mais presente na representação argumentativa, ao invés de residir na representação política. Desta forma, inevitavelmente, a obrigatoriedade e a necessidade de fundamentação de todas as decisões judiciais emergem como fator de legitimação da atuação do Poder Judiciário, com a necessidade de exposição dos motivos que levaram à decisão proferida, bem como a argu-

---

Portanto, a jurisdição constitucional bem exercida é antes uma garantia para a democracia do que um risco". BARROSO, Luís Roberto. *Judicialização...* op. cit., p. 11-12.

[116] GRINOVER, Ada Pellegrini. *Ensaio sobre a processualidade...* op. cit. p. 126/127.

[117] Neste sentido: *"Hay que plantearse, pues, qué es aquello que ciudadanos racionales con concepciones personales del bien distintas consideran como condiciones de cooperación social justa tan importantes como para que el simple Legislador no pueda decidir sobre ello. En esta cuestión se halla al mismo tiempo la clave para una posible reconciliación del principio democrático con los derechos fundamentales. Un Tribunal Constitucional que intente responder seriamente no pretenderá situar su concepción en contra de la del legislador, sino que más bien aspirará a una representación argumentativa de los ciudadanos por oposición a su representación política en el Parlamento. Cuando triunfa la representación argumentativa, triunfas la reconciliación".* ALEXY, Robert, *Derechos Fundamentales y Estado Constitucional Democrático*, in Miguel Carbonel, Neoconstitucionalismos, Madrid: Trotta, 2005, p. 39-41.

mentação jurídica suficiente para justificá-las. Tem-se, assim, a chamada legitimidade argumentativa (ou fator argumentativo) do Poder Judiciário[118].

Prossegue o jurisfilósofo[119] sustentando que o primeiro pressuposto para que a representação argumentativa seja legítima é a existência de argumentos válidos utilizados pelo intérprete. Por argumento válido, enfatiza, entenda-se como o argumento correto, isto é, aquele que atende à pretensão de incidência adequada da lei ao caso concreto, abarcando, também, a um número significativo de pessoas, que confiam no fato de que o argumento utilizado seja, realmente, suficiente para atingir seus ideais.

O segundo pressuposto, sustenta, é a existência de pessoas, assim entendidas como membros da sociedade, dispostos a aceitar os argumentos apresentados no discurso pelo Poder Judiciário, porque eles são válidos ou corretos, de forma que tais argumentos utilizados pelos juízes devam ter um respaldo imediato do povo. Portanto, é justamente na força e na validade do argumento, conforme ensinou Alexy[120], que são dados os pressupostos para a legitimidade da representação argumentativa, ou melhor, para que a ordem social, jurídica e, até mesmo, política, estabeleça-se e seja devidamente mantida, é imprescindível conferir força (efetividade) às decisões judiciais.

Todavia, a legitimidade da ordem social somente poderá ser estabelecida quando os cidadãos que compõem a sociedade tenham aceitado a decisão (assim entendido como condição de convencimento, conforme proposto por Aristóteles em sua Retórica[121]). Dessa maneira, essencial

---

[118] BINENJOJM, Gustavo. *A Nova Jurisdição Constitucional Brasileira: Legitimidade Democrática e Instrumentos de Realização*, Imprensa: Rio de Janeiro, Renovar, 2010. SAMPAIO, José Adércio Laerte. *A Constituição Reinventada pela Jurisdição Constitucional*. Belo Horizonte: Del Rey, 2002,
[119] ALEXY, Robert. Ponderação, Jurisdição Constitucional e Representação. In. *Constitucionalismo Discursivo*, trad. Luís Afonso Heck, 2ª Ed., Porto Alegre: Livraria do Advogado, 2008, p. 164.
[120] ALEXY, Robert. *Direitos Fundamentais no Estado Constitucional Democrático. Para a Relação entre Direitos do Homem, Direitos Fundamentais, Democracia e Jurisdição Constitucional*. Trad. Luís Afonso Heck. In: Revista Direito Administrativo, Rio de Janeiro, 217: 55-66, jul./set. 1999.
[121] A Retórica de Aristóteles é uma obra do filósofo composta de três Livros (Livro I: 1354a 1377b; Livro II: 1377b 1403ª; Livro III: 1403a 1420a). Diz o filósofo que "A retórica é a outra face da dialéctica; pois ambas se ocupam de questões mais ou menos ligadas ao conhecimento comum e não correspondem a nenhuma ciência em particular. De facto, todas as pessoas de alguma maneira participam de uma e de outra, pois todas elas tentam em certa medida questionar e sustentar um argumento, defender-se ou acusar". No entanto, ensina que, muito embora se confundam, distinguem-se pelo modo como se empregam na prática. A retórica

conferir como função primordial aos Tribunais Constitucionais a necessidade de persuadir não somente as partes litigantes, ou aos interessados atingidos diretamente pela sua decisão judicial, mas também a própria sociedade, convencendo-os de que as suas escolhas valorativas são adequadas, somente isso sendo possível por intermédio desta chamada representação argumentativa.

Nesse sentido, explicou Robert Alexy: "A representação argumentativa dá certo quando o Tribunal Constitucional é aceito como instância de reflexão do processo político. Isso é o caso, quando os argumentos do tribunal encontram eco na coletividade e nas instituições políticas, conduzem a reflexões e discussões que resultam em convencimentos examinados[122]".

Dessa maneira, a legitimidade democrática dos juízes, ou de todo Poder Judiciário, decorre, além da Constituição Federal, também da consequente aceitabilidade social, advinda da construção de uma argumentação constituída no discurso judicial do julgador, que procure convencer não apenas os litigantes, ou aos integrantes de toda uma comunidade jurídica, mas também aos próprios membros da sociedade.

2.3. A Legitimidade Argumentativa e o Sistema de Precedentes à Brasileira

No Brasil sempre houve a afirmação de que somente a lei é considerada como fonte primária do Direito, com fundamento e influência do positi-

---

preocupa-se com a persuasão, com o convencimento, enquanto que a dialética (ou dialéctica) se preocupa com o produzir os conhecimentos gerais. Retórica deve aqui ser entendida como a área relacionada, principalmente, com o estudo da oratória e da dialética, que remete a um grupo de normas e de determinações para que o orador comunique com eloquência, não apenas com o objetivo de expressar ideias de forma eficaz, mas também responsável pelo aumento da capacidade de persuasão. Desta forma, a retórica aqui entendida corresponde à formulação de um pensamento através da fala ou da escrita, dependente, em grande parte, da arte de argumentar, da capacidade mental do orador e da análise de todas as circunstâncias fundamentais que o circunda. A fundamental importância da retórica é a possibilidade de sua utilização como técnica não apenas de oratória, mas para a fundamentação das decisões judiciais, utilizando da capacidade de persuasão dos interlocutores, mas sempre com a necessária justificação (como argumentação racional).

[122] ALEXY, Robert. *Direitos Fundamentais no Estado Constitucional Democrático. Para a Relação entre Direitos do Homem, Direitos Fundamentais, Democracia e Jurisdição Constitucional*..., op. cit., p. 58.

vismo jurídico[123]. Desta forma, houve o surgimento dos sistemas jurídicos[124] conhecido como de *civil law*, de origem romano-germânica, no qual a forma de aplicação do direito está estruturada no próprio direito escrito, positivado.

Como derivação direta desse sistema, o art. 5º, inciso II, da Constituição Federal de 1988, apresentou o princípio da legalidade, ou seja, demonstrando a existência de um sistema jurídico essencialmente legalista ao prever que *"ninguém será obrigado a fazer ou deixar de fazer alguma coisa senão em virtude de lei"*. Por certo, podemos analisar que se extraem do enunciado duas funções essenciais: a primeira, de proteger o indivíduo em face de eventuais abusos ou arbitrariedades do Estado, legitimando, pois, somente as imposições que respeitem as leis previamente estabelecidas no ordenamento e, em um segundo momento, também a de servir como de instrumento norteador da atividade jurisdicional[125].

No entanto, evidente que não se pode mais conceber a ideia, nos dias atuais, da consistência de um sistema puramente legalista, ou seja, tendo como fonte primária e exclusiva a Lei, como bem ressaltou Luiz Guilherme Marinoni, em sua obra intitulada Precedentes Obrigatórios, *"é equivocado imaginar que o stare decisis existe ou tem razão de ser apenas onde o juiz cria o*

---

[123] Para o positivismo jurídico, Direito é tudo aquilo que é decorrente de imposição pelo Estado (poder soberano), com normas gerais e abstratas, sendo então esse o objeto que deve ser definido, cujos esforços sejam voltados à reflexão sobre a sua interpretação. Sobre o positivismo jurídico, ver BOBBIO, Norberto. *O Positivismo Jurídico: Lições de filosofia do direito*. São Paulo: Ícone, 2006. p. 12. A respeito da superação do positivismo, deve ser examinado Dworkin e Hart. No Brasil vale conferir BARROSO, Luís Roberto. *Fundamentos teóricos do novo direito constitucional brasileiro. A nova interpretação constitucional.* Rio de Janeiro: Renovar, 2003. p. 26/27.

[124] Sobre os grandes sistemas jurídicos do direito contemporâneo, ver: DAVID, Rene. *Os grandes sistemas do direito contemporâneo*. 4ª ed. São Paulo: Martins Fontes, 2002.
Ademais a respeito das diferentes escolas e sistemas jurídicos, explica Danilo Knijnik: *"As diferentes escolas e correntes de pensamento jurídico não foram e, certamente, não têm sido enunciadas somente pelo diletantismo cultural daqueles que as defendam. Ao contrário, sua repercussão prática é efetiva, dependendo a solução d problemas jurídicos concretos da eleição de uma orientação filosófica mais geral, muito embora, nem sempre, haja uma consciência clara a esse respeito"*. KNIJNIK, Danilo. *O recurso especial e a revisão da questão de fato pelo Superior Tribunal de Justiça*. Rio de Janeiro: Forense, 2005, p. 14.

[125] DONIZETE, Elpídio. *A força dos precedentes no novo código de processo civil*. In. https://elpidiodonizetti.jusbrasil.com.br/artigos/155178268/a-forca-dos-precedentes-do-novo-codigo-de-processo-civil. Acesso em 09.11.16.

direito[126]". Continua o autor explicando que até mesmo em países em que o sistema jurídico é predominante do *common law*, o direito jurisprudencial puro é relativamente raro, sendo necessária a análise dos casos concretos com a forma de interpretação explicativa da própria lei[127].

Com a entrada em vigência do Código de Processo Civil de 2015 houve a introdução, em nosso sistema, de instrumentos que possibilitam a adoção ou a aplicação pelos julgadores, no momento de fundamentar as suas decisões judiciais, de outras decisões anteriormente proferidas aos casos semelhantes e que estejam em julgamento, visando com isso a uma previsibilidade e estabilidade do Direito, bem como no tratamento isonômico dos jurisdicionados[128].

Assim, inegavelmente, há efetivamente a existência (ou ao menos de uma tentativa) de uma reaproximação entre os sistemas de *civil law* com o da *common law*, especialmente pela própria evolução da figura do juiz, transformando-se do modelo, que antes era exclusivamente da aplicação pura e simples da lei ao caso concreto, para a ideia de intérprete de *"regras abertas"*, devotando, de certo modo, respeito àquilo que anteriormente foi decidido em casos similares.

A princípio, importante desmistificar o primeiro grande equívoco que sempre representou a vinculação do uso dos precedentes, como forma de interpretação e, principalmente, de fundamentação das decisões judiciais, tão somente, e exclusivamente, aos sistemas jurídicos da *common law*, estando evidenciado, de forma inequívoca, que mesmo os países de tradição romano-germânica adotam esse sistema como necessidade de uniformização de entendimentos dos Tribunais e, acima de tudo, de trazer segurança jurídica ao próprio sistema e de estabilização do próprio direito.

---

[126] MARINONI, Luiz Guilherme. *Precedentes obrigatórios*. 4ª ed. rev., atual., e ampl. São Paulo: Editora Revista dos Tribunais, 2016, p. 11.

[127] MACCORMICK, Neil. *Rethoric and the rule of law – A theory of legal reasoning*. New York: Oxford University Press, 2005, p. 247.

[128] O sistema do *stare decisis*, abreviação do termo de origem latina (*"stare decisis et non quieta movere"*) que significa *"mantenha-se a decisão e não se moleste o que foi decidido"*, é oriunda dos países de origem anglo-saxônica, adeptos do sistema do *common law*, e constantemente vem sendo levantado pela doutrina como possível solução para essa problemática. Nesse sistema, de modo geral, há a necessidade de observação obrigatória da aplicação dos precedentes aos casos semelhantes no momento do julgamento. TUCCI, José Rogério Cruz e. Precedente judicial como fonte do direito. São Paulo: Revista dos Tribunais, 2004.

Parece-nos, pois, adequado analisar que o uso dos precedentes no direito brasileiro emerge como forma de *uniformização dos entendimentos* apresentados pelos Tribunais, em especial para a estabilização do próprio direito, trazendo uma maior certeza e segurança jurídica às decisões judiciais, não somente do ponto de vista de garantia aos jurisdicionados, como também à própria atividade jurisdicional. Portanto, busca-se apresentar as ideias iniciais sobre o conceito conferido a *"precedentes"*, bem como de que forma ocorre a consolidação da força vinculante de tais decisões em nosso ordenamento jurídico, principalmente aquele introduzido pela nova sistemática do Novo Código de Processo Civil de 2015 e todas as suas principais consequências.

Importante analisar, antes de iniciar o estudo específico sobre o uso dos precedentes em nosso sistema processual civil, qual seria efetivamente o conceito de *"precedentes"*. Com efeito, o signo "precedente" tem relação com aquilo que está imediatamente antes, antecedente, anterior. Pode-se, então, considerar de forma inicial precedente como sendo *"a primeira decisão que elabora a tese jurídica ou é a decisão que definitivamente a delineia deixando-a cristalina*[129]*"*. Ou ainda, *"precedente é a decisão judicial tomada à luz de um caso concreto, cujo núcleo essencial pode servir como diretriz para o julgamento posterior de casos análogos*[130]*"*.

Primeiramente, de modo geral, comumente costuma-se conceituar *"precedentes"* como sinônimo de toda e qualquer decisão judicial, que possibilite, posteriormente, a utilização de razões (*ratio*) para fundamentar outras decisões, no entanto, sem a realização de qualquer distinção a respeito de sua natureza, isto, porque a decisão judicial consiste no pronunciamento da autoridade judiciária (ou de várias), cujo conteúdo decisório pode assumir a feição de uma decisão interlocutória, de sentença, ou, até mesmo, de acórdão. Nesse sentido, seguindo esse entendimento, indaga-se: bastaria, portanto, a existência de uma decisão judicial para estarmos diante de um precedente? E mais, teria referido "precedente" efeito vinculante e de observação obrigatória? Por regra, as decisões judiciais

---

[129] MARINONI, Luiz Guilherme. *Precedentes obrigatórios*. 4ª ed. São Paulo: Editora Revista dos Tribunais, 2016. p. 216.
[130] DIDIER JR., Fredie; OLIVEIRA, Rafael; BRAGA, Paula. *Curso de direito processual civil*. Salvador: Juspodivm, 2013, p. 385.

não possuem efeitos vinculantes[131] para o julgamento de casos concretos futuros, a não ser para as partes integrantes da relação jurídica processual (*inter partes*). Contudo, verifica-se que em alguns e determinados casos a orientação adotada no julgado terá vinculação geral e, por conseguinte, deverá ser de obrigatória adoção por parte dos julgadores. A esses julgados se reconhece o chamado *"efeito vinculante"*, de ordem geral para o julgamento dos casos futuros o que se vê, seguramente, no controle de constitucionalidade abstrato.

Como demonstração desse entendimento, o art. 926[132] do CPC/2015 nos apresenta a ideia de "jurisprudência", determinando que *"os tribunais devem uniformizar a sua jurisprudência e mantê-la estável, íntegra e coerente"*. Neste mesmo sentido, buscando analisar a função dos precedentes, Mariana Capela Lombardi Moreto ressalta o precedente como sinônimo de decisão judicial, no sentido de atribuir maior eficácia à jurisprudência pelo critério quantitativo, já que ela seria caracterizada por uma série de decisões judiciais proferidas em um mesmo e determinado sentido. Segundo ensina, ainda que tal posicionamento tenha sido apresentado quando da vigência do CPC/1973, assim como para considerável parte da doutrina, *"toda decisão judicial proferida por autoridade judiciária constitui precedente judicial (...) basta que seja proferida por autoridade judiciária, portanto"*[133].

---

[131] Na verdade, todas as decisões judiciais produzem algum tipo de efeito vinculante. Tais efeitos podem ser *inter partes*, ou seja, quando obrigarem apenas tão somente as partes integrantes do caso concreto; ou quando a orientação firmada em um determinado julgado deverá, obrigatoriamente, ser observada nos demais casos futuros e idênticos, tratando-se, pois, da produção dos efeitos *erga omnes*. Entretanto, o termo jurídico de "vinculação dos precedentes" vem sendo utilizado para referir-se apenas a esta segunda hipótese de vinculação, cujos efeitos obrigatórios ultrapassam o caso concreto e equivalem aos efeitos dos *binding precedents* do *common law*. Neste sentido, verificar: BARROSO, Luís Roberto. *O controle de constitucionalidade no Direito brasileiro*. 7. ed. Rio de Janeiro: Saraiva, 2015, p. 160-161 e 235-248.

[132] *"Entendo que os arts. 926 e 927 têm como missão substituir o mal aplicado e desconhecido, verdadeiramente ignorado, "incidente de uniformização de jurisprudência" dos arts. 476 a 479 do CPC de 1973. É o típico caso de norma jurídica que não encontrou, nos quarenta e um anos de vigência daquele Código, seu espaço, caindo em esquecimento completo. É essa a razão pela qual parece-me importante compreender aqueles dois dispositivos (como, de resto, todos os que, ao longo do CPC de 2015, direta ou indiretamente com eles se relacionam, e não são poucos) como normas diretivas de maior otimização das decisões paradigmáticas no âmbito dos Tribunais e dos efeitos que o CPC de 2015 quer que estas decisões, as paradigmáticas, devam surtir nos demais casos em todos os graus de jurisdição, a começar pelo STF."* BUENO, Cassio Scarpinella. *Manual de direito processual civil* São Paulo: Saraiva, 2015, p. 551.

[133] MORETO, Mariana Capela Lombardi. *O precedente judicial no sistema processual brasileiro*. Tese de Doutorado. São Paulo: USP, 2012, p. 19.

Desta forma, caberia neste momento outro relevante questionamento: seria possível, portanto, diante de tais posicionamentos, afirmar que, de fato, toda decisão judicial pode ser considerada como precedente judicial frente às disposições adotadas pelo CPC/2015?

O precedente judicial, como bem explicou Michael J. Gerhart, possui dez funções essenciais que serviriam para diferenciá-lo de decisão judicial, explicando que o precedente serviria, fundamentalmente, para: argumentar; solucionar lides; vincular casos semelhantes; estabelecer agendas ou prioridades; facilitar o diálogo; definir estrutura legislativa ou constitucional; ser marco histórico; educar; simbolizar; definir identidade nacional; e implementar valores constitucionais[134].

De início, analisando o termo *"jurisprudência"*, conforme cunhado pelo sobredito art. 926 do CPC/2015, ter-se-ia um significado um pouco diferente daquilo que efetivamente seria *"precedente"*, na medida em que pressupõe um mínimo de constância, coerência, estabilidade e, de certa forma, de conferir uniformização aos entendimentos dos tribunais, que se formam a partir da existência de algumas decisões reiteradas num mesmo sentido.

Luiz Fux[135], em outro sentido, ressaltou, recentemente, que somente as decisões de Tribunais Superiores, decididas com repercussão geral, ou oriundas de incidente de resolução de demandas repetitivas ou de recursos repetitivos poderiam vincular juízes das instâncias inferiores, de acordo com as diretrizes apresentadas pelo novo Código de Processo Civil[136], assim, em seu entendimento, as jurisprudências de tribunais locais não

---

[134] GERHARDT, Michael J. The multiple functions of precedentes. In. *The power of precedente*, Oxford: Oxford University, 2008, p. 1-26.

[135] A declaração foi dada pelo Ministro, no dia 17/04/15, em evento sobre a nova lei processual na Universidade Presbiteriana Mackenzie, em São Paulo. Ressaltou, ainda: "A jurisprudência, para ter força, precisa ser estável, de forma a não gerar insegurança. Então, a jurisprudência que vai informar todo o sistema jurídico e que vai ter essa posição hierárquica é aquela pacífica, estável, dominante, que está sumulada ou foi decidida num caso com repercussão geral ou é oriunda do incidente de resolução de demandas repetitivas ou de recursos repetitivos, não é a jurisprudência aplicada por membro isolado através de decisões monocráticas. Essa não serve para a finalidade do Novo Código de Processo Civil". RODAS, Sérgio. Juiz só deve seguir jurisprudência pacificada de tribunais superiores, diz Fux. In Consultor Jurídico, reportagem de 17 de abril de 2015. Disponível em: http://www.conjur.com.br/2015-abr-17/fux-juiz-seguir-jurisprudencia-cortes-superiores. Acesso em 10 de novembro de 2016

[136] RODAS, Sérgio. *Juiz só deve seguir jurisprudência pacificada de tribunais superiores*, diz Fux. In: Consultor Jurídico, Reportagem de 17 de abril de 2015 (http://www.conjur.com.br/2015--abr-17/fux-juiz-seguir-jurisprudencia-cortes-superiores acesso em 10/11/16).

teriam o sobredito efeito, mas tão somente de atribuir estabilidade e coerência aos entendimentos desses órgãos.

Não muito distante dessa afirmação, Daniel Mitidiero, em sua obra "Precedentes da persuasão à vinculação", destacou que, diante do equívoco do legislador apresentado no art. 926 CPC/2015, em equiparar que todos os tribunais que compõem o Poder Judiciário brasileiro têm a mesma função diante da ordem jurídica, faz-se necessário discriminar as funções das Cortes de Justiça e as funções das Cortes de Precedentes, essa primeira, segundo o autor, tem por função, em síntese: *"exercer controle retrospectivo sobre as causas decididas em primeira instância e uniformizar a jurisprudência"*, já a última, tem por finalidade em suma *"outorgar uma interpretação retrospectiva e dar unidade ao direito"*[137].

Há quem discorde dessa tese e apresente uma sugestão dworkiniana com um segmento considerado democrático, fundamentando que *"não se pode encarar os precedentes como fechamento argumentativo que permitirá uma reprodução de decisões do passado"*[138], caso contrário, a tese em que os órgãos superiores possuiriam, por sua natureza, essa legitimação proporcionaria o perigo do decisionismo intensificado por parte da cúpula do Poder Judiciário[139].

De tal modo, há, ainda, quem também conteste essa ideia, pois, no direito brasileiro é corriqueiro encontrar decisões de Tribunais Superiores com menção a julgados completamente fora de contexto ao caso decidido, bem como com argumentações que, realmente, prestar-se-iam a fundamentar qualquer decisão judicial, decidindo efetivamente a lide e

---

[137] MITIDIERO, Daniel. Precedentes: Da Persuasão à Vinculação. 2.ed. São Paulo: Revista dos Tribunais, 2017, p. 75.

[138] NUNES, Dierle; PEDRON, Flávio Quinaud Pedron; HORTA. André Frederico de Sena. Os precedentes judiciais, o art. 926 do CPC e suas propostas de fundamentação: um diálogo com concepções contrastantes. RePro, São Paulo, v. 263, p. 343, janeiro 2017.

[139] *"Não existe legitimação democrática a priori dos atos do Poder Judiciário eis que esta somente se articula a posteriori com o respeito à fundamentação e ao devido processo constitucional. A tese de que os órgãos de vértice possuiriam de per si tal legitimação viabiliza riscos incontroláveis e chancelaria todo tipo de decisionismo, eis que o próprio perfil da corte (ora conservador, ora progressista) variará de tempos em tempos (como é corrente a análise na Suprema Corte Americana)"* NUNES, Dierle; PEDRON, Flávio Quinaud Pedron; HORTA. André Frederico de Sena. *Os precedentes judiciais, o art. 926 do CPC e suas propostas de fundamentação: um diálogo com concepções contrastantes.* RePro, São Paulo, v. 263, p. 362, janeiro 2017.

formando a *ratio decidendi*, isto é, aquilo que, de fato, atribui efeito vinculativo ao precedente[140].

De modo geral, não se pode conceber, portanto, que o termo *"precedente"* seja sinônimo direto e absoluto de toda e qualquer decisão judicial, proferida pela autoridade judiciária, tampouco de se limitar às meras "teses" ou entendimentos impostos pelos tribunais superiores (art. 1.035, § 11º, do CPC/2015). Em verdade, não se tem no Brasil um sistema puro de precedentes, mas, em verdade, um sistema brasileiro de precedentes que, de fato, estrutura-se para a uniformização de posições jurisprudenciais. Tem-se, desse modo, duas saídas: uma, a de afastar o sistema brasileiro de precedentes, pelo fato de realmente não se adequar teórica e tecnicamente ao que, de fato, é um precedente; a segunda, a de aproveitar aquilo que o CPC/2015 trouxe, visivelmente, pretendendo reduzir o elevado número de processos e o caos "judiciário" que vivemos em dias hodiernos.

Com essas premissas, preferimos, em vez de afastar o sistema por eventuais inconstitucionalidades, aproveitá-lo para tentar tirar dele o melhor possível até pelo fato de que o art. 926 do CPC/2015 determina que os tribunais devem *"uniformizar sua jurisprudência e mantê-la estável, íntegra e coerente"*, o que em nada nos parece inconstitucional, pois a eventual vinculação da decisão há de ser observada no caso.

De fato, na forma estabelecida e segundo os pressupostos fixados no regimento interno, os tribunais editarão enunciados de súmula correspondentes à sua jurisprudência dominante e, ao editar enunciados de súmula, os tribunais devem se ater às circunstâncias fáticas dos precedentes que motivaram sua criação.

Com essas premissas, segundo nos parece, em um primeiro momento, a decisão, para ser considerada efetivamente como precedente, deve, obrigatoriamente, observar as decisões proferidas pelos Tribunais (superiores ou locais, inclusive), em julgamento realizado em controle concentrado de

---

[140] *"Vale salientar que o que frequentemente se visualiza nas decisões dos tribunais superiores – em que os casos são decididos fazendo referências a diversas ementas de forma descontextualizada – não corresponde a uma argumentação por precedentes, pois está última é muito mais complexa do que a mera reunião de ementários para resolver litígio. Isso ocorre porque a ratio decidendi, ou seja, aquilo que efetivamente vincula em um precedente, é determinado pelos tribunais inferiores e não pelo próprio Tribunal que decidiu a questão."*. NERY, Nelson; ABBOUD, Georges. *Stare Decisis vs Direito Jurisprudencial*. Novas Tendências do Processo Civil – Estudos sobre o projeto do novo código de processo civil, Juspodivim, Salvador – Bahia, v. 1, p. 489, 2013.

constitucionalidade, ou de enunciado de súmula vinculante, as decisões proferidas em sistema de demandas repetitivas, com repercussão geral, ou em assunção de competência, bem como as orientações do plenário ou órgão especial aos quais vinculados.

Da mesma forma, em um segundo momento, a decisão judicial deve possuir o efeito vinculante geral, cuja aplicação não ocorra de forma direta e indiscriminada, por mero silogismo, mas, sim, dependente da análise das circunstâncias de fato que embasam a controvérsia individual, ou seja, o caso concreto, bem como da própria consolidação das teses normativas decididas naquela decisão (*ratio decidendi*).

2.4. O Papel do Magistrado Constitucional no Processo Contemporâneo

O controle judicial de políticas públicas, bem como a sua representatividade (ou legitimidade) argumentativa, atua diretamente sobre o comportamento do juiz no processo, em busca da efetivação de um *direito judicial*, que observe sempre as disposições normativas, mas que seja menos submisso às leis ou à doutrina estabelecida e às convenções conceituais. Tal interpretação estreita o relacionamento de Estado e sociedade, assegurando a garantia constitucional de acesso e integração do indivíduo ao Estado Democrático de Direito, no papel de Poder Público (no caso, o Judiciário).

Sua atividade não importa numa simples aplicação mecânica e automática das normas, que a deixe de maneira inalterável no processo e no mundo jurídico. Ao contrário, consiste em uma atitude eminentemente interpretativa, tomada de consciência no presente, para as diretrizes de decisões futuras. Ao permitir que o juiz participe ativamente da *condução do processo*, nosso ordenamento visou a assegurar o direito a um julgamento justo, capaz de atender os anseios da pacificação social. Ainda, atento à ideia, buscou-se garantir a aplicação mais consentânea dos princípios da igualdade das partes e da composição justa da lide, adequando-se às pretensões que a sociedade tem no *papel* do magistrado[141].

---

[141] Neste sentido, confira: "Recentemente vem ganhando espaço, no debate jurídico, a figura do ativismo judicial, que se caracteriza a partir da atuação ativa do magistrado, buscando, por meio de sua condução processual, realizar a jurisdição de forma efetiva e comprometida com a realização das políticas públicas. O ativismo judicial é caracterizado pela postura mais ativa do Poder Judiciário, que busca, diante da falta de solução legislativa adequada para determinado caso, criar soluções para a implementação, sobretudo, de políticas públicas."

E, de fato, ao intérprete do Direito, considerado como um *"ser jogado no mundo, condenado a viver a sua própria existência"*[142], lutando para interpretar não somente a si, mas a si e ao mundo em que vive, atribuindo-lhes constantes significações e representações significativas da realidade, não é possível, pois, exigir, ou até mesmo que se efetue, uma pretensa interpretação correta da *realidade*.

Na verdade, doutrinadores abalizados reconhecem a necessidade de um magistrado ativo na efetiva condução do processo, atento às novas realidades sociais. Dinamarco sustenta que o juiz deve sempre ser um ativista, pois o ativismo do magistrado é *"algo indispensável à plenitude de seu ofício"*[143]. No mesmo sentido, Marinoni enfatiza que *"um processo verdadeiramente democrático, fundado na isonomia substancial, exige uma postura ativa do magistrado"*[144].

Da mesma forma, J. J. Careira Alvim, ainda analisando e enfocando o ativismo judicial no campo do Direito Processual Civil, explica:

O ativismo judicial, de um lado, põe em realce a instrumentalidade do processo, possibilitando ao juiz chegar à verdade real em vez de contentar com verdade apenas formal, e, de outro, exorciza alguns mitos processuais judiciais como a neutralidade do juiz e o 'quod non est in actis non est in mundo'. O ativismo judicial traduz também a posição do juiz no processo, tendente a suprir desigualdade processual das partes, decorrente de omissões processuais de seus patronos, com o objetivo de concretizar o princípio da igualdade material das armas[145].

O juiz, portanto, assume alguns compromissos com o processo e com a própria efetividade da tutela jurisdicional, por intermédio de um controle

---

ALVIM, Eduardo Arruda. THAMAY, Rennan Faria Kruger. GRANADO, Daniel Willian. *Processo constitucional*. São Paulo: RT, 2014, p. 183.

[142] "O homem é um ser jogado no mundo, condenado a viver a sua existência. Por ser existencial, tem que interpretar a si e ao mundo em que vive, atribuindo-lhes significações. Cria intelectualmente representações significativas da realidade. A essas representações chamamos conhecimento". KOCHE, José Carlos. *Fundamentos de Metodologia Científica: teoria da ciência e iniciação à pesquisa*. Rio de Janeiro: Editora Vozes, 2002, p. 23.

[143] DINAMARCO, Candido Rangel, apud REINA. *Judicialização da Política*. Disponível em: http://www.amaerj.org.br/editorial/montahome.asp?qsTpl=artigos3b.tpl&qsCaminhoTpl=../tpl/%3E. Acesso em 05 de agosto de 2015.

[144] MARINONI, Luiz Guilherme. *Novas Linhas de Processo Civil*. 3ª. ed., São Paulo: Malheiros, 1999.

[145] J.J. Carreira Alvim. *Neutralidade do Juiz e Ativismo Judicial*. Disponível em: http://flaviobenincasa.blogspot.com.br/2010/05/neutralidade-do-juiz-e-ativismo.html. Acesso em 22 de junho de 2015.

judicial, principalmente no processo civil moderno, no sentido de acompanhar a necessidade social de adotar uma postura interpretativa de lei, seja ela de qualquer natureza, que tenha os valores presentes na vida dos cidadãos, tendo estes, em especial, como sendo o centro a ser atendido pelos seus efeitos concretos.

Assim, o que o ativismo judicial e a judicialização de direitos, portanto, propiciam, quando aplicados concretamente no processo civil, é justamente estreitar a relação entre o juiz e as partes integrantes da relação jurídica processual, possibilitando, por exemplo, a busca por meios de provas aptos a aprimorar o melhor convencimento do magistrado; garantir uma máxima efetividade dos princípios e fundamentos constitucionais, como o acesso à justiça, o contraditório e a ampla defesa; bem como, consequentemente, a de possibilitar a busca pela justa e concreta efetivação de suas decisões judiciais[146].

Desta forma, por certo que a partir do momento em que o modelo de Estado implantado pela Constituição de 1988 foi justamente a adoção do Estado Democrático de Direito, com a importância de aplicação das normas à luz da Carta Maior, com toda certeza, abriu espaço para aquilo que pode ser chamado de *juiz constitucionalista*, voltado e preocupado com as consequências práticas ou concretas de suas decisões e, sobretudo, com a tutela dos valores que a Constituição procurou tutelar, inexistindo, assim, lugar para a figura de um juiz que seja puramente legalista.

---

[146] Sobre esse entendimento, Gustavo Binenbojm explicou que os juízes das Cortes Constitucionais, ao desempenharem sua função e interpretar, argumentar e concretizar as normas previstas pela Constituição, devem ser guiados pelos valores políticos que correspondem aos ideais da razão pública, ou seja, *"valores que se pode esperar que todos os cidadãos razoáveis e racionais endossem"*. BINENBOJM, Gustavo. A nova jurisdição brasileira: legitimidade e instrumentos de realização. Rio de Janeiro/são Paulo: Renovar, 2001, p. 81.

Nesse mesmo sentido, Gisele Citadino ensina que "não há dúvidas de que a função de guardião da Constituição remete necessariamente ao caráter político que assume o Supremo Tribunal Federal no novo contexto constitucional, afinal, a função de declarar o sentido e o alcance das regras jurídicas, especialmente na função jurisdicional da tutela da Constituição, traduz uma ação política, ou, pelo menos, uma ação de inexorável repercussão política". CITADINO, Gisele. Pluralismo, direito e justiça distributiva: elementos da filosofia constitucional contemporânea. 3ª ed. Rio de Janeiro: Lumem Iuris, 2004, p. 62.

2.5. O *Non Liquet* e o dever Jurisdicional de Decidir

Apresentadas as ideias anteriores, importante, agora, analisar, de fato, a função jurisdicional de julgar, ou seja, a importância da figura do juiz, e a sua responsabilidade, como mediador de conflitos, de autoridade legitimada e imbuída constitucionalmente para a pacificação social, para a resolução de *crises* do direito e, em especial, daquelas existentes entre as partes da relação jurídica processual.

Como dito anteriormente, é na observância estrita da Constituição, assim como na função do magistrado de garantidor do Estado Constitucional de Direito, que assenta o fundamento da legitimação e da independência do Poder Judiciário e, ainda, do próprio juiz. É certo, pois, que a ideia de que os juízes influenciam na aplicação direta do direito, até mesmo na possibilidade de *criar o próprio Direito* é admitida pela doutrina, tanto na teoria quanto na prática jurídica, ainda que de forma mais abrangente para alguns, ou de uma forma mais restrita para outros[147].

Com efeito, já foi explanado anteriormente, a respeito da legitimidade na atuação dos juízes de forma mais ativa, até mesmo como forma de garantir uma efetiva tutela constitucional de direitos aos jurisdicionados, proporcionando, ainda, a possibilidade de criar verdadeiras unidades normativas individualizadas[148] quando de sua atuação, que, obviamente, fazem parte do sistema jurídico e constituem aquilo que se convencionou chamar de subcódigo jurídico das normas concretas.

Nesse sentido, Tárek Moussallem sintetizou o pensamento no sentido de que *"como toda aplicação do direito é criação do direito e vice-versa, não resta outra saída senão afirmarmos que os juízes criam direito*[149]*"*. No entanto, deve-se ponderar que essa visão, se de um lado pugna pela atividade criativa do Judiciário no desempenhar da aplicação concreta do *direito* (ressalta-se, sem inovar no plano dos *significados* ou das *intenções jurídicas*), de outro,

---

[147] Neste sentido: "o Direito não se resume às leis postas, mas a conceitos de razão e justiça sociais muito mais abrangentes, sendo que há muito abandonamos o juspositivismo radical dos franceses do Século XIX.3)". (TJ-ES Apelação Cível: AC 35050010905 ES 035050010905, Relator: RÔMULO TADDEI, Julgamento: 18/12/2007, TERCEIRA CÂMARA CÍVEL, Publicação: 21/01/2008).

[148] KELSEN, Hans. *Teoria pura do direito*. 6ª ed. São Paulo: Martins Fontes, 2000, p. 247.

[149] MOUSSALLEM, Tárek Moysés. *Fontes do Direito Tributário*. São Paulo: Max Limonad, 2001, p. 161.

impede a influência da atividade judicial no sistema jurídico das normas abstratas, sendo essa, afirma-se, competência restrita ao Poder Legislativo.

Assim, continua o doutrinador ressaltando que *"o Poder Judiciário jamais cria norma abstrata, pois é condição para sua atuação, além da provocação (princípio da inércia), a ocorrência do descumprimento do disposto no consequente da norma primária*[150]*"*. Certo é que, por vezes, a inexistência de legislação específica, abrangendo determinadas (ou todas) as situações sociais, aliadas às inúmeras lacunas, ambiguidades e antinomias[151], bem como à indispensável necessidade de interpretação legislativa (e, até mesmo, do próprio direito) por parte do julgador, quando de sua efetiva aplicação no caso concreto, obriga essa *atividade criativa* jurisdicional, por intermédio do qual, consultando a sua própria experiência, determina a forma de incidência de um preceito normativo ao caso concreto, pois *"as regras do direito não se colhem inteiramente maduras das árvores"*[152].

Ademais, relembra-se os ensinamentos do Desembargador aposentado do Tribunal de Justiça do Estado de São Paulo, Hamilton Elliot Akel, explicando que *"se o verdadeiro fim da função jurisdicional é uma missão pacificadora e a procura de soluções adequadas aos litígios, deve-se inferir por um liame de necessidade lógica que o juiz há de estar habilitado a criar, em caso de necessidade, o direito aplicável, e também a determinar sob certas condições as soluções mais apropriadas"*[153].

Na verdade, a própria jurisdição representa uma função, de certa forma, criativa do juiz, isto, porque, ao se decidir, o julgador cria a norma jurídica no caso concreto, além de produzir, comumente, a norma abstrata que deve regular o processo, em especial porque, inevitavelmente, quando se inter-

---

[150] MOUSSALLEM, Tárek Moysés. *Fontes do Direito Tributário.* op. cit., p. 162.

[151] GUASTINI, Ricardo. *Le Fonti del Diritto e L'interpretazione.* Milano: Giuffrè, 1993, p. 43. Importante verificar que, para o autor, "Una norma può essere concepita, alternativamente, o come un enunciato che qualifichi deonticamente un certo comportamento, o come un enunciato sintatticamente condizionale che conetta una conseguenza giuridica ad una fattispecie". Continua apresentando dois conceitos de antinomia: "(a) in un sistema giuridico vi è un'antinomia allorchè un dato comportamento è deonticamente qualificator in due modi incompatibili da due diverse norme appatenenti al Sistema; oppure (b) in un sistema giuridico vi è un'antinomia allorchè per una data fattispecie sono previste due conseguenze giuridiche incompatibili da due diverse norme appartenenti al Sistema". GUASTINO. Ricardo. Le Fonti del Diritto e L'interpretazione... op. cit., ps. 409 e 421.

[152] AKEL, Hamilton Elliot. *O poder judicial e a criação da normal individual.* São Paulo: Saraiva, 1995, p. 123

[153] AKEL, Hamilton Elliot. *O poder judicial e a criação da normal individual...* op. cit., p. 122.

preta, busca-se o verdadeiro sentido da norma e, consequentemente, cria-se. Não se trata, pois, apenas de escolher uma das alternativas possíveis existentes no ordenamento, mas, sim, de gerar a norma jurídica individual e concreta que, diferentemente das demais normas, tem o condão de tornar a decisão única e imutável (a chamada *norma jurídica individualizada*).

Inclusive, foi-se o tempo em que, como assentava Montesquieu, havia a necessidade de existência de um *juiz inanimado* (ou, o juiz como *la bouche de la loi*), que jamais poderia moderar a força ou o rigor da lei, incumbido, tão somente, de dizer o direito contido no texto da lei, sem a possibilidade de exercer qualquer tipo de interpretação ou de valoração. No entanto, Pontes de Miranda explica que o princípio de que o juiz está sujeito ou adstrito direta e unicamente à lei é algo como *"um guia, um roteiro, ou itinerário, que muito serve, porém não sempre, aos viajantes*[154]*"*. Ou, como preferiu Rui Portanova, leis são como *"setas indicadoras do caminho justo"*, mas não constituem um fim em si mesmo, tampouco o caminho propriamente dito[155].

E é exatamente nesse ponto que entra a função criativa do juiz, pois, se inexistisse ou não pudéssemos identificar esta criatividade jurisdicional, os chamados *hard cases* (ou seja, aqueles casos em que ainda não há precedente sobre o tema, devendo o magistrado interpretar a norma e conjecturar, pela primeira vez sobre o assunto, diante do caso concreto que se apresenta) não poderiam ser resolvidos. Inclusive, é justamente porque

---

[154] PONTES DE MIRANDA, Francisco Cavalcanti. Tratado da Ação Rescisória. 2ª ed. atualizado por Vilson Rodrigues Alves. Campinas: Bookseller, 2003, p. 275-276. Explica o autor: "Se o conteúdo fosse o de impor a "letra" legal, e só ela, aos fatos, a função judicial não corresponderia àquilo para que foi criada: realizar o direito objetivo, apaziguar. Seria a perfeição, em matéria de braço mecânico do legislador, braço sem cabeça, sem inteligência, sem discernimento; mais: anti-social e como a lei e a jurisdição servem à sociedade absurda. Além disso, violaria, eventualmente, todos os processos de adaptação da própria vida social, porque só a eles fosse a Ética, fosse a Ciência, fosse a Religião, fosse a Arte, respeitaria, se coincidissem com o papel escrito. As regras extralegais (no sentido de não escritas nos textos), com fixidez e inequivocidade, são direito, ao passo que não o é a regra legal, a que a interpretação fez dizer outra coisa, ou substituiu, ou lhe decretou inconstitucionalidade ou ilegalidade. Pouco importa, ou nada importa, que a letra seja clara, que a lei seja clara: a lei pode ser clara, e obscuro o direito que, diante dela, se deve aplicar. Porque lei é roteiro, itinerário, guia. Toda regra jurídica – de qualquer procedência que seja, tida como convicção jurídica e, na prática (trata-se de doutrina, ou de decisão judicial), realizável, de preferência a outras que a excluiriam, ou modificariam, é Direito".

[155] PORTANOVA, Rui. *Motivações ideológicas da sentença*. 5ª ed. Porto Alegre: Livraria do Advogado, 2003, p. 123.

o Judiciário tem o dever de solucionar todo e qualquer caso que a ele se apresente, incluindo os "casos difíceis", que tem o poder/dever da criatividade judicial concreta. Desta forma, além de interpretar a norma, para depois aplicá-la no caso concreto, a criatividade jurisdicional serve, acima de tudo, justamente para a garantia de efetividade do direito e, em especial, para se evitar o *"non liquet"*.

Ainda, segundo os ensinamentos de Plauto Faraco de Azevedo, o juiz não pode trabalhar engessado pela letra fria da lei, tampouco deve ser considerado como um *"mero autômato aplicador do direito positivo"*[156]. O magistrado, ao exercer a tarefa que lhe é exigida, ou seja, a de fazer justiça, precisa buscar o melhor critério de razoabilidade para conciliar o texto legal, a norma, a intenção do legislador, a realidade social, histórica e econômica de seu tempo e o caso concreto. Ou melhor, nas palavras de Eduardo Juan Couture, em seus "Mandamentos do advogado", aconselha os jovens advogados, especificamente no mandamento quarto, informando que *"o seu dever é lutar pelo Direito; porém, quando encontrar o Direito em conflito com a Justiça, lute pela Justiça"*[157]. Piero Calamandrei, ao tratar da função do magistrado, chega a dizer que *"o juiz é o direito feito homem. Só desse homem posso esperar, na vida prática, aquela tutela que em abstrato a lei me promete"*[158].

Neste mesmo sentido, o juiz da United States Court of Appeals, Richard Posner, em sua obra intitulada *How Judges Think*, fez referência a nove teorias sobre o comportamento judicial, enumerando-as da seguinte forma: *"the attitudinal, the strategic, the sociological, the psychological, the economic, the organizational, the pragmatic, the phenomenological, and, of course, what i am calling the legal theory"*[159].

Evidente que os juízes, imperfeitos e seres humanos que são, também estão sujeitos à falibilidade inerente à condição humana, bem como à influência de diversos fatores externos, de origem sociais, sociológicos,

---

[156] AZEVEDO, Plauto Faraco de. *Do Poder Criativo do Juiz*. In. Aplicação do direito e contexto social. 2ªa ed., 2ª tir. São Paulo: Editora Revista dos Tribunais, 2000, p. 01.

[157] COUTURE, Eduardo Juan. *Os Mandamentos do Advogado*. 3ª ed., Porto Alegre: Sergio Antonio Fabris Editor, 1987, p.10 e s.

[158] CALAMANDREI, Piero. *Eles, Os Juízes, Vistos Por Um Advogado*. Tradução de Paolo Barile. São Paulo: Martins Fontes, 2000, p. 11.

[159] Tradução livre: "A atitude, o estratégico, o sociológico, o psicológico, o econômico, o organizacional, o pragmático, o fenomenológico, e, claro, o que eu chamo de teoria legal". POSNER, Richard. *How Judges Think*. Massachusetts, London, England: Harvard University Press Cambridge, 2009, p. 19.

psicológicos, econômicos, políticos, dentre tantos outros, capazes de interferir na convicção do magistrado e, por certo, no próprio julgamento que proferirem. De fato, a legitimidade da decisão judicial não está única e diretamente adstrita, tão somente, ao entendimento apresentado pelo magistrado, ou ao seu convencimento em relação às questões de fato e direito relativos ao caso concreto, mas também (e especialmente) à devida racional e justificada fundamentação de sua decisão, no intuito de convencimento das partes integrantes da relação jurídica processual, bem como da própria sociedade, de que bem exerceu o seu poder de criação.

Rui Portanova, ainda, ensina que *"criando ao jurisdicionar, o juiz nem de longe se torna legislador"*, isto, porque, ao exercer sua função criativa jurisdicional, o juiz está *"criando o direito no caso concreto"*, em demanda individual, dentro de um processo *"proposta pela parte interessada"*, esperando uma resposta do judiciário, não se tratando, portanto, de uma criação legislativa, mas tão somente de criação judicial[160]. E, não obstante, como todo e qualquer entendimento, que reflete uma decisão judicial, também estão propensas às evoluções sociais e de superação com o passar do tempo, como ocorre, por exemplo, nos casos de *overruling* e a necessidade de reinterpretação dos precedentes judiciais[161].

Relembremos, novamente, os ensinamentos de Eduardo Juan Couture[162], já citados anteriormente, mas que merecem uma revisitação neste momento, afirmando que uma das maiores dificuldades para os juízes é a necessidade (ou obrigatoriedade) de ter que escolher *"um homem que possui atribuição, ou missão, quase divina de julgar seus pares, incapazes de abandonar suas paixões, suas dores e seus impulsos do homem"*. Para o processualista uruguaio, *"estar no mesmo tempo como juiz e homem constitui um dilema dramático, mas a maravilha é que o juiz pode fazer tudo pela justiça e não pode fazer nada por si mesmo"*.

Ainda, J.J. Calmon de Passos, magistralmente, afirmou:

---

[160] PORTANOVA, Rui. *Motivações ideológicas da sentença...* op. cit., p. 132.
[161] Sobre os precedentes, que serão estudados no capítulo oportuno, verificar: MARINONI, Luiz Guilherme. *Precedentes obrigatórios*. 4ª ed. rev., atual., e ampl. São Paulo: Editora Revista dos Tribunais, 2016; STRECK, Lênio Luiz e ABBOUD, Georges. *O que é isto – O precedente judicial e as súmulas vinculantes*. 3ª ed. rev. atual. de acordo com o novo CPC. Porto Alegre: Livraria do Advogado, 2015; TUCCI, José Rogério Cruz e. *Precedente judicial como fonte do Direito*. São Paulo: Revista dos Tribunais, 2004; GERHARDT, Michael J. The multiple functions of precedentes. In. *The power of precedente*, Oxford: Oxford University, 2008.
[162] COUTURE, Eduardo Juan. *Estudios de derecho procesal civil*, t. I, p. 147.

Costumo afirmar que nada é mais significativo para diagnosticar o grau de saúde pública de um povo do que fazer uma análise realística do papel que nela desempenha a magistratura. E só este fato de ser o magistrado o referencial básico para isso já diz tudo sobre a importância do Judiciário, mas por igual sobre sua imensa responsabilidade. Daí não podermos nem devermos ser injustos ou displicentes no julgar aqueles que nos julgam[163].

A propósito, muito bem colocadas as lições de Luís Roberto Barroso, ao ditar que,

embora a atividade do intérprete jamais possa ser qualificada como mecânica – pois a ele cabe dar o toque de humanidade que liga o texto à vida real –, a aplicação de uma regra normalmente não envolverá um processo de racionalização mais sofisticado. Se ocorre o fato previsto em abstrato, produz-se o efeito concreto prescrito[164].

Demonstrando certo cuidado com a extensão da força criativa do julgador, Mauro Capelletti explica que,

de fato, o reconhecimento de que é intrínseco em todo ato de interpretação certo grau de criatividade – ou, o que vem a dar no mesmo, de um elemento de discricionariedade e assim de escolha –, não deve ser confundido com a afirmação de 'total liberdade' do intérprete. Discricionariedade não quer dizer necessariamente arbitrariedade, e o juiz, embora inevitavelmente criador do direito, não é necessariamente um criador completamente livre de vínculos. Na verdade, todo o sistema jurídico civilizado procurou estabelecer e aplicar certos 'limites à liberdade judicial', tanto 'processuais', quanto 'substanciais'[165].

A função (ou atividade) do magistrado de julgar, portanto, deve ser devidamente pautada nos critérios objetivos e subjetivos, presentes na norma

---

[163] PASSOS, J. J. Calmon de. *O magistrado, protagonistas do processo judicia?* in: MEDINA, José Miguel Garcia. CRUZ, Luana Pedrosa de Figueiredo. CERQUEIRA, Luís Otávio Sequeira de. GOMES JÚNIOR, Luiz Manoel. *Os poderes do juiz e o controle das decisões judiciais.* São Paulo: Revista dos Tribunais, 2008. p. 218-223.

[164] BARROSO, Luís Roberto; BARCELLOS, Ana Paula. *O Começo da história. A nova interpretação constitucional e papel dos princípios no direito Brasileiro.* In: Luís Roberto Barroso (COORD). A nova interpretação Constitucional. Ponderação, Direitos Fundamentais e relações privadas. São Paulo: Renovar, 2003, p. 341.

[165] CAPPELLETTI, Mauro. *Juízes legisladores?* Porto Alegre: Sérgio Antonio Fabris Editor, 1992, p. 23-24.

jurídica e nas experiências naturais, sociais, dentre outras, suficientes para justificar os motivos explicitados pelo juiz em sua decisão judicial. Tanto é que o próprio processo civil, doravante no art. 375 do CPC/2015, possibilitou ao juiz, no momento de julgamento e de interpretação dos fatos apresentados ao seu julgamento, aplicar as chamadas *"regras de experiência comum"*, subministradas pela observação do que ordinariamente acontece e, ainda, as *"regras de experiência técnica"*, ressalvado, quanto a estas, o exame pericial.

Ou, em outras palavras, há a necessidade de se verificarem as distinções entre a *razão explicativa* e a *razão justificadora* abordada pelo magistrado, conforme a proposta apresentada por Manuel Atienza[166]. Explica o autor que a chamada de *razão explicativa*, ou *"o contexto da descoberta" (context of discovery)*, diz respeito aos motivos da decisão, ou aos *"argumentos ajurídicos"* utilizados pelo julgador, assim entendidos como aqueles encontrados fora do universo ou do contexto do Direito, como, por exemplo, os motivos de origens morais, sociais, religiosos ou econômicos. Por seu turno, as chamadas de *razões justificadoras* ou objetivas, ou ainda os *"contextos da justificação" (context of justification)*, por sua vez, referem-se aos efetivos fundamentos jurídicos utilizados para uma decisão, assim sendo as exigências impostas aos julgadores pelo Estado Democrático de Direito. Nas palavras de Carlos Santiago Nino:

As razões explicativas se identificam com os motivos. Elas se compõem de estados mentais que são antecedentes causais de certas ações. O caso central de razão explicativa ou de motivo é dado por uma combinação de crenças e desejos [...]. As razões justificadoras ou objetivas não servem para entender por que se realizou uma ação ou eventualmente para prever a execução de uma ação, e sim para avaliá-la, para determinar se ela foi boa ou má segundo diferentes pontos de vista[167].

Portanto, a despeito da diferenciação mais aprofundada a respeito no próximo capítulo, necessário distinguir que os *motivos* apresentados em uma decisão judicial devem ser aqueles baseados em elementos de fato e de direito, presentes na legislação e no próprio

---

[166] ATIENZA, Manuel. *As razões do direito: teorias da argumentação jurídica*. São Paulo Landy: Editora, 2006, os. 20-23.
[167] NINO, Carlos Santiago. *A validade do direito*. Buenos Aires: Astrea, 1985, p. 126.

processo, bem como de dados ou cargas subjetivas, de naturezas sociais, psicológicas e ideológicas, da experiência ordinária que se espera de um julgador e contidas na sua própria convicção, sempre justificadas; já os *fundamentos* por ele invocados são relacionados aos raciocínios argumentativos empregados, necessários e suficientes para a justificação da decisão judicial, e decorrentes do próprio dever constitucional de fundamentação.

SEGUNDA PARTE –
ANÁLISE ESTRUTURAL DAS DECISÕES JUDICIAIS

Capítulo 3 - A Decisão Judicial e os Fatores Legitimantes da Prestação Jurisdicional

3.1. Princípios Processuais e Constitucionais Relacionados às Decisões Judiciais

A despeito de todo o estudo efetuado, apenas a título de considerações gerais, o estudo, nesse momento, será pautado na importância de identificação dos princípios constitucionais e processuais que norteiam o dever de motivação das decisões judiciais e a atividade do magistrado, por constituírem as fontes basilares para qualquer ramo do direito, principalmente do direito processual civil, influindo tanto em sua formação como em sua aplicação.

Especialmente no direito processual civil, os princípios estão presentes, tanto no momento de sua formação, quanto, fundamentalmente, no de aplicação e interpretação de suas normas. Toda forma de conhecimento filosófico ou científico implica a existência de princípios. Em sua lição, De Plácido e Silva, estudioso dos vocábulos jurídicos, ensina que *"os princípios são o conjunto de regras ou preceitos que se fixam para servir de norma a toda espécie de ação jurídica, traçando a conduta a ser tida em uma operação jurídica"*[168].

Miguel Reale, por sua vez, caracteriza os princípios como certos *"enunciados lógicos admitidos como condição ou base de validade das demais asserções que*

---

[168] SILVA, De Plácido e. *Vocabulário Jurídico*. 3ª ed. Rio de Janeiro, Forense, 1991.

compõem dado campo do saber"[169]. De igual maneira, em lição lapidar, Celso Antônio Bandeira de Mello explicou a importância de observação e respeito aos princípios:

Princípio é, por definição, mandamento nuclear de um sistema, verdadeiro alicerce dele, dispositivo fundamental que se irradia sobre sua exata compreensão e inteligência exatamente por definir a lógica e a racionalidade do sistema normativo, no que lhe confere a tônica e lhe dá sentido harmônico (...) Violar um princípio é muito mais grave do que transgredir uma norma qualquer. A desatenção ao princípio implica ofensa não apenas a um específico mandamento obrigatório, mas a todo o sistema de comandos. É a mais grave forma de ilegalidade ou inconstitucionalidade, conforme o escalão do princípio atingido, porque representam insurgência contra todo o sistema, subversão de seus valores fundamentais, contumélia irremissível a seu arcabouço lógico e corrosão de sua estrutura[170].

Assim, além de todo estudo a respeito da normatividade dos princípios e de sua incidência no ordenamento jurídico, entendemos que os princípios são, portanto, elementos fundamentais de toda cultura jurídica humana, atuando como pressupostos lógicos e necessários das diversas normas, seja jurídica ou de iniciativa legislativa.

Visto a grande importância de um princípio no sistema jurídico, pode-se concluir que o magistrado, ao ferir a aplicação ou interpretação de uma norma, diretamente estará ferindo um princípio basilar, norteador daquele sistema, existente e inerente à sua própria essência.

Assim, analisando as definições trazidas acima, bem como toda a exposição anteriormente explanada, concluímos que os princípios são os pontos básicos, que servem para a elaboração, aplicação e interpretação do direito, do ordenamento jurídico e do próprio processo civil.

---

[169] REALE, Miguel. *Lições Preliminares de Direito*. 19ª ed. São Paulo: Saraiva, 1991.
[170] MELLO, Celso Antônio Bandeira de. *Elementos de Direito Administrativo*. São Paulo: Editora Revista dos Tribunais, 1991, p. 230.

3.1.1. Princípio do Devido Processo Legal

O devido processo legal é um dos mais importantes princípios constitucionais aplicados ao direito processual civil. É direito fundamental previsto pelo artigo 5º, inciso LIV, da Constituição Federal, no qual determina que *"ninguém será privado da liberdade ou de seus bens sem o devido processo legal"*, com decorrência no próprio artigo 5º, inciso LV, da Constituição Federal. O ordenamento jurídico constitucional, prestando serviço ao postulado da proporcionalidade, ajusta-se à cláusula que consagra, em sua dimensão material, o princípio do *"substantive due process of law"*, cláusula tutelar, tendente a inibir os efeitos prejudiciais decorrentes do abuso do Estado de Direito.

Em breve síntese, sua origem remonta ao Direito Inglês, mais especificamente no ano de 1215, durante o reinado de *John*, chamado de João *"Sem-Terra"* (que ficou assim conhecido devido ao fato de não ter herdado nenhuma propriedade após a morte de seu pai, Henrique II, da dinastia dos Plantagenetas), cujo reinado usurpou de seu irmão Ricardo I de Inglaterra, conhecido como Ricardo *"Coração de Leão"*, que morreu em virtude de um ferimento de flecha recebido durante uma batalha. Desta forma, *"João Sem-Terra"*, ao assumir a coroa, passou a exigir tributos elevados a seus súditos e determinando outras imposições decorrentes de sua tirania. Os barões, inconformados com a situação imposta, insurgiram-se contra o reinado do tirano, e o Rei viu-se obrigado a concordar com o apelo social e apôs seu selo real nos termos de declaração de direitos, apresentada pelos próprios barões, ficando conhecida como a Magna Carta (*Great Charter*).

Por esse documento, o Rei João *"Sem Terra"* respeitou e observou os direitos, franquias e imunidades fundamentais que ali foram outorgados, entra elas, consagrando o *due process of law* ou *law of the land*, como era conhecida na época. Foi a primeira evidência, de modo inequívoco, de que nenhuma pessoa estaria acima da lei, de que *"nenhum homem livre seria detido à prisão, ou privado de seus direitos ou bens, ou declarado fora da lei, ou exilado, ou reduzido em seu status de qualquer forma, nem procederemos, nem mandaremos proceder contra ele, senão mediante um julgamento legal pelos seus pares ou pelo costume da terra"*[171].

---

[171] Tradução livre da cláusula 39 da Magna Carta de 1.215: '*Nullus liber homo capiatur, vel imprisonetur, aut disseisiatur, aut utlagetur, aut exuletur, aut aliquo modo destruatur, nec super eum ibimus,*

Assim, constitucionalmente, o devido processo legal é classificado pela doutrina tradicional como norma de cláusula geral, composta por termos vagos ou indeterminados, tanto na interpretação da previsão constitucional, quanto em relação às suas consequências. Apesar de prevista constitucionalmente no artigo 5º, inciso XXXV, da Constituição Federal, essa cláusula geral não se esgota apenas nesse preceito, mas, sim, em vários outros *"subprincípios"*, responsáveis pela tutela não apenas dos direitos das partes no processo, senão, da própria Jurisdição.

O princípio analisado está inserido no contexto constitucional mais amplo das garantias do processo civil, de aplicação obrigatória, principalmente mediante normas processuais justas, que proporcionem maior equidade do próprio processo, garantindo ao cidadão o exercício do direito de acesso ao Judiciário, como o desenvolvimento processual de acordo com as normas previamente estabelecidas.

Existem duas modalidades de devido processo legal: o *"substantive due process"* e o *"procedural due process"*. O devido processo legal substancial diz respeito à prestação jurisdicional efetiva e justa, ou seja, visando à justiça no caso concreto, emergindo os princípios da razoabilidade e da proporcionalidade como vieses necessários. Por outro lado, o devido processo legal procedimental refere-se à maneira pela qual a lei, o regulamento, o ato administrativo, ou a ordem judicial são executados, bem como pelo procedimento empregado por aqueles que estão incumbidos de sua aplicação e interpretação.

Segundo Cintra, Grinover e Dinamarco: *"O devido processo legal, como princípio constitucional, significa o conjunto de garantias de ordem constitucional, que de um lado asseguram às partes o exercício de suas faculdades e poderes de natureza processual e, de outro, legitimam a própria função jurisdicional"*[172].

Portanto, o devido processo legal consiste no vetor mais importante a ser observado pelos aplicadores do direito, principalmente por ser princípio constitucional regente de todo o sistema processual, bem como por abranger outros princípios implicitamente, como a isonomia, o juiz natural, a inafastabilidade da jurisdição, do contraditório, da proibição de prova ilícita, da publicidade dos atos processuais, do duplo grau de jurisdição e da motivação das decisões judiciais[173].

nec super eum mittemus, nisi per legale judicium parium suorum vel per legem terre'.
[172] CINTRA, GRINOVER e DINAMARCO, *Teoria geral do processo*, op. cit. p. 125.
[173] In TUCCI, Rogério Lauria. *Constituição de 1988 e Processo*. São Paulo: Saraiva, 1989.

3.1.2. Princípio da Inafastabilidade do Controle Jurisdicional

Existe na doutrina certa divergência quanto à denominação da inafastabilidade da jurisdição, tendo alguns doutrinadores definido como o próprio direito de ação, enquanto outros a consideram como o princípio de acesso à justiça. O princípio da inafastabilidade da jurisdição está situado na Constituição Federal, artigo 5º, inciso XXXV, no qual determina que *"a lei não excluirá da apreciação do Poder Judiciário lesão ou ameaça a direito"*.

Nelson Nery Junior leciona que o comando constitucional atinge a todos, em que pese o destinatário principal da norma seja o legislador, não podendo impedir que o jurisdicionado vá a juízo deduzir a sua pretensão[174]. O que se pretende proteger e garantir, na verdade, é a necessária tutela estatal aos conflitos ocorrentes na vida em sociedade, ou seja, a garantia ao direito de ação.

O princípio da inafastabilidade da jurisdição, segundo Manuel Antônio Teixeira Filho, possui *"profundas raízes históricas e representa uma espécie de contrapartida estatal ao veto à realização, pelos indivíduos, de justiça por suas próprias mãos; mais do que isso, ela é uma pilastra de sustentação do Estado de Direito"*[175].

O direito de ação, assim definido como o direito público subjetivo, exercido pelo jurisdicionado e efetivado por intermédio do processo, sempre é dirigido ao Estado-juiz, que não pode se recusar a prestar a tutela jurisdicional. No entanto, em contrapartida, também não está obrigado a decidir em favor do autor, devendo o magistrado analisar e aplicar o direito a cada caso que lhe for apresentado. Assim, constitui dever do juiz fazer atuar a jurisdição de tal modo que a sua omissão configura causas de responsabilidade judicial.

Portanto, a inafastabilidade da jurisdição condiz com o próprio direito à invocação pelo particular da tutela jurisdicional, preconizada e garantida pela Constituição Federal, efetivando-se pelo reconhecimento, pela satisfação ou pela asseguração do direito subjetivo violado ou ameaçado de lesão.

---

[174] NERY JUNIOR, Nelson. *Princípios do Processo Civil na Constituição Federal*. 8ª ed. São Paulo, 2004.
[175] TEIXEIRA FILHO, Manuel Antonio. *A Sentença no Processo do Trabalho*. 2ª ed. São Paulo: LTr, 1996.

3.1.3. Princípio da Motivação das Decisões Judiciais

Seguindo o entendimento apresentado anteriormente, para preservar a imparcialidade e garantir o contraditório, o julgador deve motivar as suas decisões, atuando nos moldes da Constituição Federal, na qual determina em seu artigo 93, inciso IX, que todas as decisões deverão ser motivadas, sob pena de nulidade absoluta.

A exigência explica-se como forma de garantir às partes o conhecimento das razões que levaram o julgador a decidir de determinada forma. Com isso, também se garante a possibilidade de a parte recorrer e mostrar a insubsistência dos argumentos apresentados pelo magistrado. Parte da doutrina sustenta ser a motivação de extrema importância também para o magistrado demonstrar que conheceu da lide, permitindo um controle, pelas próprias partes e pela sociedade, da função jurisdicional.

Cássio Scarpinella Bueno assegura que a garantia constitucional de motivação *"é claramente uma decorrência inafastável do modelo político do Estado Brasileiro, Democrático e de Direito"*[176]. Continua o autor, informando que a ideia de motivação se relaciona intimamente com a da *publicidade* da atuação Estatal, pressupondo que as decisões sejam públicas, acessíveis ao público em geral e, mais diretamente, às partes e seus advogados.

À luz do tema em estudo, para possibilitar a realização de provas de ofício, é extremamente necessário ao julgador, sob pena de nulidade, a devida fundamentação de sua decisão, justificando os motivos que o levaram à atuação de determinada maneira, a ponto de possibilitar eventuais defesas ou controles por parte dos interessados.

Portanto, decisões não fundamentadas, além de atentar contra o próprio Estado Democrático de Direito, contradizem com o próprio sistema constitucional do processo civil, no sentido de proibir decisões *"implícitas"*, isto é, a resolução de questões que não sejam identificadas como tais, porque expressamente enfrentadas e acolhidas ou rejeitadas à luz de fundamentação *suficiente*[177].

---

[176] BUENO, Cassio Scarpinella. *Curso Sistematizado...* op cit. p. 134.
[177] BUENO, Cassio Scarpinella. *Curso Sistematizado...* op. cit. p. 134-135.

3.1.4. Princípio da Imparcialidade

O presente princípio encontra-se expresso no art. 10 da Declaração Universal dos Direitos Humanos, especificando: "Toda a pessoa tem direito, em plena igualdade, a que a sua causa seja equitativa e publicamente julgada por um tribunal independente e imparcial que decida dos seus direitos e obrigações ou das razões de qualquer acusação em matéria penal que contra ela seja deduzida".

No entanto, o princípio ora em análise não encontra previsão expressa na Constituição Federal de 1988, no entanto a doutrina o compreende como uma decorrência lógica do Princípio do Juiz Natural e podendo ser vinculado às próprias garantias da magistratura (vitaliciedade, inamovibilidade e irredutibilidade de vencimentos)[178].

Segundo nos informam José Maria Tesheiner e Rennan Faria Krüger Thamay, *"trata-se de princípio fundamental (quem há de propugnar por juízes parciais?), a ponto de se pode definir a própria jurisdição como intervenção de um terceiro imparcial, em relação interpessoal alheia, a pedido de uma das partes"*[179].

Assim, o artigo 95 da Constituição Federal, que trata das garantias e vedações estabelecidas aos magistrados, segundo a doutrina, é o que mais se aproxima da imparcialidade do juiz. Nesse sentido, é o entendimento de Candido Rangel Dinamarco[180]: *"A Constituição não dedica palavras à garantia da imparcialidade do juiz, mas contém uma série de dispositivos destinados a assegurar que todas as causas postas em juízo – cíveis, trabalhistas e criminais – sejam conduzidas e processadas por juízes imparciais"*.

A doutrina processualista contemporânea, fortemente influenciada pela racionalidade que impera desde a criação do Estado moderno e concebida como a garantia de que o juiz não possua vínculo com as partes ou com o objeto em litígio, seguiu trabalhando o conceito de jurisdição sob o pilar estreito da imparcialidade. Tendo em mente que o princípio da imparcialidade constitui pressuposto de validade subjetivo do juiz, é importante consignar que também constitui direito das partes serem julgadas por um juiz equidistante do processo, ou seja, que não possua interesses outros no

---

[178] Nesse sentido: TESHEINER, José Maria; e THAMAY, Rennan Faria Kruger. *Teoria Geral...* op. cit. p. 67.
[179] TESHEINER, José Maria, e THAMAY, Rennan Faria Kruger. *Teoria Geral...* op. cit. p. 68.
[180] DINAMARCO. *Instituições de Direito Processual Civil – vol. I*. 6ª ed. São Paulo: Malheiros Editores, 2009.

resultado da causa. Sendo assim, Jurisdição e imparcialidade são figuras inseparáveis sobre o ponto de vista de regular cumprimento de sua atividade jurisdicional.

Exemplificando, podemos analisar aquilo que os doutrinadores, não adeptos do conceito de iniciativa probatória, sustentando e fundamentando no princípio da imparcialidade a impossibilidade de determinar provas de ofício pelo magistrado. Asseveram que a figura de um Juiz ativo vai de encontro à imparcialidade, ou seja, estaria atuando *"em favor de uma das partes"*. Todavia, tal entendimento se encontra superado, principalmente pela doutrina contemporânea, uma vez que, ao determinar a produção de uma prova de ofício, o magistrado não possui a certeza necessária para afirmar qual parte será beneficiada pelo seu resultado.

Ressalta-se que, de igual maneira, caso o juiz verifique a necessidade de determinar a produção de determinada prova, que não foi produzida em momento oportuno, sendo ela estritamente necessária para a formação de seu convencimento, a não determinação de ofício também violaria o princípio da imparcialidade, tendo em vista que tal princípio não está adstrito apenas ao comportamento ativo do julgador, mas também à atitude omissa. Nessa mesma linha de raciocínio, o doutrinador Barbosa Moreira leciona o seguinte:

Não me parece que a nossa legislação processual deixe de ministrar ao juiz os instrumentos de que precisa para conduzir bem o processo, inclusive em matéria de instrução probatória do juiz como algo que se realize em substituição àquilo que outrem deveria realizar. Não; ao juiz incumbe precipuamente julgar. Que é julgar? Julgar é aplicar a norma ao fato. Então, é preciso que o juiz conheça tanto a norma quanto o fato. Isto será dentro da sua função precípua. Ele não está fazendo as vezes de ninguém quando procura inteirar-se melhor dos acontecimentos que deram origem ao litígio – é claro, respeitados os limites que lhe são postos pelo pedido do autor e pela sua respectiva causa. Peço licença para sublinhar que isso nada compromete a imparcialidade do juiz. Quando o juiz determina a realização de uma prova, ele simplesmente não sabe que resultado vai obter; essa prova tanto poderá beneficiar uma das partes como a outra; e até diria – se considerarmos que essa atitude do juiz implica parcialidade – que a omissão em determinar a prova também implicará parcialidade, porque se a prova não for feita, dessa falta de prova igualmente resultará benefício para alguém, de modo que estaríamos colocando o juiz na desconfortalíssima posição de ter de ser sempre parcial, que atue, que não atue. Eu prefiro ser parcial atuando, a ser parcial omitindo-me[181].

No Código de Processo Civil de 2015, a imparcialidade do magistrado veio estampada no art. 166, demonstrando que sua aplicação, além da relação com o Poder Judiciário, também deve ser observada pela mediação e conciliação, determinando: *"a conciliação e a mediação são informadas pelos princípios da independência, da imparcialidade, da autonomia da vontade, da confidencialidade, da oralidade, da informalidade e da decisão informada"*.

O julgador, portanto, para a busca da verdade processual, deve procurar desarraigar todos os formalismos excessivos que poderiam acarretar em uma situação de injustiça, imparcialidade, sem relação ou comprometimento com a causa, impedindo a busca pela finalidade maior do processo. Assim, o processo somente será efetivo quando atingido seus objetivos primordiais.

3.1.5. Princípio do Dispositivo

O princípio dispositivo consiste na regra de que o juiz depende, na instrução da causa, da iniciativa das partes quanto às provas e às alegações em que se fundamentará a decisão. Pelo princípio dispositivo, é vedado ao juiz a possibilidade de determinar a produção de provas *ex officio*, tendo as partes o poder exclusivo de alegação e de levar ao processo as provas que acharem pertinentes.

Alguns aforismos surgem da expressão do princípio dispositivo, tais como *ne procedat iudex ex officio* e *ne eat iudex ultra petita partium*. Diante desses requisitos, há, pois, uma dupla vinculação do juiz aos fatos alegados, impedindo decidir a causa com base em fatos que as partes não hajam afirmado e o obriga a considerar a situação de fato afirmada por todas as partes como verdadeiras.

O artigo 2º do CPC/2015 determina que o processo começará por iniciativa das partes, mas desenvolver-se-á por impulso oficial. Desta forma, nenhum juiz prestará a tutela jurisdicional senão quando a parte ou o inte-

---

[181] MOREIRA, José Carlos Barbosa. *Os poderes do juiz*, in Marinoni, Luiz Guilherme. *O Processo Civil Contemporâneo*. Curitiba: Juruá, 1994.

ressado a requer, nos casos e formas legais, expressão atual do brocardo romano *ne procedat iudex ex officio*. As partes determinam e fixam o objeto do processo, não podendo o juiz decidir fora, além ou aquém do pedido. Portanto, às partes cabe alegar os fatos; ao magistrado, julgar.

Contudo, muitos desdobramentos surgem a partir da manifestação dessas premissas. De início, nota-se que o juiz está vinculado às alegações de fato apresentado pelas partes, pois os limites da controvérsia estão estabelecidos, devendo o julgador adstringir-se ao pedido, vedado o julgamento *ultra, extra ou citra petita*.

O artigo 141 do Código de Processo Civil de 2015 consigna que o juiz decidirá o mérito do litígio nos limites em que foi proposta, sendo-lhe defeso conhecer de questões não suscitadas, a cujo respeito a lei exige a iniciativa das partes. Continua no mesmo Estatuto Processual, em seu artigo 371, determinando que o juiz apreciará livremente a prova, atendendo aos fatos e às circunstâncias constantes dos autos, ainda que não alegados pelas partes, indicando em sua decisão judicial as razões da formação de seu convencimento.

Pode-se dizer que na nova sistemática do direito processual brasileiro vigora o princípio do dispositivo, como regra, ou como princípio diretivo, contudo, sujeito a limitações ou sujeições sensíveis pelo próprio ordenamento, como outorgar ao juiz a faculdade de iniciativa probatória. Referido abrandamento emerge com a própria publicização do processo, retirando do princípio dispositivo a liberdade das partes de limitar a atuação do juiz em relação à matéria de provas, possibilitando, no artigo 370 e parágrafo único, do Código de Processo Civil de 2015, a determinação de provas necessárias à instrução do processo.

3.1.6. Princípio da Igualdade Processual

O princípio da Isonomia vem especificado na Constituição Federal em seu artigo 3º, inciso IV, e no *"caput"* do artigo 5º, preceituando um dos mais importantes princípios e direitos fundamentais conferidos aos cidadãos. No campo processual, o princípio assume importante papel a ser observado e respeitado pelo juiz. A redação do artigo 139, inciso I, do Código de Processo Civil determina ser um dever do julgador a direção do processo, observando a prática e a preservação da igualdade de tratamento entre as partes.

De igual maneira, a novidade trazida pelo art. 7º assegura às partes a *paridade de tratamento* em relação ao exercício de direitos e faculdades, a ser observada pelo magistrado dentro do processo, bem como respeitando aos meios de defesa, aos ônus, aos deveres e, até mesmo, à aplicação de sanções processuais, competindo zelar pelo efetivo contraditório. Contudo, o referido princípio não tem o condão de eliminar todas as desigualdades existentes entre as partes da relação processual, uma vez que a igualdade absoluta é um conceito abstrato, distanciada do ideal de igualdade desejada por todos.

Na verdade, a busca pela igualdade deve se pautar na chamada *"igualdade social"*, desejável e resultante de uma decisão judicial justa, por meio de uma atividade probatória ponderada do magistrado. A igualdade, traçada à luz da Constituição Federal, não possibilita tratar os iguais de forma desiguais e, por sua vez, os desiguais de forma igual. Neste contexto, segundo o ilustre e renomado jurista Rui Barbosa, em seu famoso discurso conhecido como *Oração aos Moços*:

> A regra da igualdade não consiste senão em aquinhoar desigualmente aos desiguais, na medida em que se desigualam. Nesta desigualdade social, proporcionada à desigualdade natural, é que se acha a verdadeira lei da igualdade (...) Tratar com desigualdade a iguais, ou a desiguais com igualdade, seria desigualdade flagrante, e não igualdade real[182].

Na aplicação da lei, o julgador deve observar a aplicação do princípio da igualdade, não apenas para oferecer oportunidades equivalentes às partes, mas também para colocá-las em situação de equilíbrio, de paridade. Cássio Scarpinella Bueno ressaltou que a prática da isonomia não se limita à conduta do juiz na direção do processo, mas também no *"julgar a causa"*, no qual o processo justo *"é aquele feito segundo legítimos parâmetros legais e constitucionais e que ao fim produza resultados exteriores justos"*[183].

---

[182] Rui Barbosa, em seu discurso para paraninfar os formandos da turma de 1920 da Faculdade de Direito do Largo de São Francisco, em São Paulo. Intitulado de *Oração aos Moços*.

[183] BUENO, Cássio Scarpinella. *Curso Sistematizado de Direito Processual Civil, vol. II*, São Paulo: Editora Saraiva, 2ªed., 2008, pag. 229.

DINAMARCO. *Princípio do Contraditório*, in *Fundamentos do Processo Civil Moderno*, São Paulo, Ed. Rev. dos Tribunais, 1986, p. 93.

Barbosa Moreira desdobra em três aspectos o problema da igualdade no processo: *"igualdade de riscos, igualdade de oportunidades e igualdade de tratamento"*. Sobre o primeiro aspecto, o nobre doutrinador assenta que: *"A credibilidade do processo como instrumento de solução de conflitos depende essencialmente de sua capacidade para oferecer aos respectivos titulares uma perspectiva de equanimidade. É indispensável, antes de tudo, que ambos os litigantes possam nutrir alguma esperança de vencer; e, mais ainda, que possam confiar na vantagem prática da vitória. A igualdade se traduz aqui em igualdade de riscos"*.

Continua a respeito do aspecto a *igualdade de oportunidades*, lecionando consistir em atribuir a ambas as partes o poder de influenciarem igualmente na marcha e no resultado do processo. *"Há de se assegurar a ambas as partes o poder de influir igualmente na marcha e no resultado do pleito. Por último, ambas devem ter as mesmas possibilidades de atuar e, também, ficar sujeitas às mesmas limitações"*.

Por fim, quanto à *igualdade de tratamento*, o mestre processualista carioca derradeiramente define como a necessidade de não se permitir que a adequação do procedimento fique sujeita ao livre arbítrio do juiz, mas que se ajuste ao modelo instituído legalmente para os processos em geral. Segundo o autor, *uma dose razoável de formalismo é necessária como condição do justo equilíbrio entre o poder do órgão judicial e os direitos das partes, e também da uniforme aplicação do direito material*[184]. Tema de difícil e relevante discussão no processo civil é a busca ou a efetivação da *igualdade substancial*, dadas as condições de desigualdade econômica que ocorre entre as partes ao se defrontarem em um litígio. O papel das partes no processo é fundamental para que o magistrado possa proferir uma decisão justa, contudo a efetivação da *igualdade formal* de oportunidades não significa automaticamente em igualdade de condições à parte economicamente mais fraca.

Conforme estabelece Ada Pellegrini Grinover, *"cabe ao Estado suprir as desigualdades para transformá-las em igualdade reais*[185]*"*. Assim, embora não caiba ao magistrado dirimir o problema das desigualdades de natureza econômica e social, cabe-lhe, sobretudo, empenhar-se para reduzir os reflexos na esfera processual. Para tanto, pode o juiz se utilizar de sua capacidade de iniciativa probatória para determinar, por exemplo, a produção

---

[184] MOREIRA, Barbosa. *A Igualdade das Partes no Processo Civil*, in *Temas de Direito Processual Civil, Quarta Série*, 1994, pag. 67 e ss.

[185] GRINOVER, Ada Pellegrini. *Novas Tendências do Direito Processual*. São Paulo: Fundação Universitária, 1990, p. 6, nº 5.

daquelas que sejam relevantes ao esclarecimento da causa e para a busca da efetiva verdade, de modo a suprir a deficiência econômica de uma parte, em detrimento da outra, colaborando primordialmente à justa decisão do litígio e à efetiva igualdade de substância entre os litigantes na relação processual, sempre ressalvando a necessidade de indicação em sua decisão judicial das razões utilizadas para a formação de seu convencimento.

3.1.7. Princípio do Contraditório

Princípio de status constitucional, previsto no artigo 5º, inciso LV, por meio do qual a atual Constituição Federal explicitou a necessidade de observância de sua incidência em todos os processos, judicial ou administrativo. Cândido Rangel Dinamarco, ao analisar a aplicação do princípio, citando o doutrinador italiano Giuseppe La China, afirmou que significa *"de um lado, a necessária informação dos atos do processo às partes e, de outro, a possível reação destas aos atos desfavoráveis"*[186]. Continua o nobre doutrinador: *"É preciso então, neste momento, definir em que consiste o princípio do contraditório. Entre nós, é bastante conhecida a conceituação dada pelo Professor Joaquim Canuto Mendes de Almeida, do princípio do contraditório como sendo a expressão da ciência bilateral dos atos e termos do processo e possibilidade de contrariá-los. Essa conceituação do Professor Canuto parece-me que cobre todo o campo e abrange todo o conteúdo da garantia do contraditório"*[187].

Eduardo Couture, de igual maneira, indica-nos o caminho, afirmando que *"o direito de defesa em juízo se afigura como um direito paralelo à ação manipulada pelo autor"*. Pode-se dizer, com isso, que o contraditório, sob o viés contrário, seria uma verdadeira ação proposta pelo réu, em que *"o autor pede justiça reclamando algo contra o demandado e este pede justiça solicitando a repulsa da demanda"*[188].

É graças à observância de tal princípio que o processo se desenvolve de forma dialética, por meio da qual cada uma das partes tem a oportunidade de se manifestar sobre os argumentos da outra. Isso impede que o magis-

---

[186] DINAMARCO, Cândido Rangel. *Fundamentos do Processo Civil Moderno*. São Paulo: Revista dos Tribunais, 1986, p. 93.
[187] DINAMARCO, Cândido Rangel. *Fundamentos...* op. cit. p. 93.
[188] COUTURE, Eduardo Juan. *Fundamento del Derecho Procesal Civil*, ed. 1974, n. 55, p. 91, citado por THEODORO, Humberto, in. *Curso de Direito Processual Civil*, Rio de Janeiro: Forense, 1985, p. 402.

trado decida de acordo apenas com as informações apresentadas por uma das partes, sem antes possibilitar o pronunciamento da outra a respeito da matéria a ser apreciada. Em matéria de provas, a dialética do contraditório possibilita ao magistrado o encontro com a verdade real, principalmente em razão do confronto de argumentos embatidos pelas partes.

Barbosa Moreira ressaltou a importância do contraditório, em especial, com relação à produção de provas, apontando três exigências do princípio a ser observado pelo juiz em matéria probatória: a concessão de *igualdade de oportunidade* a ambas as partes para pleitear a produção de provas; *ausência de disparidade* de critérios no deferimento ou indeferimento das provas pelo órgão judicial; *igualdade de possibilidade para ambas as partes* de participarem dos atos probatórios e de pronunciarem-se sobre os seus resultados[189].

Assim, a presença do contraditório torna-se indispensável para a própria existência do processo, ou seja, sem o efetivo contraditório, não há propriamente processo, mas tão somente *mero procedimento*. Ainda, somente por meio do contraditório se garante, não apenas a existência do processo, mas também a justiça necessária para a justa decisão judicial, de mérito (final) ou interlocutória (incidental), como aquelas que deferem ou indeferem a produção de provas, relevando as alegações apresentadas pelas partes durante toda a instrução, possibilitando, enfim, a preparação da convicção do magistrado para decidir.

O Código de Processo Civil de 2015 deu atenção especial ao princípio do contraditório, ressaltando a intenção de implementar o chamado *contraditório participativo*, reservando alguns artigos para a sua abordagem de diferentes formas, destacando em seu art. 7º a chamada de paridade de tratamento às partes, em relação ao exercício de direito e faculdades processuais, aos meios de defesa, aos ônus, aos deveres e à aplicação de sanções processuais, competindo ao juiz zelar pelo efetivo contraditório.

Da mesma forma, em seu art. 9º, consagrou a proibição da decisão surpresa, no entanto refletindo o contraditório em sua perspectiva mais básica, isto é, tão somente no direito de ser ouvido[190]. Determina que *"não se proferirá decisão contra uma das partes sem que ela seja previamente ouvida"*.

---

[189] MOREIRA, Barbosa. *A Garantia do Contraditório na Atividade de Instrução*, in *Revista de Processo*, nº 35, p. 232 e segs.

[190] Segundo José Miguel Garcia Medina, *"a garantia do contraditório, no entanto, é mais ampla, e compreende também o direito de ter suas manifestações levadas em consideração. Veda-se, nesse contexto, a prolação de decisões com surpresa para as partes, disso tratando o art. 10 do NCPC. Os arts. 9º e 10 do*

Em algumas situações, todavia, o direito processual civil permite o chamado contraditório mitigado, ou seja, algumas circunstâncias excepcionais em que o contraditório será postergado para outro momento posterior à efetivação do ato, a fim de que não se frustre a plena realização da tutela jurisdicional. Pondera-se que o contraditório jamais será desconsiderado, mas, sim, diferido, como nos casos do art. 9º, parágrafo único, quando se tratar de tutela provisória de urgência (inciso I) às hipóteses de tutela da evidência previstas no art. 311, incisos II e III (inciso II); e, por fim, à decisão prevista no art. 701 (inciso III).

Complementando o dispositivo anterior, o art. 10 estabeleceu que *"o juiz não pode decidir, em grau algum de jurisdição, com base em fundamento a respeito do qual não se tenha dado às partes oportunidade de se manifestar, ainda que se trate de matéria sobre a qual deva decidir de ofício"*. Trata-se da máxima expressão daquilo que ficou conhecido pelos italianos como *"terza via"*, ou a *"sorpresa"*[191].

Em síntese, o efetivo contraditório consiste, portanto, em verdadeira garantia conferida pela Constituição Federal, reforçada pelo direito processual civil, propiciando o direito de participação das partes no processo, bem como à exigência de participação do juiz para a efetiva prestação da tutela jurisdicional, com o nascimento da dialética entre as partes e o magistrado, inclusive evitando a prolação das decisões surpresas, sem a manifestação efetiva dos legítimos interessados na relação jurídica processual.

3.2. A Decisão Judicial e a Técnica Processual: uma Análise da Estrutura do Processo

Conforme apresentado alhures, o estudo do processo se desenvolve por intermédio de uma estrutura ou de elementos fundamentais (ou, ainda, de uma *trilogia estrutural do processo*), considerados como as grandes categorias das normas de direito processual civil – jurisdição, ação e processo. Desta forma, quando se fala na existência de um processo em concreto,

---

CPC/2015 devem ser lidos em conjunto, e compreendidos à luz dos demais princípios a que nos referimos no art. 2º do CPC/2015". MEDINA, José Miguel Garcia. *Novo Código de Processo Civil Comentado*: com remissões e notas comparativas ao CPC/73. 3ª ed., São Paulo: RT, 2015, p. 60.

[191] MARCO GRADI. *Il principio del contraddittorio e le questioni rilevabili d'ufficio*. In. RePro, vol. 186, São Paulo: RT, p. 109; e *Il principio del contraddittorio e la nullità delle sentenze della "terza via"*. In. *Rivista di diritto processuale*, Padova: CEDAM, n. 4/2010 N. 4/2010.

ou seja, que já esteja em tramitação, presume-se pela formação da relação jurídica processual (ao menos autor e juiz), pela qual as partes exercem o seu legítimo direito de ação (no caso do autor, ou até mesmo do exercício da defesa, pelo réu), tendo, de outro lado, o juiz, no exercício pleno de suas funções jurisdicionais (*ação-jurisdição*).

Tudo no processo, portanto, gira em torno de um objetivo principal: a prolação de uma sentença, solucionando a lide, concedendo efetivamente a prestação da tutela jurisdicional, assim considerada como a *"expressão máxima e final do exercício da função jurisdicional"*[192]. Desse modo, somente por intermédio da motivação da sentença é que se pode falar em efetivo exercício e observação à jurisdição, pois não estaria o juiz desrespeitando a ação (demanda e defesa, quando exercidos), observando os legítimos impostos, sendo que somente com a sentença é que se pode falar em pacificação dos conflitos sociais, conferindo o bem da vida a quem de direito. Portanto, somente com apresentação de uma decisão razoável, pública e fundamentada é que poderia falar em efetiva prestação da atividade jurisdicional por parte do Estado, após a sua provocação pelo direito de ação.

Assentadas as premissas iniciais a respeito das garantias da motivação, bem como dos princípios processuais e constitucionais ligados à fundamentação das decisões judiciais, cabe agora delinear a *estrutura* da motivação, reconhecendo a necessidade de formação e um *modelo* normativo de *decisão judicial fundamentada*, até porque, conforme determinação da própria Constituição Federal (art. 93, IX), a sua ausência acarreta na aplicação da sanção de nulidade.

Neste aspecto, para a identificação da estrutura da motivação, impõe-se uma abordagem teórica e prescritiva, pretendendo estabelecer os parâmetros a respeito do que *deve ser* a motivação e, como consequência, delinear um modelo de fundamentação que possa atender, ainda que de forma mais completa e ampla, ao sentido da exigência constitucional. Essencial ressaltar, em linhas gerais, a diferenciação daquilo que a motivação é ou *pode ser*, que, nas palavras de Michelle Taruffo, abre-se espaço para divagações que conduziriam a considerá-la unicamente como um conceito portador de conteúdos diversos e, por vezes, indeterminados[193], com aquilo que ela efetivamente *deve ser*, segundo os parâmetros técnicos contidos no pró-

---

[192] DINAMARCO, Candido Rangel. *Instituições...* Op. cit. p. 294.
[193] TARUFFO, Michelle. *La motivazione della sentence civile*. Padova: CEDAM, 1975, p. 7-8.

prio ordenamento jurídico, até porque os temas estão (ou deveriam estar) estruturalmente programados pela própria lei[194].

No entanto, necessário destacar, como ponto de partida, que as regras processuais contidas em nosso ordenamento jurídico pátrio pouco esclarecem a respeito da estrutura da motivação, ou seja, enquanto o mandamento constitucional determina que todas as decisões serão fundamentadas, sob pena de nulidade (art. 93, IX, da CF), na legislação infraconstitucional correspondem apenas a singelas *prescrições* no Código de Processo Civil de 2015, em apenas alguns dispositivos, como, por exemplo, o art. 489, § 1º, II, que estabelece serem requisitos ou elementos essenciais da sentença os *fundamentos,* em que o juiz analisará as *"questões de fato e de direito",* além da referência trazida no art. 371, no qual o juiz apreciará as provas constantes dos autos, exigindo o legislador a indicação das *razões* (ou motivos) da formação de seu convencimento.

Na verdade, essa *"ausência"* ou *"insuficiência"* de determinações prescritivas (ou cominativas, no caso pelas legislações) infraconstitucionais, também podem ser verificadas diante de impropriedades terminológicas e conceituais, consistentes na aparente tentativa de reduzir a motivação a uma simples indicação dos motivos na decisão, que levaram o magistrado ao seu convencimento.

Por essa razão, ensina Riccardo Guastini, a propósito, que a distinção entre a linguagem descritiva e linguagem prescritiva existente na norma reside num ponto de vista *pragmático,* isto é, em razão de sua simples *prescritividade* que advém dos atos de fala dos magistrados[195]. Daí a importância do estudo seguinte, a respeito da estrutura da sentença, por intermédio do estudo de seus requisitos essenciais, em especial da necessidade de fundamentação da sentença, explicitando todas as questões de fato e direito que levaram o julgador a decidir da forma adequada, segundo seu entendimento e convicção, após a aplicação de técnicas ou atitudes valorativas e normativas.

---

[194] AMODIO, Ennio. *Motivazione dela sentença penale.* In *Enciclopédia del diritto.* Milano: Giuffre, 1977, p. 206 e 217.
[195] GUASTINI, Riccardo. *Das fontes às normas.* Tradução de Edson Bini. São Paulo: Quartier Latin, 2005, p. 51-52.

3.2.1. Modalidades de Decisões Judiciais e os Requisitos Estruturantes Essenciais da Sentença

Importante iniciar o estudo da fundamentação das decisões judiciais analisando a definição e a natureza jurídica dos atos de provimentos do juiz. Conforme determina o art. 203 do Código de Processo Civil[196], os pronunciamentos do juiz consistirão em sentenças, decisões interlocutórias e despachos. Nesse sentido, os despachos são meros atos de provimentos sem qualquer conteúdo decisório, portanto, não interessando o estudo aprofundado a respeito do tema.

As decisões interlocutórias, por seu turno, são aqueles atos processuais proferidos pelo juiz que efetivamente possui cunho decisório, ou seja, que decide a respeito das postulações alegadas pelas partes, causando a modificação ou a extinção de direitos das partes, mas fazendo prosseguir regularmente o processo, sem colocar fim a qualquer fase cognitiva ou de execução do processo (art. 203, § 2º, do CPC/2015).

Por fim, as sentenças são os pronunciamentos por meio dos quais o juiz, com fundamento nos arts. 485[197] e 487[198], põe fim à fase cognitiva do procedimento comum, bem como extingue a execução (art. 203, §1º, do

---

[196] Art. 203. Os pronunciamentos do juiz consistirão em sentenças, decisões interlocutórias e despachos.
§ 1º Ressalvadas as disposições expressas dos procedimentos especiais, sentença é o pronunciamento por meio do qual o juiz, com fundamento nos arts. 485 e 487, põe fim à fase cognitiva do procedimento comum, bem como extingue a execução.
§ 2º Decisão interlocutória é todo pronunciamento judicial de natureza decisória que não se enquadre no § 1o.
§ 3º São despachos todos os demais pronunciamentos do juiz praticados no processo, de ofício ou a requerimento da parte.
[197] Art. 485. O juiz não resolverá o mérito quando: I - indeferir a petição inicial; II - o processo ficar parado durante mais de 1 (um) ano por negligência das partes; III - por não promover os atos e as diligências que lhe incumbir, o autor abandonar a causa por mais de 30 (trinta) dias; IV - verificar a ausência de pressupostos de constituição e de desenvolvimento válido e regular do processo; V - reconhecer a existência de perempção, de litispendência ou de coisa julgada; VI - verificar ausência de legitimidade ou de interesse processual; VII - acolher a alegação de existência de convenção de arbitragem ou quando o juízo arbitral reconhecer sua competência; VIII - homologar a desistência da ação; IX - em caso de morte da parte, a ação for considerada intransmissível por disposição legal; e X - nos demais casos prescritos neste Código.
[198] Art. 487. Haverá resolução de mérito quando o juiz: I - acolher ou rejeitar o pedido formulado na ação ou na reconvenção; II - decidir, de ofício ou a requerimento, sobre a ocorrência

CPC/2015), porquanto a sentença é o ato processual pelo qual o juiz efetiva a prestação definitiva da tutela jurisdicional.

A sentença pode ser cindida, com fundamento no art. 489 do Código de Processo Civil[199], em três elementos essenciais e constituintes, quais sejam: o *relatório*, que conterá os nomes das partes, a suma do pedido e da resposta do réu, bem como o registro das principais ocorrências havidas no andamento do processo; os *fundamentos* (ou a *motivação*), em que o juiz analisará as questões de fato e de direito, e o *dispositivo*, em que o juiz resolverá as questões que as partes lhe submeterem. Sobre a análise de tais elementos, importante mencionar os seguintes esclarecimentos apresentados por Candido Rangel Dinamarco, citando os ensinamentos de Enrico Tulio Liebman[200]:

> *É do conhecimento comum, que* Liebmam ressalta e enfatiza para o bom entendimento do tema, que só no decisum se formulam preceitos destinados a produzir efeitos sobre a vida dos litigantes ou sobre o processo mesmo, o que se dá (a) quando o mérito é julgado e, assim, o interesse de uma das partes é atendido e o da outra, sacrificado e (b) quando o juiz, rejeitando preliminares, declara que o mérito está em condições de ser julgado e passa efetivamente a julgá-lo. Só no decisório se contêm atos imperativos do juiz, a serem impostos aos litigantes na medida do conteúdo de cada um deles; como se costuma dizer, é no decisório que reside a parte preceptiva da sentença. Na motivação, em que o juiz resolve questões de fato ou de direito, residem somente os pressupostos lógicos em que se apoia o decisório, mas sem autonomia, eles próprios, para projetar efeitos sobre a vida do processo ou das pessoas; [...]. Quando o juiz se declara convencido de que certo fato ocorreu ou deixou de ocorrer, ou quando

---

de decadência ou prescrição; III - homologar: a) o reconhecimento da procedência do pedido formulado na ação ou na reconvenção; b) a transação;
c) a renúncia à pretensão formulada na ação ou na reconvenção.

[199] Art. 489. São elementos essenciais da sentença: I - o relatório, que conterá os nomes das partes, a identificação do caso, com a suma do pedido e da contestação, e o registro das principais ocorrências havidas no andamento do processo; II - os fundamentos, em que o juiz analisará as questões de fato e de direito; III - o dispositivo, em que o juiz resolverá as questões principais que as partes lhe submeterem.

[200] Lições apresentadas pelo nobre processualista em: LIEBMAN, Enrico Tullio. *Parte ou 'Capo' di Sentenza*. In. Rivista di Diritto Processale, 1964.

opta por uma interpretação de dado texto legal, repudiando outra, ou ainda quando afirma ou nega que os fatos relevantes para o julgamento sejam regidos pela norma jurídica invocada etc., ele nada mais faz do que plantar os pilares lógicos sobre os quais assentará em seguida os preceitos concretos a serem formulados no decisório. Toda a imperatividade da sentença está no decisório e não na motivação [...][201].

Do ponto de vista lógico, a sentença corresponde, segundo grande parte da doutrina especializada, a um silogismo lógico, em que a premissa maior constitui a previsão normativa; a premissa menor são os fatos, e a conclusão é o resultado da operação realizada pelo juiz, mediante a subsunção dos fatos à regra legal. A conclusão é, precisamente, a criação da norma individual concreta que, a partir daí, será a lei reguladora do caso decidido.

As sentenças, seguindo tal entendimento, podem ser processuais (terminativas – art. 485, do CPC/2015) ou de mérito (definitivas[202] - art. 487,

---

[201] DINAMARCO, Cândido Rangel. *Capítulos de sentença*. 4ª ed. São Paulo: Malheiros, 2009, p. 16-17.

[202] Neste sentido, explica James Goldshmidt: *"Dicemmo che la sentenza è um atto dello Stato, ossia del giudice, suo organo, nell'esecizio della funzione giurisdicionale"*. ROCCO, Alfredo. *La sentenza civile*. Milano: Giuffrè, 1962, p. 28. "Las sentencias se dividen en definitivas e incidentales. Aquéllas (§ 300) finalizan el proceso, total o parcialmente, en una instancia. En el segundo caso reciben el nombre de sentencias parciales, que son las definitivas (improcedentes en asuntos matrimoniales) que recaen sobre una parte cuantitativa del pedimento de la demanda, concretamente determinada y susceptible de ser juzgada separadamente; o sobre una de las acciones ejercitadas en una demanda con diversas peticiones (no solamente eventuales) o sobre la demanda o la reconvención, separadamente (§ 301). En cambio, no tiene este carácter, sino simplemente el de, definitiva, la sentencia que ha de dictarse en caso de que uno de los procesos acumulados por orden j judicial (§ 147) esté antes que los demás en condiciones de ser resuelto (§ 300, II). Son sentencias incidentales aquellas que resuelven una cuestión accesoria (§ 303), es decir, una cuestión de cuya resolución depende la continuación del procedimiento (§ 366, I; cfs. También los §§ 347, II, y 461, I); así, por ej., sobre el deber de exhibir un documento, o sobre la admisibilidad de un acto de postulación (por ej., sobre admisibilidad de la demanda, es decir, sobre los presupuestos de la sentencia de fondo y sobre los impedimentos procesales, así como también sobre las «excepciones dilatorias» reguladas en el § 275, sobre la admisibilidad de modificaciones en la demanda, de la oposición de la reposición en el estado anterior, de un recurso, de una proposición de pruebas, y aun de la revocación de una confesión) y sobre la reanudación de un procedimiento interrumpido. Además de estas sentencias incidentales sobre cuestiones de esta índole entre las partes, las hay por cuestiones de éstas con terceros, así, por ej., sobre la petición de que se rechace una

do CPC/2015), sendo a primeira considerada como o ato processual pelo qual o juiz extingue o processo sem o exame do mérito. Esse seria o caso de extinção pela ocorrência de algum motivo de crise no processo, a impedir a análise aprofundada do mérito ou a correção pela parte a permitir o prosseguimento da ação, enquanto que a segunda (definitiva de mérito) é o ato pelo qual o juiz resolve (total ou parcialmente – art. 356, do CPC/2015[203]) o mérito da ação, decidindo efetivamente o direito tutelado.

Apresentados os conceitos e os conteúdos da sentença, resta agora delimitar, em linhas gerais, qual seria a sua natureza jurídica, assim considerando a sentença como o ato decisório do juiz, que coloca fim a uma fase cognitiva do processo. Importante observar que, para Alfredo Rocco, a sentença é um ato de inteligência prática pelo julgador, por meio de elementos de operação lógica, silogismos ou *"atos de operação lógica"*. Prossegue o nobre jurista salientando que *"o juiz, pois, não expressa nesta operação uma vontade própria, mas apenas expressa o seu próprio juízo sobre a vontade do legislador no caso concreto*[204]*"*.

Em linha oposta, Enrico Tulio Liebman, defende, inicialmente, que a sentença é um *ato de vontade* do juiz, no entanto, no decorrer de sua exposição, considera ser a sentença, ao mesmo tempo, um ato de vontade conciliado com ato de inteligência do magistrado. Continua ensinando que *"com efeito, o juiz não se limita a verificar quais consequências decorrem de acordo com a lei dos fatos que se provaram no processo como verdadeiros; depois de conseguido esse resultado, ele julga, decide a controvérsia, isto é, ordena, determina que tenham lugar essas consequências. A sentença tem, assim, o efeito de um imperativo,*

---

intervención adhesiva (§ 71), o sobre la petición elevada para que se condene a un abogado a devolver un documento que le ha sido entregado (§ 135) y sobre la procedencia jurídica de la denegación de un testimonio o dictamen pericial (§§ 387 y 402)". GOLDSCHMIDT, James. *Derecho procesal civil*. Trad. Leonardo Prieto Castro, apud TESHEINER, José Maria, e THAMAY, Rennan Faria Kruger. *Teoria Geral...* op. cit., p. 68.

[203] Art. 356. O juiz decidirá parcialmente o mérito quando um ou mais dos pedidos formulados ou parcela deles: I mostrar-se incontroverso; II - estiver em condições de imediato julgamento, nos termos do art. 355.

[204] *"El juez, pues, no expresa en esta operación una voluntad propia, sino que manifiesta simplemente su propio juicio sobre la voluntad del órgano legislativo en el caso concreto"*. Continua o autor afirmando que *"El Estado ha afirmado ya su voluntad en el ejercicio de la función legislativa; no tiene necesidad de afirmala una segunda vez en el ejercicio de la facultad jurisdiccional. La sentencia no contiene, pues, otra voluntad que la de la ley traducida em forma concreta por obra del juez"*. ROCCO, Alfredo. *La sentencia civil. La interpretación de las leyes procesales*. Trad. Mariano Ovejo. Buenos Aires: El Foro, 2003, p. 60/61.

de um comando que deve ser obedecido e cumprido, e é justamente isto que se quer dizer ao falar de um 'ato de vontade[205]*'".*

Todavia, além de analisar que a sentença é ato de inteligência ou ato de vontade, ou até mesmo de ambos, coadunando aqui com o posicionamento expressado por Liebman, forçoso concluir que, em um contexto puramente objetivo, a sentença tem natureza de *norma jurídica individualizada*, na medida em que o juiz decide uma incerteza jurídica entre os sujeitos em conflito em determinado caso concreto.

No desenrolar processual, em especial de toda atividade decisória do juiz realizada no processo, a sentença é, sem sombra de dúvidas, o ato mais importante, por ser o momento de exteriorização efetiva da prestação da tutela jurisdicional às partes. Passando ao estudo dos elementos estruturais da sentença, preconiza o art. 489, do CPC/2015, que é no relatório que o juiz descreve o caso que está sendo submetido à apreciação jurisdicional, delimitando, por intermédio de uma síntese da demanda, o pedido e a causa de pedir propostas pelo autor, bem como os fundamentos de defesa, importante medida para a aplicação do princípio da congruência, da correlação ou da adstrição, conforme estudado no tópico anterior.

O dispositivo da sentença é o momento em que o juiz resolve o caso concreto, é a parte conclusiva da sentença, na qual o magistrado sintetiza a sua decisão, acolhendo ou rejeitando, no todo ou em parte, declarando objetivamente de quem é o direito e atribuindo o bem da vida a uma das partes litigantes.

Por fim, e o que nos interessa ao estudo em comento, a fundamentação (na qual o juiz apresenta as suas motivações) é a parte decisória da sentença na qual o juiz demonstra suas justificativas a respeito das questões de fato controvertidas, evidenciando suas conclusões em função das alegações apresentadas pelas partes e das provas produzidas, bem como com relação às matérias de direito incidentes no caso concreto, envolvendo todas as técnicas de hermenêutica jurídica, em torno dos temas discutidos em

---

[205] Explica o doutrinador que *"não há dúvida de que o juiz deve fazer esse trabalho de pesquisa de verdade e investigação da regra de direito que se aplica ao caso e que, assim, uma grande parte de sua atividade no processo tem natureza puramente lógica. Contudo, parece mais exata a opinião daqueles que sustentam que a sentença representa ao mesmo tempo ato de inteligência e também da vontade do juiz: é ato da inteligência que se conclui com um ato da vontade"*. LIEBMAN, Enrico Tulio. *Decisão e coisa julgada*, in Revista Forense, vol. CIX, ano XLIV, fascículo 523, janeiro, Rio de Janeiro. 1947, p. 336.

juízo, justificando, assim, todas as questões (fáticas e jurídicas) à resolução ofertada ao caso concreto.

Parafraseando as ideias de Alfredo Rocco, é certamente na sentença que o Estado, por intermédio de seu órgão investido de jurisdição, aplica a norma legal, bem como, eventualmente, as demais formas de expressão do direito, ao caso concreto, declarando qual tutela jurisdicional será conferida a determinado interesse proposto em juízo, de acordo com as determinações propostas pelo ordenamento jurídico[206].

Na verdade, a exposição dos fundamentos utilizados no *decisum* assume respeitável condição com relação à racionalização da valoração dos elementos de convicção previstos pelo julgador, na medida em que *"a liberdade de tal exame não exclua, mas, na verdade, até imponha que este seja adequadamente justificado*[207]*"*. Por certo, justamente por se tratar de atividade de intelecto do intérprete e aplicador da norma, a discricionariedade ou liberdade do magistrado no momento de sentenciar encontra limitação no próprio princípio constitucional da motivação, pois é por intermédio dele que se consubstancia a estrutura lógica do ato decisório[208]. Válido e oportuno relembrar os ensinamentos de Giuseppe Chiovenda:

> O raciocínio sobre os fatos é obra de inteligência do juiz, necessária como meio de preparar a formulação da vontade da lei (...) O juiz, portanto, enquanto razoa, não representa o Estado; representa-o enquanto lhe afirma a vontade. A sentença é unicamente a afirmação ou a negação de uma vontade do Estado que garanta a alguém um bem da vida no caso concreto; e só a isto se pode estender a autoridade do julgado (...)[209].

Assim, buscando um entendimento das funções de conotação endoprocessual, imperioso concluir que o problema da justificação do dever de motivar as decisões judiciais se enquadraria no rol dos direitos fundamentais, em especial no sentido de imprimir efetividade aos provimentos

---

[206] ROCCO, Alfredo. *La Sentença...* op. cit., p. 27-28.
[207] TARUFFO, Michelle. *La motivazione dela sentenza civile*. Padova: Cedam, 1975, p. 444.
[208] TUCCI, Rogério Lauria. *Sentença – I*, ESD 68/6, 1977.
[209] CHIOVENDA, Giuseppe. *Instituições de Direito Processual Civil* Vol. II. 2ª ed. trad. por Guimarães Menegale, São Paulo: Saraiva, p. 371-372.

judiciais, garantindo o direito de defesa, de contraditório, bem como da imparcialidade e independência do magistrado.

3.2.2. As Decisões Judiciais, a Instrução Processual e os Poderes Instrutórios do Juiz: Reflexos do Contraditório e da Ampla Defesa na Decisão Judicial

Após o estudo inicial sobre os princípios constitucionais aplicados no processo civil, resta, neste momento do estudo, analisar a influência dos princípios do contraditório e da ampla defesa, em especial com as disposições do Código de Processo Civil de 2015, ressaltando o poder de manifestação das partes no processo e a proibição de o magistrado proferir aquilo que se chama de *"decisão surpresa"*.

Conforme anteriormente apresentado, os arts. 9º e 10, do CPC/2015, instituíram essa nova sistemática a respeito do contraditório obrigatório, impedindo e obstando o magistrado de proferir qualquer decisão judicial, contra uma das partes, sem que ela seja previamente ouvida. Ademais, tampouco poderá decidir o juiz, em grau algum de jurisdição, com base em fundamento a respeito do qual não se tenha dado às partes oportunidade de se manifestar, ainda que se trate de matéria sobre a qual deva decidir de ofício.

Excetuam-se a essa regras as questões relativas à concessão da tutela provisória de urgência; às hipóteses de tutela da evidência previstas no art. 311, incisos II e III (quando as alegações de fato puderem ser comprovadas apenas documentalmente e houver tese firmada em julgamento de casos repetitivos ou em súmula vinculante; ou quando se tratar de pedido reipersecutório fundado em prova documental adequada do contrato de depósito, caso em que será decretada a ordem de entrega do objeto custodiado, sob cominação de multa), e à decisão prevista no art. 701 (sendo evidente o direito do autor, o juiz deferirá a expedição de mandado de pagamento, de entrega de coisa ou para execução de obrigação de fazer ou de não fazer, concedendo ao réu prazo de 15 dias para o cumprimento e o pagamento de honorários advocatícios de cinco por cento do valor atribuído à causa).

De fato, em não sendo um dos casos acima analisados, que evidentemente caberá ao magistrado decidir sem a necessidade de manifestação imediata da parte contrária, cujo contraditório será efetivamente realizado, no entanto em momento posterior, oportuno e adequado para tanto (também chamado de *contraditório diferido*), não será legítimo ao julgador proferir qualquer decisão sem que antes seja oportunizado às partes o direito de manifestação sobre o fundamento ao qual não tenham as partes ainda se manifestado, com o intuito lógico de não surpreender aquele que se sentir prejudicado pela decisão proferida.

Tais disposições representam o reconhecimento positivado daquilo que sempre foi efetivamente respeitado, como nas palavras de Fazzalari, consistente na participação dos interessados no processo *"em pé de simétrica igualdade"*, analisando que *"ao longo de todo arco do processo, com adequados poderes, nos quais se articula a inviolabilidade do direito de defesa"* estabelecendo entre os litigantes um circuito de discurso e arrazoamento, vigiado pelas próprias partes e pelo juiz[210]. A necessidade de motivar as decisões surge justamente para proporcionar às partes o direito de defesa, acompanhando a cada etapa do processo as razões de julgar e analisar do magistrado (por intermédio da motivação das decisões interlocutórias), com a possibilidade de reação da parte eventualmente prejudicada.

Em suma, a motivação correlata intimamente ligada ao contraditório proporciona às partes a oportunidade de influenciar a decisão do magistrado em grau de igualdade, bem como verificar de que modo essa influência será exercida, valendo-se de todos os instrumentos fornecidos pelo ordenamento jurídico para o exercício idôneo de suas razões, posteriormente verificadas por ocasião da sentença proferida e das razões de decidir utilizadas pelo próprio julgador.

Ainda, ao se falar de contraditório e ampla defesa, por certo, uma das grandes discussões que sempre acaloraram a doutrina pátria é aquela a respeito do momento oportuno e adequado para a devida inversão do ônus probatório, em razão da necessidade de ser realizada pelo magistrado, mediante decisão fundamentada, sob pena de violação do referido princípio da *não surpresa à parte prejudicada*. Por tempos essa tormentosa questão foi debatida pela doutrina e, em especial, pela jurisprudência dos Tribunais pátrios, dispersando-se a matéria em duas correntes principais: uma, tratando o momento de inversão do ônus da prova como efetiva *técnica de julgamento*, da qual são adeptos João Batista Lopes e Nelson Nery Júnior, que ensina: *"(...) o juiz, ao receber os autos para proferir a sentença, verificando que seria o caso de inverter o ônus da prova em favor do consumidor, não poderá baixar*

---

[210] FAZZALARI, Elio. La sentenza in rapporto alla struttura e all'oggetto Del processo. In: La sentenza in Europa. Padovam: Cedam, 1988, p. 315-316.

os autos em diligência e determinar que o fornecedor faça a prova, pois o momento processual para a produção dessa prova já terá sido ultrapassado[211]".

Desta forma, para aqueles doutrinadores que assim entendem, pugnam que a regra de imposição do ônus da prova constitui técnica de julgamento, ou seja, o juiz somente decidiria pela inversão deste ônus probatório *no momento do efetivo julgamento da demanda*, após a análise das provas e informações fornecidas pelas partes, o que não implicaria, propriamente, conforme sustentam, eventual cerceamento do direito de defesa, eis que o réu, quando citado em ações envolvendo litígios amparados pelo Código de Defesa do Consumidor, já saberia, de antemão, em razão da própria previsão e determinação legal, da possibilidade de ter invertido o ônus da prova e de sua responsabilidade em provar a inexistência dos fatos constitutivos do direito do autor.

Analisa-se o anterior e já superado entendimento do E. Superior Tribunal de Justiça:

> AGRAVO REGIMENTAL. AGRAVO DE INSTRUMENTO. INVERSÃO DO ÔNUS DA PROVA EM 2º GRAU DE JURISDIÇÃO. POSSIBILIDADE. REGRA DE JULGAMENTO. 1. Essa Corte firmou o entendimento de que é plenamente possível a inversão do ônus da prova em 2º grau de jurisdição, pois se cuida de uma regra de julgamento, que não implica em cerceamento de defesa para nenhuma das partes. 2. Agravo regimental não provido. (STJ - AgRg no Ag 1028085/SP; Relator Ministro VASCO DELLA GIUSTINA (DESEMBARGADOR CONVOCADO DO TJ/RS, 3ª T., julgado em 04/02/10; publicação DJe 16/04/2010). RECURSO ESPECIAL. CONSUMIDOR. INVERSÃO DO ÔNUS DA PROVA. ART. 6º, VIII, DO CDC. REGRA DE JULGAMENTO. - A inversão do ônus da prova, prevista no Art. 6º, VIII, do Código de Defesa do Consumidor, é regra de julgamento. Ressalva do entendimento do Relator, no sentido de que tal solução não se compatibiliza com o devido processo legal. (STJ – REsp 949000/ES, Relator Ministro HUM-

---

[211] NERY JR., Nelson. Aspectos do processo civil no Código de Defesa do Consumidor, Revista de Direito do Consumidor. v.1. São Paulo: Revista dos Tribunais, p.217. Da mesma forma: STJ, REsp 949.000/ES, 3ª Turma, Ministro Humberto Gomes de Barros, DJ 23/06/08.

BERTO GOMES DE BARROS, 3ª T., julgado em 27/03/08, publicação 23/06/08).

Entretanto, em que pesem os posicionamentos apresentados, posteriores entendimentos relevantes surgiram em sentido contrário, sustentando que o momento adequado para a efetiva inversão do ônus da prova seria matéria a ser analisada antes do início da fase de *instrução probatória* e não no momento de julgamento da lide.

Desta forma, para os defensores desta técnica, há a estrita necessidade de observação do princípio processual da *"proibição da decisão surpresa"* ou *"da não surpresa"* às partes, agora positivado pelo Código de Processo Civil de 2015, corolário lógico dos princípios do devido processo legal, da ampla defesa e do contraditório, onde seria incabível a dita inversão somente na sentença, pelo que deveria acontecer em sede de *despacho saneador*, possibilitando ao réu o recurso contra ele inerente.

Assim, sustenta Fredie Didier: *"(...) deve o magistrado anunciar a inversão antes de sentenciar e em tempo do sujeito onerado se desincumbir do encargo probatório, não se justificando o posicionamento que defende a possibilidade de a inversão se dar no momento do julgamento". "(...) Reservar a inversão do ônus da prova ao momento da sentença representa uma ruptura com o sistema do devido processo legal, ofendendo a garantia do contraditório*[212]".

Depreende-se que, não obstante o entendimento de respeitável doutrina, no sentido de ser o ônus da prova técnica de julgamento, devendo o juiz adotar a inversão quando da prolação da sentença, percebe-se que, de fato, o que mais se coaduna com a nova sistemática processual civil e aos próprios princípios constitucionais da ampla defesa e do contraditório, *vedando-se a não surpresa*, é a tese defendida de ser matéria efetiva de instrução probatória, afinal, como o próprio nome diz, estamos ainda na seara do campo probatório, não sendo legítimo adotar, pois, a dita inversão em momento diferente do que a do *saneamento do processo*, momento em que o magistrado fixará os contornos e pontos controversos da lide e indicará, ou não, a necessidade de aplicação da inversão do ônus da prova ou a

---

[212] JUNIOR, Fredie Didier; BRAGA, Paula Sarno; OLIVEIRA, Rafael. Curso de Direito Processual Civil. Volume 2, 2ª ed. Bahia: Editora Podivm, 2008, p.81 e 83. No mesmo sentido: MARINONI, Luiz Guilherme. Formação da Convicção e Inversão do Ônus da Prova segundo as peculiaridades do caso concreto. Disponível em: http:// www.marinoni.adv.br. Acesso em: 10 de janeiro de 2016.

sua dinamização, conforme for o caso. Assim, confira-se a jurisprudência revisada do E. Superior Tribunal de Justiça, sustentando o momento para a inversão do ônus da prova como regra de instrução probatória:

> A Seção, por maioria, decidiu que a inversão do ônus da prova de que trata o art. 6º, VIII, do CDC, é regra de instrução, devendo a decisão judicial que determiná-la ser proferida preferencialmente na fase de saneamento do processo ou, pelo menos, assegurar à parte a quem não incumbia inicialmente o encargo a reabertura de oportunidade para manifestar-se nos autos. (STJ - EREsp 422.778-SP, Rel. originário Min. João Otávio de Noronha, Rel. para o acórdão Min. Maria Isabel Gallotti (art. 52, IV, b, do RISTJ), julgados em 29/2/2012 – Informativo 492, do STJ). Segundo o STJ, trata-se de regra de instrução, devendo a decisão judicial que determiná-la ser proferida preferencialmente na fase de saneamento do processo ou, pelo menos, assegurar à parte a quem não incumbia inicialmente o encargo a reabertura de oportunidade para manifestar-se nos autos. (STJ - EREsp 422.778-SP, 2ª Seção, Rel. originário Min. João Otávio de Noronha, Rel. para o acórdão Min. Maria Isabel Gallotti (art. 52, IV, b, do RISTJ), julgados em 29/2/2012).

Neste mesmo sentido, corroborando o posicionamento adotado e aquele apresentado pelo STJ, o art. 357, do Código de Processo Civil de 2015, que regulamenta o saneamento e a organização do processo, determina ao juiz, desde que não seja o caso de julgamento parcial do mérito, sanear o processo, delimitando as questões de fato sobre as quais recairá a atividade probatória. Ainda, deverá especificar os meios de prova admitidos e definindo, se o caso, *a distribuição do ônus da prova*, observadas as regras determinadas pelo art. 373, do CPC/2015.

Ademais, no caso da distribuição dinâmica, o próprio art. 373, § 1º, do Código de Processo Civil de 2015, determina que o juiz poderá atribuir o ônus da prova de modo diverso, desde que o faça por *decisão fundamentada*, oferecendo à parte a oportunidade de se desincumbir do ônus que lhe foi atribuído.

De fato, a regra de fundamentação exigida para a inversão ou da redistribuição do ônus da prova, associada aos princípios processuais e constitucionais da *"não surpresa"*, da igualdade de tratamento no processo, bem como do contraditório e da ampla defesa, permite o entendimento de que as partes necessitam ter o prévio conhecimento a respeito de quem será o responsável e a quem caberá efetivamente a produção de determinadas provas no processo, seja em razão de sua hipossuficiência, seja pela comprovada incapacidade econômica ou técnica, ou, ainda, pela excessiva dificuldade para a sua realização.

Ao contrário da inversão, por exemplo, quando houver convenção expressa entre as partes, na qual o juiz atuará de acordo e respeitando as vontades manifestadas nos negócios jurídicos processuais, controlando a sua validade e, desta forma, deverá utilizar o ônus delimitado pelos próprios litigantes no momento de julgamento da causa.

3.3. A Fundamentação e os Poderes de Instrução do Magistrado

Com efeito, o chamado "sistema de convencimento racional ou motivado do juiz" é aquele em que o julgador, observados os limites impostos pelo sistema jurídico, pode dar a sua própria valoração à prova, sendo dever seu o de *fundamentar e justificar os caminhos que levaram à formação de sua convicção*. No entanto, é fato que o juiz não se encontra limitado a nenhuma prefixação do valor das provas, também chamado de "hierarquia das provas", devendo fundamentar as suas decisões com base no material probatório produzido no processo.

Importante questão a respeito da fundamentação parte do estudo dos poderes de instrução do magistrado, bem como da apreciação das provas, em especial pelas mudanças trazidas pela nova legislação processual civil.

Em um primeiro momento, urge a necessidade de análise da modificação legislativa sobre a apreciação de provas pelo magistrado. Desta forma, vislumbra-se que, de acordo com a antiga redação do art. 131 da revogada legislação processual de 1973, havia a determinação no seguinte sentido: *"o juiz apreciará livremente a prova, atendendo aos fatos e circunstâncias constantes dos autos, ainda que não alegados pelas partes; mas deverá indicar, na sentença, os motivos que lhe formaram seu convencimento".*

Contudo, com a vigência do novo CPC/2015, houve a omissão do advérbio *"livremente"* constante da redação do referido artigo, estabelecendo no art. 371 que *"o juiz apreciará a prova constante dos autos, independentemente do sujeito que a tiver promovido, e indicará na decisão as razões da formação de seu convencimento".*

Evidente que a intenção maior do legislador foi excluir e afastar ao máximo eventuais subjetivismos por parte dos julgadores, capazes de influenciar as decisões judiciais, trazendo ao processo a necessária racionalidade e justificativas processuais para fundamentá-las adequadamente. Desta forma, a norma do *"convencimento motivado"* está expressa no artigo 371, do Código de Processo Civil de 2015, que institui a possibilidade de o juiz apreciar as provas apresentadas nos autos, atendendo aos fatos e às circunstâncias dos autos, ainda que não alegados pelas partes, ressaltando a exclusão do termo *"livremente"*, no intuito de demonstrar que, de fato, o juiz analisará as provas produzidas, entretanto, em observância aos limites legais impostos à sua apreciação, isto é, livre de quaisquer subjetivismos, associada com o dispositivo constitucional que exige a motivação das decisões judiciais, presente no artigo 93, inciso IX, da Constituição Federal e ressaltada pelo artigo 489, inciso II e § 1º, do Código de Processo Civil de 2015[213].

Segundo o professor Humberto Theodoro Junior, alguns aspectos devem ser considerados para a fixação do referido sistema: a) o convencimento do juiz deve ser *racional, motivado e não mais livre ou emocional*, sem encontrar respaldo no direito positivo; b) ele deve necessariamente *resultar do material colhido* nos autos do processo; c) o juiz tem o dever de *justificá-lo ao motivar* a decisão; d) em certos casos, o *valor da prova é dimensionado* pela lei e não pelo juiz[214].

Segue-se que no direito processual civil atual o juiz tem a possibilidade de valorar as provas produzidas no curso do processo para a formação de

---

[213] Art. 489. São elementos essenciais da sentença: (...) II - os fundamentos, em que o juiz analisará as questões de fato e de direito; (...) § 1º Não se considera fundamentada qualquer decisão judicial, seja ela interlocutória, sentença ou acórdão, que: I - se limitar à indicação, à reprodução ou à paráfrase de ato normativo, sem explicar sua relação com a causa ou a questão decidida; II - empregar conceitos jurídicos indeterminados, sem explicar o motivo concreto de sua incidência no caso; III - invocar motivos que se prestariam a justificar qualquer outra decisão; IV - não enfrentar todos os argumentos deduzidos no processo capazes de, em tese, infirmar a conclusão adotada pelo julgador; V - se limitar a invocar precedente ou enunciado de súmula, sem identificar seus fundamentos determinantes nem demonstrar que o caso sob julgamento se ajusta àqueles fundamentos; VI - deixar de seguir enunciado de súmula, jurisprudência ou precedente invocado pela parte, sem demonstrar a existência de distinção no caso em julgamento ou a superação do entendimento.

[214] THEODORO JUNIOR, Humberto. *Curso de direito civil*. 48ª ed. Rio de Janeiro: Forense, 2008, vol. I.

seu convencimento, mas não de forma livre como previsto na antiga sistemática processual, em razão da necessidade de indicar, na sentença ou na decisão judicial, os motivos que lhe formaram o seu convencimento.

A principiologia necessária para a valoração das provas, intimamente ligada à persuasão racional do julgador, está inegavelmente estabelecida pelo artigo 371, do Código de Processo Civil de 2015[215], complementando-se pela determinação do artigo 375, do diploma processual civil, possibilitando ao magistrado estabelecer a sua convicção por intermédio das regras de experiência comum e as regras de experiência técnica, contudo sempre motivando as suas decisões.

Todavia, a evolução do direito processual civil propiciou uma participação mais ativa e efetiva do magistrado, em especial na produção de provas, mitigando o princípio da inércia e da busca pela verdade formal, que sempre vigorou em nosso ordenamento jurídico. Pela aplicação irrestrita destes princípios, o juiz se contentava (ou deveria se contentar) exclusivamente com as provas produzidas pelas partes.

Com efeito, no direito processual civil contemporâneo, tem o julgador o poder de conduzir a instrução do processo, podendo, além de exigir determinadas provas, a possibilidade de buscá-las. Tal poder se distende em vários outros considerados como "poderes menores", tais como o de determinar eventuais provas que serão produzidas pelas partes, bem como de conduzir a sua produção e de valorar cada uma dessas provas produzidas, conforme descritos pelos artigos 370 e 371, do Código de Processo Civil de 2015. A evolução do direito processual civil propiciou o reconhecimento de uma participação ativa do magistrado, mitigando o princípio da inércia e da busca pela verdade formal, que sempre vigorou em nosso sistema processual. Pela aplicação irrestrita desses princípios, o juiz se contentava exclusivamente com as provas produzidas pelas partes.

Conforme verificado, às partes incumbe o dever de apresentar ao juiz as provas necessárias à demonstração de suas alegações, qual seja, ao autor, dos fatos constitutivos de seu direito, e, ao réu, quanto aos fatos impeditivos, modificativos e extintivos do direito do autor (art. 373, do CPC/2015). Muito se discute na doutrina a respeito da eventual possibilidade de ampliação dos poderes instrutórios do juiz, influenciada prin-

---

[215] Art. 371. O juiz apreciará a prova constante *dos autos, independentemente do sujeito que a tiver promovido, e indicará na decisão as razões da formação de seu convencimento.*

cipalmente pelo conceito do que vem a ser o *"princípio do dispositivo"* e do *"princípio da imparcialidade"*. Apenas a título de ilustração, alguns autores, como João Batista Lopes, entendem que os poderes instrutórios são limitados e apenas complementares à atividade conferida às partes, em razão da distribuição do ônus da prova. Para o autor, o juiz não deve se substituir às partes na produção das provas, além disso, ele não é e nem pode ser *"juiz instrutor"*[216]. Portanto, conclui que, se as partes forem omissas, em se tratando de direitos disponíveis, não poderia partir o juiz da iniciativa de produção de determinada prova.

Para o doutrinador, tudo se resume à regra processual de distribuição do ônus da prova e não de *"poder-dever"* do juiz em determinar a sua realização. Assim, às causas que versem sobre direitos disponíveis, os poderes instrutórios do juiz decorrem de regras processuais expressas previstas pelo Código de Processo Civil, dos quais o artigo 370 é apenas regra genérica[217]. Ademais, entendemos que, na verdade, cabe ao magistrado, como destinatário direto das provas apresentadas e produzidas nos autos, bem como responsável pelo efetivo exercício do contraditório, não apenas receber e analisar as informações fornecidas pelas partes, para efetivar a entrega da prestação jurisdicional, mas também de participar efetiva e ativamente da própria produção probatória. O juiz deve pautar-se pela busca mais próxima da verdade processual (ou judicial) possível, e para que isso se concretize é necessária a adoção de postura mais ativa na direção do processo, com a necessária inversão ou redistribuição do ônus da prova, propiciando àquele que tem as melhores condições de produzir a prova (seja econômica ou técnica) a que a realize, participando e dialogando no processo e não apenas aguardando de forma inerte e estático às manifestações das partes.

A nova sistemática de distribuição do ônus da prova vem justamente neste sentido, qual seja o de possibilitar ao juiz a análise de qual das partes terá melhores condições processuais para a produção das provas (ou de determinada prova específica), atendendo às peculiaridades da causa, bem como à eventual impossibilidade ou excessiva dificuldade de cumprir o encargo legalmente estabelecido pela regra geral do art. 373, do Código de Processo Civil de 2015. Assim, importante analisar exatamente a relação existente entre a distribuição do ônus da prova e os poderes de instru-

---

[216] LOPES, João Batista. *A prova no direito processual civil*, RT, 2000, p. 68.
[217] LOPES, João Batista. *A prova no direito processual civil*, op. cit. p. 70.

ção conferidos pela lei ao magistrado, tendo em vista que será justamente essa liberalidade conferida ao julgador que possibilitará essa redistribuição e a busca pela justa e efetiva decisão de mérito (princípio da primazia da decisão de mérito).

Ressalta-se que a regra de distribuição do ônus da prova contida no mencionado artigo 373, do Código de Processo Civil de 2015, é, de fato, considerada pela doutrina como *regra de julgamento*, supletiva à aplicação da norma disposta no artigo 370, do estatuto processual civil.

Nesse sentido, Marcus Vinicius Gonçalves, ainda sob a vigência do Código de Processo Civil de 1973, a respeito dessa concepção moderna do ônus da prova, concluiu que *"o juiz deve usar primeiro os poderes que o Código de Processo Civil, art. 130, outorga-lhe e só supletivamente, em caso de impossibilidade de apuração da verdade real, valer-se dar regras do art. 333"*[218].

Partindo dessa premissa, é unânime na doutrina a aceitação de que, em se tratando de *"direitos indisponíveis ou de matéria de ordem pública"*, o julgador poderia exercer seu amplo poder de iniciativa probatória para buscar, aí sim, a solução justa que a natureza do caso determina, como por exemplo, em matérias de direito ambiental, em questões de alimentos e outras mais que envolvam direitos difusos e coletivos.

Nesse sentido, o Código de Processo Civil de 2015, contém, ao menos implicitamente, a ideia de que, nos processos de jurisdição voluntária, geralmente envolvendo direito indisponíveis, haveria uma maior amplitude dos poderes instrutórios do juiz. A controvérsia reside, no entanto, e justamente, em matérias de direitos disponíveis, ou seja, aquelas em que o magistrado estaria invadindo esfera probatória exclusiva às partes em litígio, ou se estaria licitamente exercendo o seu poder instrutório, sem que isso acarretasse em desobediência aos princípios analisados, mais especificamente à sua imparcialidade ou na igualdade processual.

Ademais, o juiz, no processo civil, conforme sopesado e sustentado anteriormente, não deve (e não pode) se colocar de forma inerte ou omissa perante a relação processual, apenas observando e aguardando as partes atuando no processo, mas, sim, possui o "poder-dever" de operar em *estrita relação umbilical* com o processo civil publicizado, na máxima busca pela verdade e pela justa prestação jurisdicional e como participante ativo da dialética processual.

---

[218] GONÇALVES, Marcus Vinicius Rios. Op. cit.. p. 434.

Ada Pellegrini Grinover, exaltando a atuação do magistrado na busca pela *verdade*, identifica a chamada *"verdade processual ou verdade judicial"*: *"Vê-se daí que não há qualquer razão para continuar sublinhando a distinção entre 'verdade real' e 'verdade formal', entendendo a primeira própria do processo penal e a segunda típica do processo civil. O conceito de verdade, como já dito, não é ontológico ou absoluto. No processo, penal ou civil que seja, o juiz só pode buscar uma verdade processual, que nada mais é do que o estágio mais próximo possível da certeza. E para que chegue a esse estágio, deverá ser adotado de iniciativa instrutória"*[219].

Portanto, segundo a nobre jurista, a verdade processual, diferentemente da verdade formal, deriva de um sentimento de conformismo e neutralidade do juiz, atento com o dever de buscar e perseguir o estágio mais próximo de *"certeza"*, dentro dos limites legais e atendendo os meios necessários de que possui. Não se busca, pois, a análise e o aprofundamento da origem ontológica da verdade para o processo, mas, sim, apresentar a ideia de que o que se prioriza, no processo, é a efetiva busca pelas provas necessárias e suficientes para a justa e efetiva prestação jurisdicional às partes litigantes e à solução do mérito.

Destaca-se, portanto, que a *"verdade processual"*, principalmente diante de direitos indisponíveis, não é absoluta, mas é obtida pelo julgador por intermédio do exame das provas existentes nos autos. Além disso, como lecionado por José Roberto dos Santos Bedaque, aceitar no processo civil a verdade meramente formal e não a processualmente buscada é o mesmo que dizer que a ele será aplicada a *"mentira"*, tendo em vista que *"a verdade formal é sinônimo de mentira formal, pois constituem as duas faces de um mesmo fenômeno: o julgamento feito à luz de elementos insuficientes para a verificação da realidade jurídico material"*[220].

Há, portanto, considerável diferença para o processo e, principalmente, para as partes litigantes, entre unicamente o magistrado *prestar a jurisdição*, possibilitando a admissão da "verdade meramente formal" e *fazer ou buscar a efetiva justiça*, ou garantir ao cidadão a justa e efetiva *prestação da jurisdição*. Nesse caso, sem dúvidas, não há espaço para essa verdade meramente formal.

É, pois, inerente à *"justa prestação da jurisdição"* a incessante busca pela verdade ou certeza processual. Desta forma, em uma análise superficial

---

[219] GRINOVER, Ada Pellegrini. *A iniciativa instrutória do juiz no processo penal acusatório*, p. 8.
[220] BEDAQUE, José Roberto. Op. Cit. p. 17.

de alguns dispositivos da própria lei infraconstitucional, como os artigos 344 e 385, § 1º, do Código de Processo Civil de 2015[221], aparentemente se vislumbra a demonstração de que o processo civil em matéria de direitos disponíveis busca, satisfaz ou contenta-se em satisfazer, unicamente, esta verdade formal.

Contudo, e por outro lado, basta uma análise mais atenta da legislação processual e da própria sistemática (relativa à infraconstitucional, porque inequivocamente a constitucional busca a efetivação da verdade real) para que se conclua que o sistema processual moderno não impõe restrições à busca da verdade processual pelo juiz, à exceção, como se verá adiante, das próprias limitações constitucionais, como a proibição da prova ilícita.

Neste sentido, o artigo 370, do Código de Processo Civil de 2015, é bastante específico ao dispor sobre o poder-dever do juiz em matéria de prova, possibilitando além de sua produção, vale dizer, também a possibilidade da redistribuição do ônus da prova da melhor forma, não somente para as partes, mas também para o processo, efetivando a busca por esta aclamada verdade. Tal dispositivo, pois, possibilita ao julgador a ampla liberdade na produção de provas, destinadas à formação de seu convencimento, bem como à busca ou a aproximar o máximo possível da certeza processual.

Ocorre que, por certo, ao juiz não é dado o direito de eximir-se de sentenciar (*non liquet*), pois tem o dever primordial de efetivar a prestação jurisdicional, decidindo de acordo com os elementos que têm nos autos. Entretanto, por mais que tenha se empenhado na busca pela máxima certeza, o magistrado nem sempre alcançará a pretendida verdade real.

Por várias situações, o julgador, embora tenha diligenciado incessantemente na busca pela certeza substancial dos fatos, ainda assim ficará na dúvida sobre a existência ou realidade destes mesmos fatos, considerando determinadas circunstâncias apresentadas pelas partes. É nesse caso que a própria legislação processual coloca à disposição do julgador o artigo 373 que, conforme analisado anteriormente, trata da regra geral de distribui-

---

[221] Art. 344. Se o réu não contestar a ação, será considerado revel e presumir-se-ão verdadeiras as alegações de fato formuladas pelo autor.
Art. 385. Cabe à parte requerer o depoimento pessoal da outra parte, a fim de que esta seja interrogada na audiência de instrução e julgamento, sem prejuízo do poder do juiz de ordená-lo de ofício. § 1º. Se a parte, pessoalmente intimada para prestar depoimento pessoal e advertida da pena de confesso, não comparecer ou, comparecendo, se recusar a depor, o juiz aplicar-lhe-á a pena.

ção do *ônus probandi*. Ou seja, nesse momento processual, a regra do ônus da prova incide, na verdade, como regra de julgamento e não como norma a ser instituída pelo juiz durante a fase de instrução probatória.

Ademais, em não havendo a possibilidade de cumprimento da regra processual de distribuição do ônus da prova, surge a exigência de poder o magistrado dinamizar o ônus probatório como forma de, ainda, permitir às partes a produção de suas provas, quando impossíveis de produzir pela parte contrária ou de excessiva dificuldade (técnica ou financeira) para o cumprimento do encargo que lhe foi legalmente concedido.

Desse modo, somente se o julgador, embora tenha determinado a realização de toda prova a ser produzida, distribuindo o ônus como legalmente previsto, inclusive determinando a produção de ofício, tenha ficado com dúvidas, é que recorrerá à regra geral e supletiva do artigo 373, do Código de Processo Civil de 2015, utilizando-se como base as regras processuais de julgamento, relativos à *"distribuição estática do ônus da prova"*, julgando a favor de quem não se desincumbiu do ônus.

3.3.1. A Incorporação da Distribuição Dinâmica do Ônus da Prova e a Função Jurisdicional no Direito Processual Brasileiro

Como anteriormente exposto, uma das grandes novidades apresentadas pelo Código de Processo Civil de 2015, em especial analisando a sistemática probatória, foi a consagração da *teoria da distribuição dinâmica do ônus da prova*[222], regra agora positivada no artigo 373, §1º, do Código de Processo Civil de 2015. Por esta regra, poderá o magistrado atribuir o ônus da prova de modo diverso ao previsto pelo *caput* do art. 373 do Código de Processo Civil, nos casos previstos em lei ou diante das peculiaridades da causa[223], atribuindo o encargo àquele que apresentar maiores facilidades

---

[222] Sobre a teoria ver PEYRANO, Jorge W. La regla de la carga de la prueba enfocada como norma de clausura del sistema, *Doutrinas essenciais de processo civil*, vol. 4, p. 901, Out. 2011.

[223] Nesse sentido, Luiz Guilherme Marinoni e Sérgio Cruz Arenhart explicam que: "Da mesma forma que a regra do ônus da prova decorre do direito material, algumas situações específicas exigem o seu tratamento diferenciado. Isso pela simples razão de que as situações de direito material não são uniformes. A suposição de que a inversão do ônus da prova deveria estar expressa na lei está presa à ideia de que esta, ao limitar o poder do juiz, garantiria a liberdade das partes. Atualmente, contudo, não se deve pretender limitar o poder do juiz, mas sim controlá-lo, e isso não pode ser feito mediante uma previsão legal da conduta judicial, como se a lei pudesse dizer o que o juiz deve fazer para prestar a adequada tutela jurisdicional

para cumprir a determinação e com maiores possibilidades técnicas ou práticas para a obtenção da prova do fato contrário[224].

Observa-se que Jeremy Bentham já sustentava a respeito da possibilidade de inversão do ônus probatório, ressaltando que a obrigação de provar cabia, na verdade, a quem tivesse melhores condições de satisfazê-la, com menos inconvenientes[225].

Na verdade, o surgimento da chamada *"Teoria das Cargas Dinâmicas da Prova"* surgiu justamente desta necessidade de análise processual das *peculiaridades do caso concreto*, no intuito de se distribuírem os ônus probatórios à parte que revelasse melhores ou maiores facilidades e condições de produzir as provas dos autos (com menos inconveniente, conforme sugeriu Bentham), assim considerando o princípio da igualdade processual e a busca pela prestação jurisdicional[226].

É certo que a regra geral continua plenamente válida e eficaz na nova sistemática processual civil, cabendo ao autor a comprovação dos fatos constitutivos de seu direito, e, ao réu, a comprovação de fato impeditivo, modificativo ou extintivo do direito do autor (art. 373, do Código de Processo Civil), apresentando, ainda, o art. 370 a possibilidade de maior participação do magistrado em matéria de produção de provas, podendo determinar a sua produção quando entender necessárias ao julgamento

---

diante de todas as situações concretas. Como as situações de direito material são várias, deve-se procurar a justiça do caso concreto, o que repele as teses de que a lei poderia controlar o poder do juiz. Esse controle, atualmente, somente pode ser obtido mediante a imposição de uma rígida justificativa racional das decisões, que podem ser auxiliadas por regras, como as da proporcionalidade e suas sub-regras. Se não é possível ao legislador afirmar, como se estivesse tratando de situações uniformes, que o juiz deve sempre aplicar a regra do ônus da prova, também não lhe é possível dizer que apenas uma ou outra situação de direito material pode permitir a sua inversão." (*Processo de conhecimento...*, p. 269). MARINONI, Luis Guilherme; ARENHART, Sérgio Cruz. *A prova do direito processual civil*, 3. ed., rev., atual. e ampl., São Paulo : Editora Revista dos Tribunais, 2007, p. 51.

[224] Nesse sentido: SILVA NETO, Francisco de Barros e. Dinamização do ônus da prova no novo código de processo civil, *Revista de Processo*, vol. 239/2015, p. 407-418, Jan. 2015; OLIVEIRA, Vivian Von Hertwig Fernandes de. A distribuição do ônus da prova no processo civil brasileiro: a teoria da distribuição dinâmica, *Revista de Processo*, vol. 231, p. 13-35, Mai. 2014.

[225] BENTHAM, Jeremy. *Tratado de las pruebas judiciales*. Trad. Manuel Ossorio Florit. Buenos Aires: Granada Editorial Comares, 2001, p. 36.

[226] PEYRANO, Jorge Walter. Nuevos lineamentos de las cargas probatórias dinâmicas. ED, 2005, t. 153, p. 965.

do mérito, consagrando, assim, o princípio da primazia da resolução do mérito e os "poderes instrutórios do juiz".

Desta forma, efetiva e inequivocamente, há a necessidade de conciliar um diálogo (dialética processual) entre as disposições acima analisadas, considerando que as provas deverão ser realizadas e produzidas, ainda que com a intervenção do magistrado, visando à solução da controvérsia (mérito) e não somente com a pretensão de satisfazer a alegação pura e simples de uma das partes.

De fato, *"a publicização do direito processual civil, especialmente a partir de meados do século passado, incentivada pela constitucionalização das garantias constitucionais trazidas pelas Constituições contemporâneas, exigiu mudanças significativas na estrutura processual. O processo civil moderno não pode ser construído sob a égide, exclusiva, do princípio do dispositivo. Isto porque o mecanismo processual não está voltado somente à resolução de conflitos de caráter exclusivamente individual e patrimonial*[227]*"*.

Entretanto, importante ressaltar que não somente pelo juiz poderá ser adequada a distribuição do ônus da prova, mas também poderá a distribuição diversa ocorrer por *convenção das partes*, nos termos do art. 373, §3º, salvo quando recair sobre direito indisponível de uma delas; ou tornar excessivamente difícil a uma parte o exercício do direito. Tem aqui, portanto, o chamado negócio jurídico processual típico que permite às partes, por meio de convenção de vontades (art. 373, § 4º) que pode ser celebrada antes ou durante o processo, distribuir de modo diverso o ônus estático da prova.

O que se pretende, efetivamente, com esta regra de distribuição do ônus da prova, mais do que proporcionar à parte a possibilidade de ver o seu encargo relativizado quando se deparar com questões na causa relacionadas à impossibilidade ou à excessiva dificuldade de cumprir o encargo ou à maior facilidade de obtenção da prova do fato contrário, é a de contemplar técnicas processuais que visam à efetivação do direito fundamental à tutela jurisdicional adequada, efetiva e célere (julgamento efetivo do mérito).

---

[227] CAMBI, Eduardo. *Prova – nova dinâmica da distribuição do ônus*. Belo Horizonte: Fórum, 2011, p. 675.

3.3.2. A Fundamentação como Limite aos Poderes Instrutórios do Juiz e à distribuição Dinâmica do Ônus da Prova

Conforme discutido nos tópicos acima, observamos ser ampla a iniciativa probatória do Juiz. Assenta-se que o dever de investigação e apresentação das provas necessárias ao deslinde da demanda compete às partes, embora a busca pela verdade real (ou da *'justiça ou verdade processual'*) seja vetor primário norteador da atividade jurisdicional. No entanto, a iniciativa do Juiz, embora ampla, não é irrestrita, absoluta ou ilimitada, devendo se submeter a uma série de requisitos ou limitações, impostos pelo sistema, com o fim de evitar a adoção de medidas que desvirtuam a opção conferida pelo próprio legislador. Torna-se indispensável, portanto, a análise das limitações conferidas pelo próprio sistema jurídico processual à atuação do magistrado.

Segundo José Roberto dos Santos Bedaque, a primeira limitação consiste nos elementos objetivos da demanda. Analisou o autor, ainda sob a égide do CPC/1973, que *"à luz do princípio da correlação ou adstrição, a sentença deve ater-se ao pedido e à causa de pedir (arts. 128 e 460 do CPC). Se assim é, não pode o juiz buscar provas relativas a fatos não submetidos ao contraditório"*[228]. Assim, diante da exposição apresentada pelo nobre doutrinador, o Juiz teria liberdade para determinar diligências que entender necessárias ao deslinde da demanda, contudo estaria limitado, exclusivamente, aos dados obtidos no processo e estabelecidos pelas partes na inicial e na resposta do réu.

Ressalta-se que inexiste indevida ampliação da iniciativa probatória do juiz o fato de que o próprio magistrado tenha determinado, de ofício, eventualmente a produção de determinada prova relativa a fatos que esbarram em matérias de ordem pública, ainda que nada tenha sido alegado ou levantado pelas partes. Uma segunda limitação, diretamente relacionada ao limite anteriormente analisado, são os princípios do contraditório e da proibição de decisões surpresas proferidas em detrimento de uma das partes, assim entendido como a necessidade de conferir às partes *"a ciência bilateral dos atos processuais e efetiva oportunidade de contrariá-los*[229]*"*.

Uma vez determinada a produção de uma prova de ofício pelo magistrado, utilizando de sua ampla iniciativa probatória, deve ser oportunizado

---

[228] BEDAQUE, José Roberto dos Santos. *Poderes instrutórios do juiz*. Op. cit. p. 154.
[229] BRAGA, Sidney da Silva. *Iniciativa Probatória do Juiz no Processo Civil*, São Paulo: Saraiva, 2004, pag. 137.

às partes não apenas o direito de manifestação, mas também o de efetiva participação na colheita das provas, bem como na indicação daquelas que, ainda que de natureza diversa, sejam necessárias a contrariar ou complementar aquelas produzidas pelo juiz, como forma de privilegiar os princípios da igualdade processual, da *"não surpresa"* às partes, do contraditório e da ampla defesa.

Ainda, o dever de motivação do magistrado, sem dúvida alguma, representa outra, senão a maior limitação aos poderes instrutórios e à própria redistribuição ou inversão do ônus probatório, ou seja, ao determinar a produção de alguma prova ao juiz, é forçoso fundamentar sua decisão e indicar os motivos que o levaram a tanto. Agir, pois, de maneira contrária significa contrariar os princípios da imparcialidade, bem como demonstra a extrema arbitrariedade por parte do julgador.

Da mesma forma, ao redimensionar de forma diversa o ônus da prova, o juiz deve, sob pena de nulidade, fundamentar e justificar os motivos de sua atuação, em especial identificando os requisitos necessários para tanto, previstos pelo próprio dispositivo legal, possibilitando um controle por parte dos interessados, isto é, dando a oportunidade ao contraditório e ao eventualmente prejudicado pela modificação do ônus da prova demonstrar que a parte contrária, na verdade, possui condições técnicas ou econômicas de produzir a prova, bem como possibilitar à parte em desprestígio a oportunidade de se desincumbir do ônus que lhe foi atribuído.

Por outro lado, não se justifica a determinação judicial para a produção de provas que sejam consideradas ilícitas. Como ressaltado, o juiz, ao determinar a produção de prova, não sabe o resultado que vai ser produzido, tampouco se beneficiará alguma das partes. Contudo, o fato de produzir uma prova sob a violação de sistema processual, sem se ter a certeza exigida para a questão, colocaria em risco a sua imparcialidade, isto, porque *"assim agindo, dará indicativos de que está certo ou quase certo de seu resultado e de suas implicações no processo"*[230].

Há, por certo, outros limites à atuação do juiz, impostos pela própria técnica processual, segundo informa José Roberto dos Santos Bedaque, como o caso da revelia, que implica serem incontroversos os fatos afirmados pelo autor, que independem de prova e são considerados presumidamente verdadeiros (arts. 344 e 374, inciso III, do Código de Processo

---

[230] BRAGA, Sidney da Silva. *Iniciativa Probatória do Juiz no Processo Civil*. Op. cit. pag. 139.

Civil). Conforme leciona o preclaro jurista, *"o aparente rigor legal vem sendo abrandado pela doutrina e pela jurisprudência, mediante interpretação sistemática e teleológica do sistema processual. Nessa linha de raciocínio, nada obstante determine o juiz a produção de provas se, apesar da revelia, os fatos narrados pelo autor forem inverossímeis"*[231].

Afora a hipótese apresentada, é inadmissível ao julgador a determinação de ofício para que o autor demonstre a veracidade dos fatos constitutivos de seu direito, desde que verossímeis e incontroversos. Não seria outra a conclusão, tendo em vista a opção do legislador em priorizar a técnica processual em detrimento da segurança jurídica, possibilitando o acolhimento da pretensão inicial sem *'cognição exauriente'*, bastando, para tanto, a versão verossímil das alegações apresentadas pela parte autora.

Finalmente, um último limite a ser analisado e apresentado pela doutrina é o caráter relativo da verdade processual, ou seja, que a busca pelo juiz deve ser equilibrada pelas noções de celeridade e viabilidade econômica do processo. A iniciativa probatória do magistrado deve ser calcada na busca pela efetiva celeridade processual, sem que ocorra excessiva demora na conclusão do processo, com as determinações de provas desnecessárias e procrastinatórias, que exacerbam excessivamente o prazo de conclusão do processo.

Pelo artigo 5º, inciso LXXVIII, com redação dada pela EC 45/2004, a Constituição Federal consagrou a razoável duração processo como direito fundamental. Desta forma, Sidney Braga esclarece que o juiz nunca toma a sua decisão em estado de absoluta certeza acerca dos fatos apresentados e que compõem o cenário processual, uma vez que a verdade absoluta é inatingível no processo[232]. Para isso, deve o julgador se pautar em técnicas de cognição sumária ou exauriente, conforme for a natureza da decisão, para alcançar o seu convencimento.

Assim, deve ter o magistrado redobrada cautela para aplicar os seus poderes instrutórios, para evitar o prolongamento excessivo do processo, uma vez que, quanto mais aprofundadas forem a análise e a instrução probatória, mais moroso e custoso será o processo. A iniciativa probatória, portanto, não deve acarretar em obstáculo à sistemática processual, tampouco ao sistema judiciário. O magistrado, *"antes de tomar a determinar a produção*

---

[231] BEDAQUE, José Roberto. *Poderes Instrutórios do Juiz*, op. cit. p. 155.
[232] BRAGA, Sidney da Silva. *Iniciativa Probatória do Juiz no Processo Civil*, op. cit. p. 140.

de uma prova, não requerida pela parte, deve comparar os eventuais benefícios que ela poderá trazer" não apenas às partes do processo, mas também ao alcance da justiça processual *"com os prováveis inconvenientes decorrentes do aumento da duração do processo e no seu custo para as partes"*[233].

Por fim, entende-se que o juiz efetivamente possuiu amplos poderes de iniciativa probatória, contudo pautada sua atuação em limites conferidos pelo próprio sistema jurídico. A principal cautela que o magistrado deve observar é analisar o direito invocado pelas partes, sem desrespeitar a sua imparcialidade.

O autor Alexandre Freitas Câmara, Desembargador do Tribunal de Justiça do Estado do Rio de Janeiro, no exame de um caso concreto, e complementando o raciocínio apresentado, arremata afirmando que: *"se é parcial o juiz que determina a produção de uma prova, pois esta beneficiará uma das partes, então também se deve considerar parcial o juiz que não determina a produção da mesma prova, pois assim beneficiará a parte contrária"*[234].

A neutralidade, por outro lado, pressupõe a ausência ou exclusão de influências ideológicas e subjetivas na análise da causa. É o pressuposto da indiferença. Pode-se afirmar que a neutralidade, ao contrário da imparcialidade, não é pressuposto de validade do processo, não sendo passível de acarretar a sua nulidade.

É possível, portanto, que se exija do julgador a necessária imparcialidade. Nunca, por outro lado, exigir a sua neutralidade. O magistrado, ao julgar, não se despe de seus valores, sociais, culturais e ideológicos, e, acima de tudo, não pode ficar insensível ou indiferente ao bem da vida judicialmente tutelado.

---

[233] BRAGA, Sidney da Silva. *Iniciativa Probatória do Juiz no Processo Civil*, op. cit. pag. 141.
[234] CÂMARA, Alexandre Freitas. *Lições de Direito Processual Civil*, Vol. I. 13. ed. Rio de Janeiro: Lumen Juris, 2005.

Capítulo 4 - Os Vícios das Decisões Judiciais

4.1. Os Vícios da Motivação e de Fundamentação: uma Análise do art. 489, §1º, I, II, III e IV, do CPC/2015

Conforme especifica a introdução normativa presente no art. 489, §1º, do CPC/2015, não serão consideradas como motivadas determinadas decisões judiciais, como aquelas que, dentre outras que serão oportunamente estudadas: I se limitar à indicação, à reprodução ou à paráfrase de ato normativo[235], sem explicar sua relação com a causa ou a questão decidida; II empregar conceitos jurídicos indeterminados, sem explicar o motivo concreto de sua incidência no caso; III invocar motivos que se prestariam a justificar qualquer outra decisão; IV não enfrentar todos os argumentos deduzidos no processo capazes de, em tese, infirmar a conclusão adotada pelo julgador.

Analisam-se neste tópico, em especial, as disposições constantes dos referidos incisos I a IV, do art. 489, do CPC/2015, antes de aprofundar o estudo a respeito do uso dos precedentes para fundamentar as decisões judiciais, busca-se, na verdade, especificar as possibilidades levantadas pelo legislador para a hipótese em que não se considera fundamentada a decisão judicial, exigindo do julgador que a justifique de forma adequada e pormenorizada, explicando-se perante o caso concreto, sem a utilização de decisões padronizadas, tampouco sem que sejam enfrentados os argumentos e as teses levantadas pelas partes.

---

[235] Segundo Vezio Crisafulli, os atos normativos se situam num mesmo nível para que possam ser considerados como norma-parâmetro e norma-objeto. CRISAFULLI, Vezio. *Lezioni di Diritto Costituzionale*, v. 2, t. 2, p. 360-361.

Algumas questões relevantes emergem do dispositivo ora estudado. Em um primeiro momento, segundo o inciso I, do art. 489, do CPC/2015, não se considera fundamentada a decisão judicial que se limitar à indicação, à reprodução ou à paráfrase de ato normativo, sem explicar sua relação com a causa ou a questão decidida.

Segundo o dispositivo, não se reflete a fundamentação da decisão que apenas citar, reproduzir, parafrasear ou somente indicar dispositivo legais (normais gerais abstratas), ou de ementas de precedentes, julgados ou acórdãos (normas parâmetros), sem, no entanto, relacioná-los diretamente com o caso concreto. Há, pois, que se fazer a devida correlação entre as questões de fato e de direito apresentadas em concreto com os dispositivos abstratos ou paradigmas (parâmetros) mencionados, vedando-se, portanto, neste caso, aquelas fundamentações implícitas ou intrínsecas, em que a norma ou o precedente falará por si. Por outro lado, o inciso II, do art. 489, do CPC/2015, exigiu do magistrado o dever de fundamentar as suas decisões quando estiver diante de textos normativos abertos, ou seja, preceitos jurídicos indeterminados, sem justificar o motivo concreto de sua incidência ao caso analisado.

Inicialmente, sabe-se que a lei nos mais variados casos apresenta normas, conceitos ou cláusulas gerais, de forma mais aberta (sistema aberto e flexível), o qual a presença de algumas expressões ou temos na lei confere ao magistrado uma maior margem de liberdade (ou de discricionariedade) para verificar, no caso concreto, se aplica ou não o comando legal incidente. Dentro de tal contexto, temos, por exemplo, o art. 421 do Código Civil, pelo qual *"a liberdade de contratar será exercida em razão e nos limites da função social do contrato"*, bem como o art. 422, no qual *"os contratantes são obrigados a guardar, assim na conclusão do contrato, como em sua execução, os princípios de probidade e boa-fé"*.

Aqui, no dispositivo legal imposto pelo CPC/2015, o magistrado deverá apresentar de forma clara e precisa as razões da aplicação do conteúdo jurídico indeterminado ou da cláusula geral aberta[236][237], no caso concreto, não

---

[236] Segundo Judith Martins-Costa, *"conceitos jurídicos indeterminados seriam aqueles cujos termos têm significados intencionalmente vagos e abertos"*. MARTINS-COSTA, Judith. BRANCO, Gerson Luiz Carlos. Diretrizes Teóricas do Novo Código Civil Brasileiro. Parte 1, p. 117/119.

[237] O STF, em julgamento da lavra do Min. Carlos Britto, esclareceu o que seria "norma aberta": *"(...) por não ter suficiente densidade normativa, não é possível sua aplicação imediata, exigindo-se uma normação infraconstitucional para integrar-lhe o sentido. Em consequência, sustentam*

se limitando a tão somente repetir as expressões cunhadas pela lei, sem a explicitação expressa e a correlação exata existente com as questões apresentadas pelas partes no processo.

Por seu turno, prevê o inciso III, do art. 489, do CPC/2015, que não será fundamentada a decisão que *"invocar motivos que se prestariam a justificar qualquer outra decisão"*, mas sem mencionar, explicar ou identificar qualquer relação com o caso em análise, regulamentação essa que, de fato, só se mostra necessária em virtude da existência, nos dias atuais, consubstanciada em uma sociedade que tem pressa, de um Judiciário cada vez mais apinhado de processos, de decisões judiciais apelidadas, por muitos, de *"decisões frankenstein"*, ou seja, aquelas decisões nas quais variados argumentos são utilizados em várias outras decisões anteriormente proferidas pelo mesmo juízo, que são tão somente agrupados e reutilizados como forma de solucionar outras causas que, muitas vezes, não guardam qualquer relação com ela.

Assim, o que o legislador optou com a referida determinação foi a de efetivamente evitar, ou impedir, a utilização por parte dos magistrados de motivos genéricos, que serviriam para fundamentar qualquer decisão, diferentemente dos preceitos indeterminados ou das cláusulas gerais, mas fundamentos que não guardam relação alguma com o caso concreto. Ou, como bem sustenta Arruda Alvim, *"para evitar incorrer no vício da fundamentação genérica, cabe ao julgador o exercício simples de relacionar o raciocínio jurídico com os fatos do caso, assim como mencionados pelas partes, de forma a dar concretude à decisão"*[238].

Já o inciso IV, do art. 489, do CPC/2015, apresenta a hipótese que talvez mais impactos repercutem na fundamentação das decisões judiciais, determinando que a sentença não será considerada fundamentada quando não enfrentar todos os argumentos deduzidos no processo capazes de, em tese, infirmar a conclusão adotada pelo julgador. Segundo o dispositivo, o magistrado está obrigado a fundamentar as suas decisões, respondendo todos os argumentos apresentados pelas partes que seriam capazes de

---

a imprescindibilidade da interpositio legislatoris prevista no caput do dispositivo. Essa determinação, colocada na cabeça, estende-se a todo o corpo do artigo, deixa-o como norma aberta e impõe a observância da legislação anterior à Constituição Federal de 1988, até o advento da lei complementar". (STF RE 340111 AgR/RS RIO GRANDE DO SUL; AG.REG. NO RECURSO EXTRAORDINÁRIO; DJ 16/02/2004; p. 00073).

[238] ALVIM, Arruda. *Novo contencioso cível no CPC/2015*. São Paulo: RT, 2016, p. 292.

eventualmente infirmar a conclusão a que chegou o magistrado. Desta forma, importante verificar o que seria, efetivamente, argumentos e fundamentos apresentados pelas partes. "Argumentos" podem ser qualificados como posições ou colocações trazidas pelas partes ao processo, relativa aos fatos, mas que não necessariamente guardem relação direta com o direito envolvido ou que ainda não sejam capazes ou suficientes de modificação ou acolhimento do pedido por parte do julgador. Exemplificando: não foi possível o pagamento da conta e, consequentemente, a quitação do contrato, em razão do fechamento da lotérica.

Por outro lado, os "fundamentos" são aqueles diretamente ligados à causa, passíveis de influenciar diretamente o resultado da demanda, capazes de modificar ou conduzir o julgador ao julgamento justo e adequado do mérito. Por exemplo: não houve a quitação do contrato em razão da modificação da situação contratual das partes, em virtude de acontecimentos extraordinários e/ou imprevisíveis, cuja prestação de uma das partes se tornou excessivamente onerosa, com extrema vantagem para a outra, conforme art. 478, do Código Civil.

Algumas considerações surgem dos referidos apontamentos, em especial, a respeito do questionamento se estaria ou não o magistrado engessado e obrigado à análise literal de todos os argumentos levantados pelas partes durante o processo, de forma indiscriminada, sob pena de ver sua decisão eventualmente anulada por vícios em sua fundamentação.

Antes da entrada em vigência da novel legislação processual civil, nossos Tribunais Superiores possuíam posicionamentos pacificados a respeito da desnecessidade de se enfrentar todos os argumentos apresentados pelas partes, quando já estiver devidamente e suficientemente fundamentada a decisão e fornecida a adequada prestação jurisdicional nos limites da lide proposta[239].

---

[239] Desta forma, decidiu o Supremo Tribunal Federal: *"Os princípios da legalidade, do devido processo legal, da ampla defesa e do contraditório, da motivação das decisões judiciais, bem como os limites da coisa julgada, quando a verificação de sua ofensa dependa do reexame prévio de normas infraconstitucionais, revelam ofensa indireta ou reflexa à Constituição Federal, o que, por si só, não desafia a abertura da instância extraordinária. Precedentes: AI 804.854-AgR, 1ª Turma, Rel. Min. Cármen Lúcia, DJe de 24/11/2010 e AI 756.336-AgR, 2ª Turma, Rel. Min. Ellen Gracie, DJe de 22/10/2010.5. O artigo 93, IX, da Constituição Federal, resta incólume quando o Tribunal de origem, embora sucintamente, pronuncia-se de forma clara e suficiente sobre a questão posta nos autos, máxime o magistrado não estar obrigado a rebater, um a um, os argumentos trazidos pela parte, quando já tiver fundamentado sua decisão de maneira suficiente e fornecido a prestação jurisdicional nos limites da lide proposta. Precedentes desta*

Evidente que cada vez mais tem surgido a discussão, tanto na doutrina quanto na jurisprudência, a respeito da necessidade de aperfeiçoamento de técnicas e exigências formais e racionais para a obtenção de decisões devidamente fundamentadas, representando a mais completa e ampla discussão a respeito do tema discutido no processo. Na verdade, ao observar que o principal objetivo da decisão judicial é atingir um desfecho tecnicamente adequado e justo, emerge a necessidade de se demonstrar às partes, vencedoras ou vencidas, todas as razões e fundamentos que ensejaram aquele determinado resultado. Nesse sentido foi a decisão proferida pelo Supremo Tribunal Federal, da lavra do eminente Ministro Gilmar Mendes, no julgamento do MS 25.787/DF:

Daí afirmar-se, correntemente, que a pretensão à tutela jurídica, que corresponde exatamente à garantia consagrada no art. 5o, LV, da Constituição, contém os seguintes direitos:

1) direito de informação (Recht auf Information), que obriga o órgão julgador a informar à parte contrária dos atos praticados no processo e sobre os elementos dele constantes;

2) direito de manifestação (Recht auf *Äusserung*), que assegura ao defendente a possibilidade de manifestar-se oralmente ou por escrito sobre os elementos fáticos e jurídicos constantes do processo;

3) direito de ver seus argumentos considerados (Recht auf Berücksichtigung), que exige do julgador capacidade, apreensão e isenção de ânimo (Aufnahmefähigkeit und Aufnahmebereitschaft) para contemplar as razões apresentadas (Cf. PIEROTH; SCHLINK. Grundrechte -Staatsrecht II. Heidelberg, 1988, p. 281; BATTIS; GUSY. Einführung in das Staatsrecht. Heidelberg, 1991, p. 363-364; Ver, também, DÜRIG/ASSMANN. In: MAUNZ-DÜRIG. Grundgesetz-Kommentar. Art. 103, vol. IV, no 85-99).

Corte: AI 688410 AgR, Relator: Min. Joaquim Barbosa, DJe - 30/03/2011;AI 748648 AgR, Relator: Min. Dias Toffoli, DJe - 19/11/2010 ".

Sobre o direito de ver os seus argumentos contemplados pelo órgão julgador (Recht auf Berücksichtigung), que corresponde, obviamente, ao dever do juiz ou da Administração de a eles conferir atenção (Beachtenspflicht), pode-se afirmar que ele envolve não só o dever de tomar conhecimento (Kenntnisnahmepflicht), como também o de considerar, séria e detidamente, as razões apresentadas (Erwägungspflicht) (Cf. DÜRIG/ASSMANN. In: MAUNZ-DÜRIGi. Grundgesetz-Kommentar. Art. 103, vol. IV, no 97).

É da obrigação de considerar as razões apresentadas que deriva o dever de fundamentar as decisões (Decisão da Corte Constitucional - BVerfGE 11, 218 (218); Cf. DÜRIG/ASSMANN. In: MAUNZ-DÜRIG. Grundgesetz-Kommentar. Art. 103, vol. IV, no 97)[240].

Diante disso, podemos afirmar neste momento, e observadas as tendências decisórias de nossos Tribunais, que não são, pois, todos os argumentos que devem ser um a um, respondidos pelo julgador no momento de fundamentar a sua decisão judicial, senão aqueles deduzidos no processo, decorrentes dos atos apresentados pelas partes, capazes de influenciar a convicção do magistrado e úteis à efetiva prestação jurisdicional (instrumentalidade e efetividade do processo).

Ou seja, o que se conclui é que a fundamentação da sentença deve dar conta e apresentar não propriamente os "argumentos", mas, sim, os *"fundamentos necessários e suficientes para justificar a decisão"* (ou as questões de fato e de direito), capazes, pois, de influenciar a atividade do julgador, desde que deduzidas no processo e de que delas decorrem as devidas alegações argumentativas das partes em litígio.

E é nessa ordem de ideias, portanto, que deve ser compreendido o inciso IV do artigo 489 do CPC/2015 que, aliás, impõe ao juiz o dever de enfrentar todos os *"argumentos deduzidos"* e não todos os *"argumentos tout court"* do processo, isto é, não são todos os argumentos alegados pelas partes no processo que deverão ser necessariamente enfrentados pelo julgador, mas tão somente aquelas proposições que acarretarem na efetiva demonstração do direito das partes, aquelas que possam modificar, extinguir ou influenciar o direito das partes no processo.

---

[240] STF MS 25.787/DF. Min. Rel. Gilmar Ferreira Mendes. Informativo 449.

Neste sentido, melhor do que buscar regulamentar a argumentação retórica da fundamentação por parte do magistrado, seria organizar os procedimentos internos do processo judicial, quanto aos limites de argumentações e objetividade das partes, considerando, pois, os preceitos básicos da linguagem jurídica comum, assim considerando a nova figura do processo cooperativo, no qual todos os integrantes da relação jurídica processual deverão apresentar, de forma objetiva, precisa e sem delongas, as suas justas e efetivas argumentações no processo. É evidente que a prática forense tem demonstrado, de forma inequívoca, que são exacerbadamente vertidos nos autos do processo, de forma absolutamente sem nexo, centenas de alegações, com argumentos desconexos, que sequer guardam correlação, ainda que indireta, com os fatos e o direito pretendido pelas partes nos casos concretos.

Fato é que o CPC/2015 trouxe, em boa hora, o ideal de processo cooperativo, em seu art. 6º, promovendo um envolvimento mais participativo e ético dos integrantes da relação jurídica processual. A cooperação, portanto, não fica adstrita apenas aos atos processuais, mas, sobretudo, aos atos de participação e de manifestação de todos os sujeitos no processo, sendo que essa perspectiva linguística é que deveria ser tomada em consideração, se o que se deseja é priorizar o viés discursivo do processo judicial.

Não obstante a positivação no ordenamento jurídico infraconstitucional do princípio cooperativo, imperioso recordar que a sentença é, de fato, expressão técnica do exercício do poder estatal, que não pode, naturalmente, ser arbitrária, decisionista ou de extrema subjetividade, mas não se deve olvidar que ela tem, por outra perspectiva, um viés prático-político indeclinável, que é o de efetivamente resolver o conflito em sua dimensão jurídica.

No entanto, evidente que a realidade dura do dia a dia forense demonstra que os atores do processo preferem o embate à cooperação, a discórdia à dialeticidade, o duelo à pacificação. Nesse sentido, sujeitar o magistrado ou a fundamentação das decisões aos embates sem fim da linguagem argumentativa colocadas irrestritamente pelas partes nos autos, a par de buscar uma aparente efetividade do processo, descumpre com a promessa constitucional de efetivação dos direitos em tempo razoável, em especial considerando os milhões de processos que tramitam na justiça brasileira.

Há que se tomar, pois, especial cuidado com as inovações apresentadas pelo Código de Processo Civil de 2015, em especial naquilo que trata o art. 489, § 1º, para que com isso não ocorra o prolongamento excessivo do processo, com as análises infindáveis das argumentações desenfreadas, levantadas, de forma até procrastinatórias, pelas partes, e, assim, desrespeitando ou descumprindo os preceitos constitucionais da razoável duração do processo, em detrimento, da efetividade, respeito e obediência ao devido processo legal e à justa prestação jurisdicional.

4.2. Tipos de Motivação

4.2.1. Motivação per relationem ou aliunde

A motivação *per relationem*, também chamada de motivação *aliunde*, é considerada técnica jurídica empregada para a fundamentação de decisões, em que o julgador emprega em seu *decisum* reproduções das razões contidas em outra decisão ou manifestações contidas nos autos do processo, que pode ou não ter sido elaborado pelo mesmo órgão jurisdicional. Segundo Michele Taruffo, *"existe motivação ad relationem quando sobre um ponto decidido o juiz não elabora uma justificação autônoma ad hoc, mas se serve do reenvio à justificação contida em outra decisão"*[241]. Ainda seguindo os ensinamentos do mestre Taruffo, ressalta-se ser dele o conceito da fundamentação *per ralationem*, *"referencial"* ou *"relacional"*, sustentando a sua aplicação *"quando, sobre um ponto decidido, o juiz não elabora uma motivação ad hoc, mas serve do reenvio à motivação contida em outra decisão*[242]*"*.

Em geral, tais técnicas são comumente utilizadas como sinônimas ou, até mesmo, denominadas indistintamente como motivações *per relationem*. Entretanto, importante mencionar o posicionamento apresentado por José Rogério Cruz e Tucci, estabelecendo ser benéfica a distinção entre ambos os tipos de motivação, em especial porque a motivação *per relationem* consiste na utilização de uma decisão anteriormente proferida no mesmo processo (endoprocessual), enquanto a motivação *aliunde* se utiliza de razões produzidas em ambiente externo ao processo (extraprocessual)[243].

---

[241] TARUFFO, Michelle. *La motivazione della sentenza civile*. Barletta: CEDAM, 1975, p. 422. Neste mesmo sentido, observe o posicionamento apresentado por GOMES FILHO, Antonio Magalhães, *A motivação da sentença penal...* op. cit., p. 163.

[242] TARUFFO, Michelle. *La motivazione della sentenza civile...* op. cit., p. 422.

[243] TUCCI, José Rogério Cruz. *A Motivação da Sentença Civil*. São Paulo: Saraiva, 1987, p. 18/19.

Neste sentido, haverá, portanto, motivação *per relationem*, por exemplo, quando o tribunal, para motivar o acórdão, confirma uma sentença e simplesmente transcreve, *ipsis literis*, a motivação utilizada pelo juízo *a quo*, tão somente fazendo remissão ao seu conteúdo (art. 252 do Regimento Interno do Tribunal de Justiça do Estado de São Paulo[244]). Por outro lado, haverá a motivação *aliunde* quando o tribunal, por exemplo, utiliza da motivação proferida em outro acórdão, prolatada em processo distinto, seja do próprio tribunal, ou de tribunal de mesmo nível hierárquico ou, ainda, de tribunal superior.

Neste segundo caso, não nos parece dificultosa a análise, em especial pela determinação constante no art. 332, do CPC/2015, e a utilização dos precedentes, possibilitando ao magistrado julgar liminarmente improcedente o pedido que contrariar enunciado de súmula do STJ ou STF, acórdãos proferidos em recursos repetitivos, entendimento firmado em incidente de resolução de demandas repetitivas ou de assunção de competência, ou súmulas de tribunais locais. Portanto, a matéria versando sobre questão de direito, cuja decisão seja análoga à julgada pela decisão a ser utilizada e não contenham nenhuma alegação fática ou jurídica não contemplada pela decisão utilizada, o magistrado poderá se valer de seus argumentos para justificar a sua decisão.

Segundo Gustavo Badaró, não é considerada fundamentada, *per relationem*, a sentença que unicamente se refere a um ato ou argumento apresentado por uma das partes. O referido autor considera que *"(...) o juiz pode acolher integralmente os argumentos das partes, pouco ou nada tendo a acrescentar a um arrazoado bem fundamentado em que a parte o convença de seu direito. Todavia, isto não o desonera de explicitar as razões do seu convencimento, ainda que seja concordante com os invocados pela parte"*[245].

De maneira diversa, a respeito da primeira motivação (*per relationem*), embora seja divergente o posicionamento da doutrina[246] e até mesmo na

---

[244] Art. 252. Nos recursos em geral, o relator poderá limitar-se a ratificar os fundamentos da decisão recorrida, quando, suficientemente motivada, houver de mantê-la.

[245] BADARÓ, Gustavo. *Processo Penal*. In. Série Universitária, São Paulo: Campus Jurídico, 2012, p. 39.

[246] Conforme entendimento apresentado por Rodrigo Ramina de Lucca, *"grosso modo, pode-se dizer que a motivação aliunde é, em determinados casos, aceitável e a motivação per relationem é, em qualquer situação, o mesmo que falta de motivação"*. Continua explicitando que *"no que concerne à motivação per relationem, trata-se de uma severa violação do dever de motivação. Ainda que o tribunal considere válida e correta a decisão recorrida, não lhe é dado simplesmente transcrevê-la. Pode, é claro,*

jurisprudência[247] a respeito de sua possibilidade de utilização pelo magistrado, inúmeros julgados, em especial do próprio Supremo Tribunal Federal[248], entendem que a utilização de tais técnicas de fundamentação não acarreta em afronta ao princípio constitucional da motivação, previsto pelo art. 93, IX, da Constituição Federal, conforme anteriormente estudado, bem como de que se coaduna com os demais princípios constitucionais da duração razoável do processo, da celeridade, da economia processual, do contraditório e da ampla defesa. Neste sentido:

> Valho-me, para tanto, da técnica da motivação" per relationem", o que basta para afastar eventual alegação de que este ato decisório apresentar-se-ia destituído de fundamentação. Não se desconhece, na linha de diversos precedentes que esta Suprema Corte estabeleceu a propósito da motivação por referência ou por remissão (RTJ 173/805-810, 808/809, Rel. Min. CELSO DE MELLO RTJ 195/183-184, Rel. Min. SEPÚLVEDA PERTENCE, v.g.), que se revela legí-

---

aproveitar trechos relevantes ou de clareza ímpar, mas é dever do tribunal expor as razões pelas quais considera válida e correta, justificando a sua manutenção". In, *O Dever de Motivação das Decisões Judiciais*. Salvador: JusPodium, 2015, p. 235/236.

[247] STJ, AI n.º 855829 AgR, Rel. Min. Rosa Weber, j. 20/11/2012, acórdão eletrônico DJe-241 de 10-12-2012; e REsp 493.625, Rel. Min. Sálvio de Figueiredo, j. 26.6.03, DJU 29.9.03. Entretanto, o mesmo Tribunal reputou como nulo acórdão com motivação *ad relationem*, uma vez que o decisum colegiado, não atendendo ao comando constitucional do artigo 93, inciso IX, não apresentou de forma mínima os fundamentos que ensejaram a negativa de provimento do apelo interposto pela defesa do paciente (STJ - HC 176238/SP - 5ª T. - Rel. Min. Jorge Mussi, DJe 01/06/2011). De semelhante teor: STJ, 6ª T., HC 76850/SP, Rel. Min. Maria Thereza de Assis Moura, DJe de 31/05/2010.

[248] O Supremo Tribunal Federal possui posicionamento pacífico a respeito da constitucionalidade do artigo 46 da Lei no 9.099/1995, que não viola a exigência constitucional da motivação dos atos decisórios. Dentre outros, vejam-se os precedentes: STF; AI-AgR 789.441; AP; Primeira Turma; Rel. Min. Ricardo Lewandowski; Julg. 09/11/2010; DJE 25/11/2010; STF; AI-AgR 749.963-3; RJ; Segunda Turma; Rel. Min. Eros Grau; Julg. 08/09/2009; DJE 25/09/2009; STF; AI-AgR 701.043-1; RJ; Segunda Turma; Relª Min. Ellen Gracie; Julg. 04/08/2009; DJE 28/08/2009. Mais recentemente, em 13/07/2011, noticiou-se no sítio do Supremo Tribunal Federal que, no julgamento do Recurso Extraordinário 635729, Rel. Min. Dias Toffoli, através do Plenário Virtual, tal Corte reconheceu a repercussão geral do tema constitucional contido no recurso, reafirmando sua jurisprudência no que tange à constitucionalidade do artigo em epígrafe. Ademais, aludindo à motivação da sentença, o acórdão delimita a causa de pedir de eventual recurso extraordinário ou de habeas corpus (STF, HC 86.533/SP, Rel. Min. Eros Grau, julgado em 08/11/2005, DJ 02-12-2005).

tima, para efeito do que dispõe o art. 93, *inciso* IX, *da* Constituição *da República*, a motivação "per relationem", desde que os fundamentos existentes "aliunde", a que se haja explicitamente reportado a decisão questionada, atendam às exigências estabelecidas pela jurisprudência constitucional do Supremo Tribunal Federal[249].

De fato, conforme entendimento apresentado por Leonardo Alvarenga da Fonseca, essa técnica de fundamentação se encontra já tipificada no ordenamento jurídico pátrio, conforme determinam, p. ex., o art. 46 da Lei nº 9.099/1995[250] e o art. 332 do Código de Processo Civil[251], mormente considerando que

ganha força perante a tendência legislativa de valorização da jurisprudência e dos precedentes dos Tribunais Superiores, devendo ser adequadamente aplicada para consolidar-se como instrumento apto a atender a litigiosidade serial, repetitiva e de massa, funcionando como poderoso meio processual para harmonizar o princípio constitucional do devido processo legal com a garantia constitucional da razoável duração do processo[252].

Com efeito, a doutrina aponta os seguintes casos que serão considerados como de fundamentação referenciada: a) o acórdão que confirma a sentença "por seus próprios fundamentos"; b) a decisão que se remete às razões da parte; c) a decisão que se remete ao pronunciamento do Ministério Público; d) a decisão em juízo de retratação; e) a decisão que se remete a jurisprudência ou Súmula[253].

---

[249] STF MS 27350 MC/DF, rel. Ministro Celso de Mello, DJ 04/06/2008.
[250] Art. 46. O julgamento em segunda instância constará apenas da ata, com a indicação suficiente do processo, fundamentação sucinta e parte dispositiva. Se a sentença for confirmada pelos próprios fundamentos, a súmula do julgamento servirá de acórdão.
[251] Art. 332. Nas causas que dispensem a fase instrutória, o juiz, independentemente da citação do réu, julgará liminarmente improcedente o pedido que contrariar: I - enunciado de súmula do Supremo Tribunal Federal ou do Superior Tribunal de Justiça; II - acórdão proferido pelo Supremo Tribunal Federal ou pelo Superior Tribunal de Justiça em julgamento de recursos repetitivos; III - entendimento firmado em incidente de resolução de demandas repetitivas ou de assunção de competência; IV - enunciado de súmula de tribunal de justiça sobre direito local.
[252] FONSECA, Leonardo Alvarenga da. *A fundamentação per relationem como técnica constitucional de racionalização das decisões judiciais*. In. Derecho y Cambio Social. 01.04.2014. Disponível em www.derechoycambiosocial.com. ISSN 2224-4131. Acesso em 11.11.2014.
[253] FONSECA, Vítor. *Fundamentação per relationem*. In Revista de Processo. n. 129, p. 251-268, nov. 2005, p. 06.

De fato, deve-se ter em consideração que a decisão será considerada fundamentada, mediante a motivação *per relationem*, quando expuser os motivos que levaram o julgador à formulação de seu convencimento, ainda que fazendo remissão expressa a outra decisão, proferida nos mesmos ou em outros autos. No entanto, deve-se tomar extremo cuidado de que não poderá ser legítima a motivação que empresta às razões de decidir, por exemplo, parecer proferido pelo Ministério Público, ou de pareceres contratados unilateralmente pelas partes ou, ainda, de petições diversas produzidas de igual maneira, porque, de fato, ofendem a verdadeira atividade jurisdicional do Estado-Juiz, qual seja a de conferir a resposta adequada ao caso, após o ato de justificação por intermédio de todos os elementos de prova colacionados aos autos.

Entretanto, apesar do posicionamento defendido, apresenta-se o posicionamento similar, considerando a constitucionalidade das normas e do posicionamento em comento, conforme se depreende de julgamentos proferidos pelo Supremo Tribunal Federal:

O acórdão, ao fazer remissão aos fundamentos de ordem fático-jurídica mencionados na sentença de primeira instância, nas contrarrazões do Promotor de Justiça e no parecer do Ministério Público de segunda instância (motivação "per relationem") – e ao invocá-los como expressa razão de decidir – revela-se fiel à exigência jurídico-constitucional de motivação que se impõe, ao Poder Judiciário, na formulação de seus atos decisórios. Precedentes[254].

Parece-nos, portanto, que a utilização da motivação *"per relationem"*, quando utilizada com parcimônia, unicamente reproduzindo decisões anteriores proferidas nos próprios autos (também chamada de *aliunde*), efetivada com a cognição exauriente, completa e aprofundada por magistrado ou julgador, justificando adequadamente a sua convicção ao caso concreto, não se limitando a reprodução de pareceres técnicos produzidos subjetivamente ou unilateralmente por uma das partes, não padece de qualquer inconstitucionalidade, seja material, seja formal.

Observe que o CPC/2015, no §3º do art. 1.021, vedou o relator nos tribunais de limitar-se à mera reprodução da decisão agravada para julgar improcedente o agravo interno, utilizando a fundamentação *per relationem*. Referido dispositivo foi justamente idealizado em consonância com a deter-

---

[254] STF-HC 69425/SP, Primeira Turma, Relator Ministro Celso de Mello, DJ 20.10.06.

minação de fundamentação das decisões judiciais prevista pelo art. 489, §1º, do CPC/2015, que estabelece os casos em que se presume a ausência de fundamentação, notadamente os incisos IV e V, assim redigidos:

§ 1º Não se considera fundamentada qualquer decisão judicial, seja ela interlocutória, sentença ou acórdão, que: (...) IV – não enfrentar todos os argumentos deduzidos no processo capazes de, em tese, infirmar a conclusão adotada pelo julgador; V – se limitar a invocar precedente ou enunciado de súmula, sem identificar seus fundamentos determinantes nem demonstrar que o caso sob julgamento se ajusta àqueles fundamentos.

Segundo o dispositivo legal, é vedado ao relator limitar-se à reprodução dos fundamentos da decisão agravada para julgar improcedente o agravo interno (art. 1021, § 3º, do CPC/2015). Sustenta Teresa Arruda Alvim, comentando o referido dispositivo, que é *"harmônico com a linha do NCPC, no sentido de exigir, quer das partes, quer do juiz, fundamentação específica para pedidos e decisões"*. Prossegue, aduzindo que *"o juiz deve, portanto, reforçar os fundamentos da decisão agravada e rebater os argumentos do recorrente"*[255].

Ainda, seguindo este mesmo sentido, Daniel Assumpção Neves afirma que essa norma é deveras radical à vedação deste tipo de fundamentação, porquanto acarretará em diversas alterações estruturais da maioria das decisões judiciais proferidas em agravo interno, que até então se utilizavam, certamente, da técnica de, tão somente, reproduzir o *decisum* anterior como forma de fundamentação do acórdão desse recurso:

o § 3º do artigo ora analisado, ao prever ser vedado ao relator limitar-se à reprodução dos fundamentos da decisão agravada para julgar improcedente (negar provimento) o agravo interno, promete mexer num vespeiro. Qualquer pessoa com a mínima experiência na prática forense sabe que as decisões de agravo interno (ou regimental) são em sua grande maioria um 'recorta e cola' explícito da decisão monocrática. De novo apenas o primeiro parágrafo, que afirma mecanicamente que o recurso não abalou os fundamentos da decisão monocrática e que por tal razão o relator se valerá deles para decidir o agravo. (...) Com a previsão ora analisada, ao menos no julgamento do agravo interno, o 'recorta e cola' será vetado[256].

---

[255] WAMBIER, Teresa Arruda Alvim [et al]. *Primeiros comentários ao novo código de processo civil: artigo por artigo.* São Paulo: editora revista dos tribunais, 2015, p. 1465.
[256] NEVES, Daniel Amorim Assumpção. *Novo Código de Processo Civil comentado artigo por artigo.* Salvador: Editora Juspodivm, 2016, p. 1709.

Atento a essa determinação, o Superior Tribunal de Justiça, em recentes julgados, tem adotado a postura no sentido de que deixará de admitir a fundamentação *per relationem* como suficiente nas decisões proferidas. Nesse sentido, verifique o seguinte posicionamento:

> 3. Cinge-se a controvérsia a decidir sobre a invalidade do julgamento proferido, por ausência de fundamentação, a caracterizar violação do art. 489, § 1º, IV, do CPC/2015. 4. Conquanto o julgador não esteja obrigado a rebater, com minúcias, cada um dos argumentos deduzidos pelas partes, o novo Código de Processo Civil, exaltando os princípios da cooperação e do contraditório, lhe impõe o dever, dentre outros, de enfrentar todas as questões pertinentes e relevantes, capazes de, por si sós e em tese, infirmar a sua conclusão sobre os pedidos formulados, sob pena de se reputar não fundamentada a decisão proferida. 5. Na hipótese, mostra-se deficiente a fundamentação do acórdão, no qual é confirmado o indeferimento da gratuidade de justiça, sem a apreciação das questões suscitadas no recurso, as quais indicam que a recorrente – diferentemente dos recorridos, que foram agraciados com o benefício – não possui recursos suficientes para arcar com as despesas do processo e honorários advocatícios. 6. É vedado ao relator limitar-se a reproduzir a decisão agravada para julgar improcedente o agravo interno[257].

A decisão do STJ deu-se com base, fundamentalmente, em dois argumentos: primeiro, de que o Código de Processo Civil de 2015, exaltando os princípios da cooperação e do contraditório, impõe ao julgador o dever de enfrentar todas as questões apresentadas no processo capazes de, por si sós e em tese, infirmar a sua conclusão sobre os pedidos formulados, sob pena de se reputar não fundamentada a decisão proferida (art. 489, §1º, IV), e, segundo, conforme determina o §3º do art. 1.021 do CPC/2015, é vedado ao relator limitar-se a reproduzir a decisão agravada para julgar improcedente o agravo interno.

Nesse caso, anota-se, a decisão do acórdão será considerada como devidamente motivada ou fundamentada, porém, evitando maior dilação de

---

[257] STJ REsp 1622386/MT, Rel. Ministra NANCY ANDRIGHI, TERCEIRA TURMA, DJe 25/10/2016.

seu julgamento, permite-se a utilização da fundamentação proferida pelo tribunal *ad quem* das razões apresentadas e constante na sentença recorrida (proferida pelo órgão *a quo*), em observância aos princípios constitucionais da razoável duração do processo, da celeridade e da economia processual (v.g., art. 282 do Regimento Interno do Tribunal de Justiça de São Paulo). No entanto, em se tratando do próprio órgão prolator da decisão, como no caso do agravo interno, entende-se não ser devidamente fundamentado o acórdão que somente reproduz decisão anterior, por violar as regras do contraditório e da dialética processual, pois *"mesmo correndo o risco de ser redundante, deve, sempre, o juiz re-explicar a fundamentação lógica e jurídica de sua decisão, sob pena de estar atingindo frontalmente um direito da parte, agora garantido constitucionalmente*[258]*"*.

Ainda, na lição do ilustre mestre Paulo Bonavides, *"o verbalismo normativo é o somenos; o realismo extra vocabular da norma é tudo, principalmente quando se trata de matéria constitucional, no processo de sua concretização, que abrange funcionamento, reconhecimento e atualidade efetiva*[259]*"*. Ou, como ensina o constitucionalista português J.J. Gomes Canotilho,

qualquer Constituição só é juridicamente eficaz (pretensão de eficácia) através da sua realização. Esta realização é uma tarefa de todos os órgãos constitucionais que, na atividade legiferante, administrativa e judicial, aplicam as normas da Constituição. Nesta "tarefa realizadora", participam ainda todos os cidadãos – "pluralismo de intérpretes" – que fundamentam, na Constituição, de forma direta e imediata, os seus direitos e deveres[260].

Conclui-se, portanto e para tanto, a legitimidade argumentativa, bem como a constitucionalidade, da técnica da motivação *"per relationem"*, desde que utilizada com moderação, observando os limites impostos pelo próprio sistema processual, o que basta para afastar eventual alegação de que este ato decisório apresentar-se-ia destituído de fundamentação, revelando-se legítima, para efeito do que dispõe o art. 93, inciso IX, da Constituição da República, desde que os fundamentos existentes na decisão e utilizados *"aliunde"*[261] sejam explicitamente reportados à decisão questionada,

---

[258] ALMEIDA, Flávio Renato Correia de. *Da fundamentação das decisões judiciais*. In Revista de Processo. 67, p. 194.

[259] BONAVIDES, Paulo. *Curso de direito constitucional*. 10. ed. São Paulo: Malheiros, 2000. p. 505.

[260] CANOTILHO, J. J. G. *Direito Constitucional e Teoria da Constituição*. 6. ed. Coimbra: Almedina, 2002. p. 1.126.

[261] MS 27350-MC/DF, Rel. Min. Celso de Mello, DJ 04/06/2008.

dentro dos limites constituídos (art. 489, § 1º, do CPC/2015), bem como atendendo às exigências estabelecidas pela jurisprudência constitucional do Supremo Tribunal Federal[262].

4.2.2. A Motivação Sucinta ou Motivação Concisa e a Motivação Inexistente

Outra importante questão que se apresenta pela doutrina, em especial após a entrada em vigência do Código de Processo Civil de 2015, é a diferenciação entre aquilo que ficou conhecido como motivação sucinta (ou concisa) e a inexistência de motivação, assim entendida como a decisão judicial que não apresenta ou não rebate todos os fundamentos apresentados pelas partes.

Algumas distinções merecem especial análise neste momento, para que se possa entender se, de fato, a falta de motivação possa acarretar em nulidade da decisão judicial ou se pela forma com que fundamentada pelo magistrado, dela se possa extrair os elementos essenciais e suficientes para justificar o resultado alcançado pelo julgador, bem como que sejam aptas a possibilitar o devido controle (via recursal) da decisão pelas partes[263].

Michele Taruffo possui relevante entendimento sobre a questão, sustentando que o juiz não é obrigado a decidir e motivar expressamente sobre todas as particulares alegações e argumentos apresentados pelas partes, já

---

[262] Confiram-se também: STF-RE 172292/SP, Primeira Turma, Relator Ministro Moreira Alves, DJ 10.8.01; STF-HC 72009/RS, Primeira Turma, Relator Ministro Celso de Mello, DJ 01.12.1994. Apesar disso, adverte o próprio Supremo que *"a apelação devolve integralmente ao Tribunal a decisão da causa, de cujos motivos o teor do acórdão há de dar conta total: não o faz o que – sem sequer transcrever a sentença – limita-se a afirmar, para refutar apelação arrazoada com minúcia, que no mérito, não tem os apelantes qualquer parcela de razão', somando ao vazio dessa afirmação a tautologia de que 'a prova é tranquila em desfavor dos réus': a melhor prova da ausência de motivação válida de uma decisão judicial – que deve ser a demonstração da adequação do dispositivo a um caso concreto e singular – é que ela sirva a qualquer julgado, o que vale por dizer que não serve nenhum"* (HC 78013, Rel. Min. Sepúlveda Pertence, Primeira Turma, julgado em 24/11/1998, DJ 19-03-1999).

[263] Nesse sentido, ensina Arruda Alvim: *"É preciso que o juiz, decidindo a controvérsia, justifique porque acolheu a posição do autor ou do réu. Justamente porque o juiz não decide arbitrariamente em função de sua mera vontade é que deve constar expressa e explicitamente da sentença a sua fundamentação, que é pressuposto do seu controle jurisdicional. A parte que sofre prejuízo se insurge contra os mesmos; recorrendo, tentará comprometer a fundamentação, pois, logrando fazê-lo, ipso facto, seu recurso será provido, e modificada a sentença. Conquanto não se recorra de fundamentos, mas da conclusão, os fundamentos hão de ser atacados também, e como premissas do pedido de reforma da decisão"* (ARRUDA ALVIM. Manual de Direito Processual Civil, vol. 2, 11ª ed., 2007, São Paulo: Revista dos Tribunais, p. 593).

que isso levaria a consequências absurdas (tais como intermináveis posicionamentos levantados pelas partes, obrigando o magistrado a se manifestar sobre infindáveis questões), mas, sim, que a motivação deve *"justificar a decisão em relação às defesas* (assim analisadas como um todo) *desenvolvidas pelas partes"*, pois somente desta forma seria possível verificar se em concreto não ocorreu uma violação ao direito das partes ou ao esvaziamento da garantia da defesa[264].

Leonardo Greco, por seu turno, adota entendimento semelhante, mas acrescenta que o juiz deve mencionar na motivação todas as alegações suscitadas pelas partes, ou seja, deve obrigatoriamente indicar aquelas que considerou suficientes para fundamentar a sua decisão, bem como aquelas que manifestamente foram incabíveis ou inúteis, e apontar, ainda que de forma resumida, as razões que o levaram a desprezá-las: *"A fundamentação deve ser completa, embora a jurisprudência do Superior Tribunal de Justiça seja muito tolerante com motivações insuficientes. (...) Não pode haver (...) omissão sobre nenhum ponto relevante (...)*[265]*"*.

Desta forma, a decisão judicial, para o autor, deve conter todas as justificativas possíveis e suficientes para fundamentá-la, não podendo existir quaisquer omissões sobre nenhum ponto relevante para sustentá-la, sejam questões úteis e necessárias para a justificação da decisão tomada, seja daqueles fundamentos levantados pelas partes que não foram suficientes para a modificação do julgado, em especial explicitando os posicionamentos que levaram o julgador a sua desconsideração.

A motivação que apenas justifica a conclusão do magistrado não é compatível com o Estado Democrático de Direito, em que o princípio político

---

[264] GRECO, Leonardo. Resenha do livro de Michele Taruffo *La motivazione della sentenza civile*. (CEDAM, Padova, 1975). Revista de Processo, São Paulo: Revista dos Tribunais, ano 32, n. 144, p. 306-327, fev. 2007.

[265] Continua o autor: *"A motivação que apenas justifique a conclusão do magistrado não é compatível com o Estado Democrático de Direito, em que o princípio político da participação democrática exige que qualquer autoridade pública efetivamente faculte que os particulares interessados nas suas decisões, nelas possam influir com todos os meios ao seu alcance. Entretanto, muitos justificam a omissão dos juízes no exame de todas as questões suscitadas pelas partes, alegando que muitos advogados, até mesmo no intuito de impressionar seus clientes, elaboram enormes petições, recheadas de preliminares e de argumentos absolutamente irrelevantes. O juiz não está compelido a analisar alegações manifestamente incabíveis e inúteis, mas precisa evidenciar na sentença que delas tomou conhecimento e apontar, ainda que sinteticamente, as razões que o levaram a desprezá-las"*. GRECO, Leonardo. *Instituições de processo civil*. v. II. 2. ed. Rio de Janeiro, 2011, p. 271.

da participação democrática exige que qualquer autoridade pública efetivamente faculte que os particulares interessados nas suas decisões, nelas possam influir com todos os meios de defesa, de participação e de manifestação colocados ao seu alcance.

Entretanto, muitos justificam a omissão dos juízes no exame de todas as questões suscitadas pelas partes, alegando que muitos advogados, até mesmo no intuito de impressionar seus clientes, elaboram enormes petições, recheadas de teses, de preliminares e de argumentos absolutamente irrelevantes que nem sempre condizem ou mantêm relações com o caso concreto. Desta forma, o juiz não está compelido a analisar alegações manifestamente incabíveis e inúteis à justa e efetiva decisão final, mas precisa evidenciar na sentença que delas tomou conhecimento e apontar, ainda que sinteticamente, as razões que o levaram a desprezá-las[266].

A própria jurisprudência do Superior Tribunal de Justiça, ainda sob a égide do Código de 1973, fez distinção entre motivação sucinta, de um lado, mas efetivamente válida, e a ausência ou falta de motivação, de outro. Nesse sentido o seguinte precedente:

> AGRAVO REGIMENTAL. PROCESSUAL. CONVERSÃO DE AGRAVO DE INSTRUMENTO EM AGRAVO RETIDO. ACÓRDÃO SUFICIENTEMENTE FUNDAMENTADO. AUSÊNCIA DE INFRINGÊNCIA AO ARTIGO 535 DO CPC. AGRAVO REGIMENTAL NÃO PROVIDO. 1. Não se verifica violação ao artigo 535 do CPC se, ainda que de maneira sucinta, o acórdão recorrido apresentou os fundamentos nos quais apoiou as conclusões assumidas. 2. Esta Corte Superior tem o entendimento assente no sentido de que a "nulidade só alcança decisões ausentes de motivação, não aquelas

---

[266] Ao apresentar algumas considerações acerca da necessidade de motivação das decisões judiciais, afirma Barbosa Moreira, *in verbis*: "*Last but not least, trata-se de garantir o direito que têm as partes de ser ouvidas e de ver examinadas pelo órgão julgador as questões que houverem suscitado. Essa prerrogativa deve entender-se ínsita no direito de ação, que não se restringe, segundo a concepção hoje prevalecente, à mera possibilidade de pôr em movimento o mecanismo judicial, mas inclui a de fazer valer razões em Juízo de modo efetivo, e, por conseguinte, de reclamar do órgão judicial a consideração atenta dos argumentos e provas trazidas aos autos. Ora, é na motivação que se pode averiguar se e em que medida o juiz levou em conta ou negligenciou o material oferecido pelos litigantes; assim, essa parte da decisão constitui 'o mais válido ponto de referência' para controlar-se o efetivo respeito daquela prerrogativa*". MOREIRA, José Carlos Barbosa. Temas de direito processual. 2. sér. São Paulo: Saraiva, 1980. p. 88.

com fundamentação sucinta, mormente quando possibilita o amplo direito de defesa por parte daquele que se sentiu prejudicado" (REsp 437180/SP; 3ª Turma, Rel. Min. Castro Filho, DJ de 04.11.2002). 3. Agravo regimental não provido[267][268]".

Seguindo o mesmo entendimento, manifesta-se a jurisprudência do Supremo Tribunal Federal:

> DIREITO CIVIL E DO TRABALHO. AGRAVO REGIMENTAL EM AGRAVO DE INSTRUMENTO. INDENIZAÇÃO. PRAZO PRESCRICIONAL. NEGATIVA DE PRESTAÇÃO JURISDICIONAL. OFENSA AO ART. 93, IX, DA CONSTITUIÇÃO FEDERAL: INEXISTÊNCIA. 1. O acórdão do TST contém motivação suficiente e adequada para o deslinde da questão, o que afasta eventual pretensão da parte agravante de destrancar o recurso extraordinário e, por conseguinte, a aplicação do instituto da repercussão geral. 2. A jurisprudência do Supremo Tribunal Federal tem o entendimento pacificado no sentido de que a Constituição exige, no inc. IX, do art. 93 que "o juiz ou o tribunal dê as razões de seu convencimento, não se exigindo que a decisão seja amplamente fundamentada, extensa-

---

[267] STJ AgRg no Ag 1.407.985/RS, Rel. Ministro Luis Felipe Salomão, Quarta Turma, j. 18/10/2012, DJe. 26/10/2012.
[268] Neste mesmo sentido: PROCESSUAL CIVIL – ANTECIPAÇÃO DE TUTELA INDEFERIDA NA ORIGEM – DECISÃO JUDICIAL DEFICIENTEMENTE FUNDAMENTADA – CPC, ARTS. 165 E 458 – VIOLAÇÃO OCORRIDA – ANULAÇÃO DO ACÓRDÃO – 1. A fundamentação das decisões judiciais constitui garantia do cidadão no Estado Democrático de Direito, tendo por objetivo, dentre outros, o exercício da ampla defesa e o seu controle por parte das instâncias superiores, consoante a abalizada lição de José Carlos Barbosa Moreira, citado por Lúcia Valle Figueiredo (in 'Princípios constitucionais do processo', Revista Trimestral de Direito Público nº 01/1993, p. 118). 2. Não atende o princípio da motivação das decisões judiciais a menção de que 'não estão presentes os requisitos legais para o deferimento da antecipação dos efeitos da tutela', desacompanhada das razões de fato analisadas pelo julgador, por impossibilitar a revisão da questão pelas instâncias superiores, a teor das Súmulas nºs 7/STJ e 279/STF. 3. Recurso especial provido para anular o acórdão recorrido e determinar que o Tribunal esclareça quais as circunstâncias fáticas da causa que desautorizam o deferimento da antecipação de tutela pleiteada pelo recorrente. STJ REsp 856.598/SP, Relª Min. Eliana Calmon, 2ª Turma, DJ 20.11.2008, DP 17.12.2008.

mente fundamentada, dado que a decisão com motivação sucinta é decisão motivada". 3. Agravo regimental a que se nega provimento[269].

Gustavo Badaró observa que, de fato, há uma tendência jurisprudencial de se maximizarem os casos de motivação sucinta e, de outro lado, de se minimizarem os casos de ausência de motivação[270]. Especial posicionamento apontado pelo autor é aquele apresentado pela Corte Europeia de Direitos Humanos (CEDH), decidindo que o dever de motivar concerne e deverá ficar adstrito tão somente às *"questões controversas"* que expressam caráter de essencialidade à lide, sem que se possa considerar violado, no caso, o art. 6º da Convenção Europeia de Direitos Humanos, ainda que pontos secundários tenham sido negligenciados na motivação[271].

Da mesma forma, a mesma Corte Europeia consolidou o entendimento no sentido de que é necessário que da motivação apresentada pelo julgador possa ser deduzido pelas partes de que todos os argumentos decisivos e submetidos por elas durante a tramitação do processo foram, ao menos, examinados, sem que se possa, no entanto, pretender uma resposta deta-

---

[269] STF AI 816.457 AgR/MT, Rel. Min. Ellen Gracie, Segunda Turma. j. 14/12/2010, DJe-026 de 09-02-2011.

[270] BADARÓ, Gustavo Henrique Righi Ivahy. *Processo Penal*. Rio de Janeiro: Campus Elsevier, 2012, p. 27.

[271] ARTIGO 6°. Direito a um processo equitativo. 1. *Qualquer pessoa tem direito a que a sua causa seja examinada, equitativa e publicamente, num prazo razoável por um tribunal independente e imparcial, estabelecido pela lei, o qual decidirá, quer sobre a determinação dos seus direitos e obrigações de carácter civil, quer sobre o fundamento de qualquer acusação em matéria penal dirigida contra ela.* O julgamento deve ser público, mas o acesso à sala de audiências pode ser proibido à imprensa ou ao público durante a totalidade ou parte do processo, quando a bem da moralidade, da ordem pública ou da segurança nacional numa sociedade democrática, quando os interesses de menores ou a protecção da vida privada das partes no processo o exigirem, ou, na medida julgada estritamente necessária pelo tribunal, quando, em circunstâncias especiais, a publicidade pudesse ser prejudicial para os interesses da justiça. 2. Qualquer pessoa acusada de uma infracção presume-se inocente enquanto a sua culpabilidade não tiver sido legalmente provada. 3. *O acusado tem, como mínimo, os seguintes direitos: a) Ser informado no mais curto prazo, em língua que entenda e de forma minuciosa, da natureza e da causa da acusação contra ele formulada; b) Dispor do tempo e dos meios necessários para a preparação da sua defesa; c) Defender-se a si próprio ou ter a assistência de um defensor da sua escolha e, se não tiver meios para remunerar um defensor, poder ser assistido gratuitamente por um defensor oficioso, quando os interesses da justiça o exigirem; d) Interrogar ou fazer interrogar as testemunhas de acusação e obter a convocação e o interrogatório das testemunhas de defesa nas mesmas condições que as testemunhas de acusação; e) Fazer-se assistir gratuitamente por intérprete, se não compreender ou não falar a língua usada no processo.*

lhada a cada uma dessas argumentações[272]. Também, de igual modo, já assentou que a amplitude, o detalhamento e os conteúdos específicos da motivação são, de qualquer modo, condicionados pela natureza e pelas circunstâncias de cada caso concreto, bem como pelo tipo de provimento pleiteado pelas partes[273].

4.2.3. Motivação Implícita (ou Intrínseca)

Finalmente, haverá aquilo que chamamos de *"motivação implícita"* quando o exame de todos os pontos da decisão, ainda que não explicitamente feito, resulta implicitamente realizado, conforme a análise da sentença como um todo, segundo regras lógicas, como *"inclusio unius, exclusio alterius"*. No entanto, para que tais regras possam ser validamente aplicadas, é preciso que exista, entre as questões efetivamente resolvidas e aquelas implicitamente solucionadas, uma relação de *"implicação necessária"*, de modo que o acolhimento de uma acarretará, logicamente, a rejeição da outra[274].

Nesse sentido, Michele Taruffo observou que a contraposição lógica entre duas asserções não é sempre de necessária alternatividade, pois é possível que uma delas não contenha em si as razões de exclusão da outra[275], tendo em vista que em algumas situações pode ocorrer que uma alegação não contenha necessariamente em si as razões de exclusão da outra. Explica o autor que não são necessariamente todas as situações em que apenas duas soluções se apresentam como possíveis para uma questão, existindo aquelas em que o juiz precisa optar entre uma ampla gama de diferentes possibilidades não necessariamente contrapostas no plano lógico. Nesses casos, que na verdade representam a maioria das lides, a justificativa para

---

[272] Verifique: CEDH, *sentença Helle c. Finlândia*, de 19.12.1997.
[273] CEDH, *sentença Ruiz Torija c. Espanha*, de 9.12.1994; CEDH, *sentença Van de Hurk c. Holanda*, de 19.04.1994; e CEDH, *sentença Gomez Cespon c. Suíça*, de 5.10.2010. 69 CEDH, *sentença Ruiz Torija c. Espanha de 21.01.1994*; CEDH, *sentença Higgins c. Francia*, de 19.02.1998; CEDH, *sentença Helle c. Finlândia*, de 19.12.1997. No mesmo sentido: SANTANGELI, Fabio. *La motivazione della sentenza civile su richiesta e i recenti tentativi di introduzione dell'istituto della "motivazione breve" in Italia*. 2011. Disponível em: www.judiciujm.it. Acesso em 17 de maio de 2017.
[274] BADARÓ, Gustavo Henrique Righi Ivahy. *Processo Penal*, op. cit., p. 28.
[275] GRECO, Leonardo. In. Resenha do livro de Michele Taruffo *La motivazione della sentenza civile*. (CEDAM, Padova, 1975). Revista de Processo, São Paulo: Revista dos Tribunais, ano 32, n. 144, p. 306327, fev. 2007.

a escolha de uma dentre tantas possibilidades não pode ser considerada como motivação implícita da exclusão das outras.

Assim, consoante a doutrina do autor italiano, para que se atenda ao dever constitucional de fundamentar a sentença, a motivação implícita apenas pode ser aceita em uma única hipótese: quando se tratar de dois pontos contrapostos[276]. Desta forma, nem sempre as soluções possíveis de uma questão se resumem a somente duas possibilidades, havendo a necessidade de o julgador escolher entre diversas possibilidades. E, mesmo nos casos em que só haja duas alternativas, com um nexo de implicação necessária entre a questão principal e a questão prejudicial, por exemplo, a motivação implícita apenas indicaria a própria decisão em si, isto é, o resultado da resolução da questão, mas não as respectivas justificações e razões.

Emerge desse entendimento que o mais importante da decisão judicial não é efetivamente conhecer o resultado definitivo da evolução do entendimento do magistrado, mas, sim, todo o desenvolvimento argumentativo de fato e de direito que levou àquela decisão. Em resumo, a motivação implícita permite saber que determinada questão levantada durante a relação processual foi rejeitada, mas não permite conhecer o porquê. Isso em razão do acolhimento da questão principal ou de determinada questão alternativa refletir o afastamento ou o não acolhimento dos demais questionamentos, mas sem fornecer as razões específicas ou diretas para a identificação do porquê de sua rejeição[277].

No entanto, ressalva merece ser feita a respeito da existência de motivação implícita e a inexistência de motivação, sendo que Michele Taruffo aduz que, muitas vezes, a deficiência de motivação sobre questões relevantes suscitadas pelas partes é justificada com o argumento da motivação implí-

---

[276] Explica o autor: *"Para que se possa falar de motivação implícita em sentido próprio não é de fato suficiente que o juiz declare de ter escolhido uma alternativa diferente daquela que a parte prospectou: importa pelo contrário, como requisito mínimo, que o juiz enuncie expressamente o critério de escolha ou de valoração a partir do qual, entre as diferentes possibilidades, escolheu uma em detrimento das outras. Somente satisfeita essa condição, de fato, pode-se entender que o contexto da motivação contenha os elementos mínimos necessários para que o intérprete possa reconstruir as razões que justificam a exclusão das possibilidades alternativas não acolhidas pelo juiz"*. TARUFFO, Michele. *A motivação da sentença civil*. Tradução Daniel Mitidiero; Rafael Abreu; Vitor de Paulo Ramos. 1.ed. São Paulo: Marcial Pons, 2015, p. 363-364.

[277] TARUFFO, Michele. *A motivação da sentença civil*. Tradução Daniel Mitidiero; Rafael Abreu; Vitor de Paulo Ramos. 1.ed. São Paulo: Marcial Pons, 2015.

cita, como se não existisse ou não fosse necessária a realização da devida conexão entre a motivação e a garantia constitucional da ampla defesa[278].

O autor, todavia, realiza a distinção entre as defesas que suscitam exceções em sentido próprio das meras argumentações defensivas. Neste caso, pode considerar-se suficiente uma motivação referida à defesa da parte entendida globalmente. Pode-se resultar que a motivação de uma questão prejudicial se encontre implicitamente rejeitada em razão do acolhimento das razões apresentadas para justificar a questão principal, mas não a motivação dessa rejeição, com a devida justificação das razões que levaram ao desacolhimento.

Dessa forma, conforme ensina e conclui Michelle Taruffo, a motivação implícita é *fictícia e contraditória* na maioria dos casos em que aplicável, sendo que, para as decisões das questões prejudiciais, ou existe motivação específica e expressa na sentença, ou *"não existe motivação"*, em especial, porque *"as relações de implicação entre questão principal e questão prejudicial existem apenas a respeito das respectivas decisões, mas não entre as respectivas justificações*[279]*"*.

4.3. As Decisões Imotivadas e as Nulidades por Vícios de Fundamentação

Ao analisar o art. 489, § 1º, do CPC, como visto, o intérprete depara-se com a exigência expressa daquilo que o legislador entendeu não ser considerada como uma decisão judicial devidamente fundamentada, ou seja, daquelas circunstâncias em que a decisão proferida será imotivada ou conterá alguma nulidade por vícios inerentes à fundamentação.

Por isso, ensina Tereza Arruda Alvim Wambier que três são as "espécies de vícios intrínsecos das sentenças, que se reduzem a um só, em última análise: 1. ausência de fundamentação; 2. deficiência de fundamentação; e 3. ausência de correlação entre fundamentação e decisório". Continua a processualista, explicando que "todos são redutíveis à ausência de fundamentação e geram nulidade da sentença. Isto porque 'fundamentação' deficiente, em rigor, não é fundamentação, e, por outro lado, 'fundamentação que não tem relação com o decisório também não é fundamentação: pelo menos não o é daquele decisório![280]".

---

[278] . TARUFFO, Michele. *A motivação da sentença civil*, op. cit. p. 365-366.
[279] TARUFFO, Michele. *A motivação da sentença civil*. op. cit., p. 362-363.
[280] WAMBIER, Tereza Arruda Alvim. *Nulidades do Processo e da Sentença*, cap. 3, 5ª ed., Ed. RT, 2004, p 335.

É fato que, em alguns casos, a inexistência de fundamentação decorrerá de análise específica da decisão judicial, verificando se, realmente, determinada sentença se encontra devidamente fundamentada de acordo com o caso concreto e as questões de fato e de direito ali propostas. Contudo, como o legislador especificou expressamente quais seriam os vícios das decisões, no CPC/2015, por ausência de fundamentação, questão importante que emerge é saber qual a consequência efetiva dessa "ausência de fundamentação".

Em um primeiro momento, há doutrinadores que defendem que a decisão sem motivação (ou sem fundamentação) é uma "não decisão", isto é, seria hipótese em que a falta de motivação implicaria a própria inexistência da decisão diversamente da motivação insuficiente, que seria caso de mera nulidade. Nesse sentido, Michelle Taruffo talvez se apresente como o principal e maior expoente na doutrina que defende a inexistência jurídica de decisão judicial sem motivação[281].

O processualista italiano considera a motivação "um elemento estrutural necessário dos provimentos jurisdicionais em que se exercita a jurisdição[282]", tendo em vista a matriz constitucional de sua exigência e obrigatoriedade; bem como, sustenta que uma decisão judicial somente pode ser considerada como tal se puder ser devidamente "controlada", ou seja, "a falta de motivação opera no sentido de precluir a própria possibilidade de controle, enquanto equivale à não-enunciação de elementos de base do contexto justificativo sobre o qual deve desenvolver-se" — e a exigência de motivação tem exatamente esta finalidade; a motivação, para o autor, é, pois, pressuposto da "jurisdicionalidade" (giurisdizionalità).

A percepção de que a motivação também cumpre um papel extraprocessual, como antes estudado (qual seja de submeter o exercício do poder ao controle da sociedade) leva à conclusão, afirma o autor, de que a sentença sem motivação não integra o conteúdo mínimo indispensável para que se reconheça um exercício legítimo da função jurisdicional[283].

Desta forma, Michelle Taruffo, embora reconheça a existência de divergências teóricas e práticas a respeito das decisões inexistentes, sustenta que não se poderia dar a esse tipo de vício o mesmo tratamento dado a outros defeitos eventualmente existentes nas decisões, passíveis de apresentação

---

[281] TARUFFO, Michelle. *La motivazione della sentenza civile*. Padova: CEDAM, 1975, p. 360.
[282] TARUFFO, Michele. *La motivazione della sentenza civile*, op. cit., p. 460.
[283] TARUFFO, Michele. *La motivazione della sentenza civile*, op. cit., p. 464.

de simples recursos por provocação das partes, sobretudo, como anteriormente ressaltado, em razão da sua natureza constitucional, bem como por ser correlato à própria noção de jurisdicionalidade, necessitando, pois, de outras formas de impugnação dessa decisão inexistente, ampliando, de fato, as possibilidades dos meios de impugnação, em especial, defendendo, então, que se possa admitir o controle da referida decisão imotivada por intermédio da "actio nullitatis autônoma".

Ainda, há uma segunda corrente, porém, que encara o vício da falta de motivação das decisões judiciais como apto a autorizar, no máximo, o ajuizamento de ação rescisória. Nesse aspecto, "mesmo ciente da importância do dever de fundamentar as decisões judiciais", Sérgio Nojiri sustenta que a falta ou ausência de fundamentação implicaria, pois, tão somente aa "anulabilidade da decisão", mediante a interposição de recurso no momento oportuno ou rescindível, no prazo de dois anos, após o ajuizamento da competente ação rescisória, consubstanciando seu entendimento com base no princípio da segurança jurídica que permeia as relações processuais[284].

Ainda, dentre os defensores deste posicionamento, surge o italiano Elio Fazzalari entendendo que a sentença imotivada será apenas e tão somente passível de anulação. Partindo de tais premissas, sustenta que o provimento jurisdicional somente poderá ser considerado nulo quando da possibilidade de "produção de todos os seus efeitos, até a anulação do ato[285]". Neste sentido, sustenta o jurista italiano que a sentença imotivada será tão somente anulável e não nula ou inexistente, justificando que, como provimento jurisdicional, ela, efetivamente, deve ser considerada como existente, assim como "o provimento emitido por juiz incompetente, ou que apresente conteúdo deforme daquele que em presença de certa situação substancial pressuposta deveria ter (vício que, em certos casos, é apontado sob o nome impróprio, mas sugestivo, de 'injustiça' da sentença), ou precedido por um processo viciado (no qual foram realizados atos processuais viciados)[286]".

---

[284] NOJIRI, Sérgio. O dever de fundamentar as decisões judiciais. São Paulo: RT, 1998, p. 109. Neste mesmo sentido: PERO, Maria Thereza Gonçalves. A motivação da sentença civil. São Paulo: Saraiva, 2001, p. 128-129; TUCCI, José Rogério Cruz e. "Ainda sobre a nulidade da sentença imotivada". Revista de Processo. São Paulo: RT, 1989, n. 56, p. 230.

[285] FAZZALLARI, Elio. *Instituizoni di diritto processuale*, 5ª. ed. Padova: CEDAM, 1989, p. 413 e 416/418.

[286] FALLAZZARI, Elio. *Instituizoni di diritto processuale...* op. cit, p. 418/419.

Sustentar que a decisão carente de fundamentação é passível, tão somente, de anulação é aceitar que, portanto, aquele ato é perfeitamente passível de convalidação; tal vício existente na sentença deve, obrigatoriamente, ser alegado por iniciativa da parte prejudicada; bem como de ser arguida na primeira oportunidade em que couber à parte falar ou se manifestar nos autos, sob pena de preclusão e, por consequência, de convalidação do referido vício; da mesma forma, em caso de preclusão, impossibilitará o exame da matéria pelos tribunais em grau recursal, não se tratando, pois, de vício passível de saneamento; e, por fim, essa sentença, somente poderia ser rescindida por meio de ação própria, desde que presentes os requisitos legais da ação rescisória (art. 966, do CPC/2015).

Por outro lado, há ainda aqueles que sustentam que a falta de qualquer dos elementos necessários da sentença (art. 489, do CPC/2015) acarretará em absoluta nulidade do ato decisório. Entre os defensores desse entendimento está José Rogério Cruz e Tucci, afirmando que tais elementos constantes da determinação legal são "instituídos não apenas no interesse dos litigantes, mas também no interesse público". Justifica o autor que, no caso de ausência de fundamentação, a nulidade "é de ser considerada absoluta", por impedir a devida composição da lide, deixando o processo de atingir a sua precípua finalidade, declarando, ainda, que, "faltando fundamentos do decisório, o ato judicial deixa de ser considerado como tal[287]".

Diante disso, afigura-se, por conseguinte, impossível aplicar-se ao caso a regra de convalidação expressa prevista pelo art. 277, do CPC/2015, tendo em vista que o dispositivo diz respeito e faz alusão tão somente à forma dos atos processuais, sendo que os elementos da sentença, previstos no art. 489, do CPC/2015, são concernentes à própria essência do ato[288]. Esta última posição é, de fato, aquela predominante na nossa doutrina[289], distinguindo os atos nulos dos atos inexistentes, sustentando que a ausência de fundamentação das decisões judiciais gera a nulidade do provimento jurisdicional, como nas palavras de Cintra, Grinover e Dinamarco, ao defenderem

---

[287] CRUZ E TUCCI, José Rogério. *A motivação da sentença no processo civil*. São Paulo: Saraiva, 1987, p. 139/140.
[288] CRUZ E TUCCI, José Rogério. *A motivação da sentença no processo civil...* op. cit., p. 140.
[289] Nesse sentido, conferir os entendimentos apresentados pelos seguintes juristas: CINTRA, GRINOVER e DINAMARCO. *Teoria geral do processo*, op. cit. p. 308; SANTOS, Moacyr Amaral. *Primeiras linhas de direito processual civil...* op. cit., p. 20; PASSOS, Calmon de. *A nulidade do processo civil*, cap. II, p. 49.

que "nulo será o ato se houver cominação expressa e também quando, na comparação com o modelo legal, se verificar que não foi celebrado com fidelidade a este[290]".

Neste sentido, decidiu o Superior Tribunal de Justiça: "Bem diversa da sentença com motivação sucinta é a sentença sem fundamentação, que agride o devido processo legal e mostra a face da arbitrariedade, incompatível com o Judiciário democrático" (STJ – REsp 18.731/PR, Rel. Ministro Sálvio de Figueiredo, j. 25/02/1992, DJu 30/03/1992). Ainda, confira outros julgados do C. STJ, reconhecendo a nulidade da sentença por falta de fundamentação:

> PROCESSUAL CIVIL. RECURSO ESPECIAL. NULIDADE DA SENTENÇA POR FALTA DE FUNDAMENTAÇÃO E OMISSÃO. ART. 458, II, DO CPC. 1. É nula a sentença que, por falta de fundamentação, silencia sobre argumento relevante manifestado por uma das partes. 2. Recurso especial improvido (STJ REsp 396314/PR, Rel. Ministro João Otávio de Noronha, 2ª T., j. 07/03/2006, DJ 07/04/2006).

> RECURSO ESPECIAL. NULIDADE DA SENTENÇA POR FALTA DE FUNDAMENTAÇÃO E OMISSÃO. PRECEDENTES DA CORTE. 1 É nula a sentença que omite questão central posta na contestação e deixa de fundamentar devidamente outras, diante dos termos precisos do art. 458, II, do CPC. 2 Como ensina Moacyr do Amaral Santos, em preciosa lição, a sentença "e ato de vontade, mas não ato de imposição de vontade autoritária, pois se assenta num juízo lógico. Traduz-se a sentença num ato de justiça, da qual devem ser convencidas não somente as partes, como também a opinião pública. Portanto, aquelas e esta precisam conhecer dos motivos da decisão, sem os quais não terão elementos para convencer-se do seu acerto. Nesse sentido diz-se que a motivação da sentença redunda de

---

[290] Continuam os autores explicitando que, "no direito processual civil brasileiro, alguns casos de nulidade absoluta estão expressamente indicados na lei ('nulidades cominadas') (...) Tais não são, no entanto, os únicos casos de nulidade absoluta; é preciso, caso por caso, verificar se a exigência formal foi instituída no interesse da ordem pública e então, ainda que inexista cominação expressa, a nulidade será absoluta (p. ex. falta de indicação da causa de pedir na petição inicial, ou a omissão, pelo juiz, do saneamento do processo)". CINTRA, GRINOVER e DINAMARCO. *Teoria geral do processo...*, op. cit. p. 305 e 307.

exigência de ordem pública". 3 Recurso conhecido e provido (STJ – REsp 47169/MG, Rel. Ministro Carlos Alberto Menezes Direito, 3ª T., j. 27/08/1996, DJ 14/10/1996).

Portanto, estando diante de uma sentença ausente de fundamentação, tem-se que o vício presente no pronunciamento judicial, apesar de ser passível de convalidação, poderá ser alegado pelas partes a qualquer tempo, momento ou grau de jurisdição, inclusive possibilitando o reconhecimento *de ofício* pelo tribunal; a sentença transita em julgado, produzindo regularmente todos os seus efeitos, sendo possível rescindi-la, mediante a propositura de ação rescisória, por violação expressa e literal de normas jurídicas, em especial, neste caso, de natureza processual, conforme art. 966, V, do CPC/2015.

Ainda, as questões não decididas ou não abarcadas pela sentença, apesar de constarem expressamente do pedido e de toda a relação processual, não farão coisa julgada, entretanto, vencido o prazo para a rescisão do julgado, nenhuma das matérias levantadas pelas partes no processo e não apreciadas pelo julgador voltará a ser considerada no mesmo ou em outro processo, em razão do efeito preclusivo da coisa julgada, que impossibilita o reexame de matéria já julgada no intuito de modificar o *decisum* anterior.

Caberá à parte, como forma de impugnação daquela sentença nula por falta de fundamentação, a oposição de embargos de declaração, em razão da omissão do julgador em ponto ou questão sobre o qual devia impor o pronunciamento do juiz, de ofício ou a requerimento, nos termos do art. 1.022, II, do CPC/2015; da mesma forma, a parte poderá alegar a nulidade no recurso de apelação, por não estar sujeita à preclusão, podendo, inclusive, o tribunal, de ofício, pronunciar-se sobre a nulidade, em razão da disposição do art. 1.013, § 1º, do CPC/2015, determinando que *"serão, porém, objeto de apreciação e julgamento pelo tribunal todas as questões suscitadas e discutidas no processo, ainda que não tenham sido solucionadas, desde que relativas ao capítulo impugnado"*. E, finalmente, após o trânsito em julgado, caberá à parte prejudicada, propor a competente ação rescisória, para a desconstituição da coisa julgada, como dito, nos termos do art. 966, V, do CPC/2015.

Por esta razão que a falta de fundamentação, nas palavras de Calmon de Passos, é um verdadeiro atentado ao próprio Estado de Direito: *"Decidir sem fundamentar é incidir no mais grave crime que se pode consumar num Estado de Direito Democrático. Se a fundamentação é que permite acompanhar e controlar a fidelidade do julgador tanto à prova dos autos como às expectativas colocadas pelo sistema jurídico, sua ausência equivale à prática de um ilícito e sua insuficiência ou inadequação causa de invalidade.*[291]"

Continua o autor sustentando que, em situações como esta, há a necessidade de que se *"consulte uma sibila, para desvendar o pensamento do magistrado. Decisão sem fundamento ou sem fundamento aceitável como tal, no mínimo que seja, é decisão nula, que não obriga e deve ser reformada*[292]". Assim, fundamentação das decisões é uma forma de aplicação prática do devido processo legal enquanto legitimador da atividade jurisdicional. A motivação é tanto garantia do respeito ao devido processo legal como consequência de sua aplicação. Só nela é que se pode verificar se o processo observou os contornos estabelecidos no ordenamento jurídico, ou se apenas na aparência formal as garantias outorgadas aos litigantes pelas regras e princípios foram observadas[293].

Como referido anteriormente, o juiz não está obrigado a decidir e motivar expressamente sobre todas as particulares alegações e argumentos apresentados pelas partes, mas a motivação deve justificar a decisão em relação às defesas desenvolvidas pelas partes, pois só assim é possível verificar se em concreto não ocorreu uma violação ou esvaziamento da garantia da defesa. Isso não representa, no entanto, estar o magistrado obrigado a se referir especificamente sobre todas as questões postas, porque deverá ele tomar conhecimento tão somente daquelas consideradas relevantes e essenciais[294]. Neste sentido, decidiu, em ocasião anterior, o Supremo Tribunal Federal:

---

[291] PASSOS, José Joaquim Calmon de. O magistrado, protagonista do processo jurisdicional. In: *Revista brasileira de direito público*, vol. 24. Belo Horizonte: Forum, jan/mar 2009, p. 14.

[292] PASSOS, José Joaquim Calmon de. *O magistrado, protagonista do processo jurisdicional...* op. cit. p. 16.

[293] MANZI, José Ernesto. *A fundamentação das decisões judiciais civis e trabalhistas*, São Paulo: LTr, 2009, p. 54.

[294] Ensina o Prof. Cândido Rangel Dinamarco: *"A exigência de inteireza da motivação (Michele Taruffo) não chega ao ponto de mandar que o juiz se manifeste especificamente sobre todos os pontos, mais relevantes ou menos, ou mesmo sem relevância alguma ou quase sem relevância, que as partes hajam suscitado no processo. O essencial é motivar no tocante aos pontos relevantes e essenciais, de modo que a motivação lançada em sentença mostre que o juiz tomou determinada decisão porque assumiu determinados fundamentos com que esta guarda coerência. A regra de equilíbrio é esta: motiva-se no essencial e relevante, dispensa-se relativamente a motivação no periférico e circunstancial"*. DINAMARCO, Candido Rangel. *Instituições de Direito Processual Civil*, vol. I, São Paulo: Malheiros Editores, 2001, p. 242.

Sentença: exigência constitucional de fundamentação: inteligência. O que a Constituição exige, no art. 93, IX, é que a decisão judicial seja fundamentada; não, que a fundamentação seja correta, na solução das questões de fato ou de direito da lide: declinadas no julgamento as premissas, corretamente assentadas ou não, mas coerentes com o dispositivo do acórdão, está satisfeita a exigência constitucional[295].

De fato, a decisão jurídica de fundamento defeituoso ou aquela ausente de fundamentação, carece de legitimidade, sendo contrária à previsão constitucional do dever de motivar e da legislação infraconstitucional, esclarecendo como elemento essencial da sentença os fundamentos, em que o juiz analisará as questões de fato e de direito em que se funda a ação, não podendo se ter como inexistente (como no caso da sentença proferida por quem não for juiz ou sem a devida assinatura do magistrado) ou anulável (como no caso da sentença proferida por juiz relativamente incompetente) o pronunciamento jurisdicional, mas, sim, de vício de nulidade, por se tratar de ato emanado pelo Estado, desrespeitando forma exigida pela lei e instituída no interesse da ordem pública.

4.4. O Uso dos Precedentes e a Utilização de Outras Decisões para Fundamentar Decisões (art. 489, § 1º, V e VI, do CPC/2015)

4.4.1. O Código de Processo Civil e o Sistema dos Precedentes

O dispositivo do art. 927, do CPC/2015, determina que os juízes e os tribunais deverão observar, por ocasião do julgamento dos casos concretos: I – as decisões do Supremo Tribunal Federal em controle concentrado de constitucionalidade; II – os enunciados de súmula vinculante; III – os acórdãos em incidente de assunção de competência ou de resolução de demandas repetitivas e em julgamento de recursos extraordinário e especial repetitivos; IV – os enunciados das súmulas do Supremo Tribunal Federal, em matéria constitucional, e do Superior Tribunal de Justiça, em matéria infraconstitucional; V – a orientação do plenário ou do órgão especial aos quais estiverem vinculados.

---

[295] STF RE n. 140370-5, MT, rel. Min. Sepúlveda Pertence, 1ª Turma, in RTJ 150/269.

O CPC/2015 evidenciou a necessidade de diferenciar a ideia do que seriam as decisões judiciais com efeitos vinculantes, daquelas identificadas tão somente como decisões judiciais em geral, incapazes de gerar efeitos jurídicos sobre as demais. Desta forma, o próprio art. 927 conferiu a algumas decisões considerável carga ou eficácia normativa, justamente por refletirem seus efeitos (pressupostos de fato e de direito) a outras decisões judiciais, no entanto, deixando de mencionar aquilo que seria mais relevante ao estudo dos precedentes, qual seja os fundamentos determinantes da decisão ou a *ratio decidendi*.

Isto, porque, analisando a dimensão objetiva dos precedentes, verifica-se que a única parte vinculante na decisão de um caso pretérito é, efetivamente, a sua *ratio decidendi* (ou *holding*[296]), assim entendida como as razões determinantes de questões jurídicas debatidas e decididas no processo, ainda que não sejam suficientes e necessárias para determinar a decisão[297]. Em contrapartida, realizando uma conceituação negativa, tudo aquilo que não constituir a *ratio decidendi* será considerado como *obter dictum*[298] e, portanto, de força não vinculante.

Assim, levando em consideração a importância, o alcance e a eficácia normativa dessas decisões judiciais, confirma-se tal linha de raciocínio pelas disposições constantes dos parágrafos do art. 927 do CPC/2015, no qual os juízes e os tribunais, quando decidirem com fundamento nesse

---

[296] No direito estadunidense, o *holding* é o que foi discutido, arguido e efetivamente decidido no caso anterior, enquanto que o *dictum* é o que se afirma na decisão, mas que não é decisivo (necessário) para o deslinde da questão. Apenas o *holding* pode ser vinculante (*binding*) para os casos futuros, pois ele representa o que foi realmente estabelecido. O *dictum* é o que é tido meramente circunstância em um dado caso. In. RAMIRES, Maurício. *Crítica à aplicação de precedentes no direito brasileiro*. Porto Alegre: Livraria do Advogado, 2010, p. 68-69.

[297] Nesse sentido, o entendimento de Otávio Verdi Motta, considerando as soluções apresentadas por Luiz Guilherme Marinoni, que, por sua vez, desenvolveu aquelas apresentadas por MacCormick, ao acrescentar à decisão de questão jurídica suficiente e necessária para a justificação da decisão no caso a necessidade de vinculação ao caso concreto e debatido no processo. In. MOTTA, Otávio Verdi. *Justificação da decisão judicial: a elaboração da motivação e a formação de precedente*. São Paulo: Editora Revista dos tribunais, 2015, os. 182 e ss.

[298] Para Teresa Arruda Alvim Wambier, *obiter dictum* ou *dicta* significa que "a expressão vem de 'dito para morrer', ou seja, trata-se de coisas ditas na decisão, mas que não têm efeito vinculante em relação às decisões posteriores, só persuasivo". A autora expõe a tradução num microglossário que introduz a obra: ANDREWS, Neil. *O moderno processo civil brasileiro: formas judiciais e alternativas de resolução de conflitos na Inglaterra*. Orientação e revisão da tradução de Teresa Arruda Alvim Wambier. São Paulo: Revista dos Tribunais, 2009, p. 19.

artigo, observarão o contraditório (questões efetivamente discutidas no processo) e a necessidade de fundamentação de suas decisões, conforme dispostos no art. 10 e art. 489, § 1º, ambos do CPC/2015.

Por outro lado, caso ocorra a alteração de tese jurídica adotada em enunciado de súmula ou em julgamento de casos repetitivos, poderá ser precedida de audiências públicas e da participação de pessoas, órgãos ou entidades que possam contribuir para a rediscussão da tese. Ainda, na hipótese de alteração de jurisprudência dominante do Supremo Tribunal Federal e dos Tribunais Superiores, ou daquela oriunda de julgamento de casos repetitivos, o julgador poderá efetuar a modulação dos efeitos da alteração no interesse social e no da segurança jurídica.

Quanto à possibilidade de modulação dos efeitos da alteração de tese jurídica, presente no art. 927, § 3.º, do CPC/2015, Araken de Assis defende que *"o ideal é que a revisão surta efeitos ex nunc, preservando a aplicação pretérita da tese jurídica. Do contrário, ao invés de conter múltiplos processos o precedente revisado se prestaria a multiplica-los, porque o vencido, segundo a tese anterior, buscaria rever o julgado desfavorável por um dos meios processuais porventura cabíveis."*[299]

E, por fim, a modificação de enunciado de súmula, de jurisprudência pacificada ou de tese adotada em julgamento de casos repetitivos observará a necessidade de fundamentação adequada e específica, considerando os princípios da segurança jurídica, da proteção da confiança e da isonomia. Se, por um lado, entender-se que precedentes é sinônimo de decisão judicial, gera ao julgador a necessidade de realizar a exata similitude e coincidência de todos os casos concretos, de forma irrestrita, com todas as decisões anteriormente proferidas. O que, salienta-se, seria de impossível efetivação. Na verdade, a principal imposição para a utilização dos precedentes passa, exclusivamente, pelos julgadores, no sentido de realizar o exato cotejo fático entre o caso concreto em análise e o julgamento paradigma, extraindo dele a norma geral (*ratio decidendi*) que poderá ou não incidir na situação concreta.

---

[299] ASSIS, Araken de. Manual dos Recursos, 8. Ed. São Paulo: Revista dos Tribunais, 2016, p. 469.

4.4.2. A Decisão Judicial, o Dever de Fundamentação e a Estrutura dos Precedentes

Ainda, importante analisarem-se as disposições constantes do art. 489, § 1º, incisos V e VI, do Código de Processo Civil de 2015, informando que não serão consideradas como fundamentadas as decisões judiciais que se limitarem a invocar precedente ou enunciado de súmula, sem identificar seus fundamentos determinantes, nem demonstrar que o caso sob julgamento se ajusta àquelas razões de fundamentos; bem como deixar de seguir enunciado de súmula, jurisprudência ou precedente invocado pela parte, sem demonstrar a existência de distinção no caso em julgamento ou a superação do entendimento.

Destarte, por certo que a decisão judicial que se limitar à mera reprodução, indicação ou, ainda que seja, a parafrasear precedentes ou dispositivo legal, sem fazer a subsunção entre o fato analisado no caso concreto e o efetivo ato normativo[300], ou a *ratio decidendi* analisada no julgamento paradigma, não pode ser considerada fundamentada e nem se presta para resolver a lide[301].

Assim, de acordo com o dispositivo em análise, não se mostra suficiente que o julgador invoque o precedente ou a súmula em seu julgado, sem a correta identificação dos fundamentos determinantes que o levaram a seguir o precedente, ou seja, cabe ao magistrado, ao fundamentar sua decisão, explicitar os motivos pelos quais está aplicando a orientação consolidada ao caso concreto.

---

[300] Segundo Vezio Crisafulli, os atos normativos situam-se num mesmo nível para que possam ser considerados como norma-parâmetro e norma-objeto. CRISAFULLI, Vezio. *Lezioni di Diritto Costituzionale*, v. 2, t. 2, p. 360-361.

[301] Sobre os diversos campos de disputa do poder, vale consultar BOURDIEU, Pierre. *Campo de poder: campo intelectual*. Buenos Aires: Estroboas copia, 2003. Importante observar também a obra de Enrique Marí, racionalidad y imaginario social en el discurso del orden, en VV.AA., Derecho y psicoanálisis, onde se discute o que vem a ser o dispositivo do poder, formado pelo discurso de ordem, pela força e pelo imaginário social. Marí, Enrique. Racionalidad e imaginario social en el discurso del orden, en VV.AA., Derecho y psicoanálisis. Teoría de las ficciones y función dogmática. Buenos Aires: Hachette, 1987. O discurso pode traduzir poder como diria Michel Foucault, sendo tanto na via do discurso falado ou escrito. Nesse sentido, Foucault, Michel. *El orden del discurso*. Barcelona: Tusquets, 1992, p. 18 e ss. Sobre a relevância de falar e das peculiaridades da linguagem vale tomar nota das lições de Foucault para quem tenha interesse na temática em Foucault, Michel. *Las palabras y las cosas: una arqueología de las ciencias humanas*. 2. ed., Buenos Aires: Siglo XXI Editores Argentina, 2008, p. 95. Castanheira Neves fala da ideia de funcionalização do direito, arguindo que para tanto se dá a separação de direito e justiça, tornando por isso mais próxima a ideia de poder e direito. Neves, Antônio Castanheira. *O direito hoje em com que sentido?* Lisboa: Editora Piaget, 2002, p. 30.

Certamente não pode uma decisão judicial se lastrear em outro julgado se este não guardar qualquer similitude fática e jurídica suficiente para tanto e, mesmo que haja similitude, é dever do magistrado demonstrar tal existência, e não do jurisdicionado exercer profundo processo interpretativo para concatenar o seu caso concreto com o da decisão paradigma. Da mesma forma, consoante a redação do inciso VI, se o juiz deixar de seguir enunciado de súmula, jurisprudência ou precedente invocado pela parte, deverá demonstrar que há distinção entre o precedente e a situação concretamente apresentada ou que o paradigma invocado já foi superado.

Nesse sentido, importante afirmar que o supracitado inciso vem na mesma linha do inciso anterior, tratando-se, contudo, de situação diametralmente oposta. Nesse caso, ao jurisdicionado cabe a responsabilidade pela indicação (invocação) a respeito da existência de entendimentos judiciais para embasar seu fundamento e o respectivo direito, sendo que ao magistrado, por outro lado, cumpre a análise da questão em sua decisão, efetuando, se for o caso, a distinção ou a superação do entendimento apresentado. Não se pode ignorar, contudo, que ao inverso da ausência de fundamentação, muitas vezes aporta no processo uma multiplicidade de teses nem sempre tão aderentes ao caso e, às vezes, nem sempre tão cuidadosas ou responsavelmente levantadas pelo litigante, especialmente nos casos de ações repetitivas.

Para a boa aplicação desse dispositivo, o que de fato se reclama, é o necessário aperfeiçoamento profissional, seja do advogado, seja do magistrado, abortando a generalização exagerada de teses e versões no mais das vezes impertinentes à solução do caso, cumprindo aos profissionais do Direito resgatar a postulação e o seu enfrentamento de forma mais objetiva e precisa. Que a virtualização do processo se limite aos mecanismos de sua documentação, não à postulação ou à decisão. Em sede de processo subjetivo, ainda são os fatos que se submetem a julgamento. O que surge de importante, em ambos dispositivos, é o estudo de dois relevantes fenômenos que deverão ser observados polos julgadores no momento de decidir, o da "distinção" (*distinguishing*) e o da "superação" do precedente (*overruling* ou *overriding*).

Por intermédio do *distinguishing*[302], surge ao julgador a necessidade de efetuar a devida distinção entre o caso concreto e o julgamento paradigma,

---

[302] Sobre o instituto da distinção ou *distinguishing*, conferir: TUCCI, José Rogério Cruz e. *Precedente judicial como fonte do Direito*. São Paulo: Revista dos Tribunais, 2004, p. 174.

seja porque inexiste similitude entre os fatos fundamentais discutidos e aqueles que serviram de base às teses jurídicas (*ratio decidendi*) constantes do precedente, isto, porque, a despeito da existência de algumas questões que possam "assemelhá-los", alguma peculiaridade fundamental no caso afasta a sua imediata aplicação[303].

Nota-se que, por certo, o magistrado, percebendo a distinção entre os casos, poderá restringir a sua incidência, dando interpretação restritiva às teses discutidas no precedente (*restrictive distinguishing*) ou, ainda, de forma contrária, analisando a existência de peculiaridades no caso concreto em relação aos casos anteriores, poderá conferir, ao caso *sub judice*, a mesma solução atribuída aos casos anteriores, estendendo o entendimento ao referido caso (*ampliative distinguishing*).

No instituto do *overruling*, por seu turno, ocorre uma superação total do precedente, ou seja, quando o tribunal resolve, expressamente[304], adotar solução diversa a determinada tese jurídica, abandonando aquele entendimento anterior, conciliando, por certo, a boa-fé, estabilidade, segurança[305] e a confiança anteriormente depositada naquele precedente e a sua eficácia retroativa[306] (art. 927, § 3º, do CPC/2015). O fenômeno do *overriding*

---

[303] DIDIER JR., Fredie. *Curso de direito processual civil*, v. II, 6ª ed., JusPodium, 2011, p. 402-403.

[304] Ressalta-se que no Brasil não se pode falar em *implied overruling* (superação implícita) de entendimento, nos termos do que determina o art. 927, §§ 1º e 2º, do CPC/2015, respeitando sempre a fundamentação do art. 489 e o direito do contraditório (art. 10, do CPC/2015). Da mesma forma, segundo o art. 103-A, § 2º, da CF, regulamentado pela Lei nº 11.417/06, no caso de súmulas vinculantes, há a necessidade de ser observado o incidente de revisão ou de cancelamento dos referidos entendimentos.

[305] Nesse sentido: ARAÚJO, Valter Shuenquener. *O princípio da proteção e da confiança. Uma nova forma de tutela do cidadão diante do Estado*. Rio de Janeiro: Impetus, 2009, p. 247.

[306] Segundo Marinoni, "é evidente que a razão de ser da limitação dos efeitos retroativos, tratando-se de decisão de inconstitucionalidade não é a mesma que está à base da limitação dos efeitos da decisão revogatória de precedente – ainda que de natureza constitucional. Aqui não são preservadas as situações que derivam de lei inconstitucional, mas aquelas que decorrem de precedente. A confiança justificada resguarda os efeitos de precedente; o princípio da nulidade dos atos inconstitucionais exclui os feitos da lei, que excepcionalmente podem ser preservados em face da 'segurança jurídica' ou de outro princípio constitucional sob a forma de 'excepcional interesse social'. A Corte que define o sentido do direito, gerando confiança justificada, não pode eximir da sua responsabilidade perante as diversas situações criadas a partir da observância dos precedentes, mas isso, como é pouco mais do que evidente, nada tem a ver com a preocupação que impõe a limitação dos efeitos retroativos da decisão de inconstitucionalidade". MARINONI. Luiz Guilherme. *O STJ enquanto Corte de precedentes*. 2ª ed. São Paulo: Editora Revista dos Tribunais, 2014, p. 263.

ocorre quando o tribunal, de forma parcial, resolve limitar o âmbito de incidência do precedente, seja de posicionamento (entendimento) jurídico, seja em função da superveniência de norma, regra ou princípio legal posteriores, que levaram à necessária reinterpretação do caso gerador do julgamento paradigma[307].

Fato é que, independente da forma em que o julgador entenderá incidente (ou não) o precedente, quebra-se a ideia de que o magistrado, diante de um sistema de precedente, estaria "engessado"[308], tão somente aplicando o entendimento do caso paradigma aos demais colocados sob a sua jurisdição, mas pelo contrário, necessita, efetivamente, justificar a não aplicação ao caso concreto da solução adotada por outro órgão jurisdicional ou o porquê de sua incidência e correspondência ao precedente invocado.

O certo é que a fundamentação é dever daquele que, na condição de julgador, decide o litígio, e sua ausência é elemento gerador de nulidade constitucionalmente prevista. O legislador deu real atenção ao tema e arrolou as hipóteses nas quais a falta de fundamentação irá gerar a nulidade da decisão.

4.4.3. A Obrigatoriedade de Fundamentação e a Estrutura dos Precedentes

Chegando enfim a importante ponto deste estudo, focado no objetivo deste livro, pois resta agora entender quais são os precedentes brasileiros e quais são seus respectivos órgãos formadores. Tendo presente que os tribunais devem uniformizar sua jurisprudência e mantê-la estável, íntegra e coerente, levando em consideração a forma estabelecida e segundo os pressupostos fixados no regimento interno, os tribunais, então, editarão enunciados de súmula correspondentes a sua jurisprudência dominante,

---

[307] A respeito das técnicas de confronto e de superação dos precedentes, importante conferir: GRECO, Leonardo. *Novas súmulas do STF e alguns reflexos sobre o mandado de segurança*. Disponível em http://www.mundojuridico.adv.br. Acesso em 10 de novembro de 2016.

[308] Isto, porque o formalismo desmesurado ignora a boa-fé processual que se exige de todos os sujeitos do processo, inclusive, e com maior razão, do Estado-Juiz, bem como se afasta da visão neoconstitucionalista do direito, cuja teoria proscreve o legicentrismo e o formalismo interpretativo na análise do sistema jurídico, desenvolvendo mecanismos para a efetividade dos princípios constitucionais que abarcam os valores mais caros à nossa sociedade. COMANDUCCI, Paolo. *Formas de (neo)constitucionalismo: un análisis metateórico*. Trad. Miguel Carbonell. In: "Isonomía. Revista de Teoría y Filosofía del Derecho", nº 16, 2002.

devendo-se, para tanto, ater-se às circunstâncias fáticas dos precedentes que motivaram sua criação.

O rol, como vimos, encontra-se no art. 927 do CPC, segundo o qual os juízes e os tribunais observarão (i) as decisões do Supremo Tribunal Federal em controle concentrado de constitucionalidade; (ii) os enunciados de súmula vinculante; (iii) os acórdãos em incidente de assunção de competência ou de resolução de demandas repetitivas e em julgamento de recursos extraordinário e especial repetitivos; (iv) os enunciados das súmulas do Supremo Tribunal Federal, em matéria constitucional, e do Superior Tribunal de Justiça, em matéria infraconstitucional; (v) a orientação do plenário ou do órgão especial aos quais estiverem vinculados.

Na primeira situação considerada como precedente, com força de decisão vinculante, está direcionada, como às decisões do Supremo Tribunal Federal em controle concentrado (abstrato) de constitucionalidade. Nesta modalidade de decisão e de controle, o efeito vinculante é uma das marcantes características, razão por que dificuldade com a vinculação não pode haver, visto que, no controle concentrado, a vinculação é natural e não artificial. Neste caso, esse tipo de precedentes será forjado pelo STF, o guardião da Constituição no Brasil, responsável por formar os precedentes direcionados a interpretar, de forma definitiva, a Constituição. Evidente que, para essas situações, a vinculação é geral, atingindo todos os demais tribunais.

A segunda situação que permite a formação de precedente, segundo o CPC, está direcionada aos enunciados de súmula vinculante. Compreenda-se que o Supremo Tribunal Federal poderá, de ofício ou por provocação, mediante decisão de dois terços dos seus membros, depois de reiteradas decisões sobre matéria constitucional, aprovar súmula que, a partir de sua publicação na imprensa oficial, terá efeito vinculante em relação aos demais órgãos do Poder Judiciário e às administrações públicas direta e indireta, nas esferas federal, estadual e municipal, bem como proceder à sua revisão ou cancelamento, na forma estabelecida em lei (art. 103-A, da CF/88).

Com efeito, a súmula terá por objetivo a validade, a interpretação e a eficácia de normas determinadas, acerca das quais haja controvérsia atual entre órgãos judiciários ou entre esses e a administração pública, que acarrete grave insegurança jurídica e relevante multiplicação de processos sobre questão idêntica. Mesmo assim, sem prejuízo do que vier a ser estabelecido em lei, a aprovação, a revisão ou o cancelamento de súmula poderão ser provocados por aqueles que podem propor a ação direta de inconstitucionalidade, pois agentes legitimados para tal provocação. Ademais, restará cabível a reclamação, ao STF, contra ato administrativo ou decisão judicial que contrariar a súmula aplicável ou que indevidamente a aplicar. Caso o Supremo julgue procedente a reclamação, anulará o ato administrativo ou cassará a decisão judicial reclamada e determinará que outra seja proferida, com ou sem a aplicação da súmula, conforme o caso.

Tendo presentes esses aspectos, pode-se considerar para o sistema brasileiro de precedentes a Súmula vinculante, levando-se em conta que o seu emissor será, neste caso, como vimos, o STF. Nessa situação, evidentemente, a vinculação é geral, pois todos os demais tribunais estão sujeitos ao que definir o STF como Corte interpretativa suprema.

Ademais, pelo rol anunciado, têm-se como precedentes os acórdãos em incidente de assunção de competência ou de resolução de demandas repetitivas e em julgamento de recursos extraordinário e especial repetitivos. Cada um desses mecanismos será devidamente estudado seguidamente. Mas, para agora, importa referir que se tem aqui abertura importante para considerar que partes destes precedentes só poderão ser formados pelas Cortes Superiores; contudo, parte por todo e qualquer tribunal local. Entenda-se como cada situação há de se implementar. Pois bem, os acórdãos em incidente de assunção de competência ou de resolução de demandas repetitivas poderão ser formados por qualquer tribunal (Cortes Superiores ou tribunais inferiores), visto que instrumentos de definição e uniformização que podem ser apresentados frente a qualquer tribunal. Para essas situações, deve-se observar quem emitiu o precedente, pois se um tribunal local, certamente, por lógico, a vinculação será local, ou seja, os julgadores sujeitos à jurisdição do respectivo tribunal local que emitiu o precedente devem o observar. Caso emitido por uma Corte Superior, ter-se-á a vinculação geral.

O art. 928, do CPC, considera julgamento de casos repetitivos decisão proferida em: (i) incidente de resolução de demandas repetitivas; (ii) recursos especiais e extraordinários repetitivos. Há quem afirme que os institutos previstos nesse artigo produzem um *"microssistema de formação concentrada de precedentes obrigatórios, cujas regras se complementam reciprocamente"*[309] esses

---

[309] DIDIER JR., Fredie.; BRAGA, Paula Sarno.; OLIVEIRA, Rafael Alexandria de. *Curso de direito processual civil*: teoria da prova, direito probatório, ações probatórias, decisão, pre-

procedimentos têm por finalidade *"gerir e decidir os casos repetitivos"*[310] produzindo precedentes obrigatórios, que vinculam o tribunal que formou tal precedente e seus juízos subordinados.

Trata-se de um resultado da preocupação com a dita *"litigiosidade em massa"* [311] resultado da sociedade atual e de sua vasta produção de litígios individuais, o processo civil brasileiro nesse aspecto apresenta notável empenho para adaptar-se a esse problema. Um dos resultados desse esforço foi a criação da possibilidade de ações coletivas e a legitimação de outras entidades, além do Ministério Público, para atuar em situações específicas de lesão a direito coletivo. Não obstante, o aumento da população, a ampliação do acesso à educação e à informação, adicionado ao crescimento e à padronização de relações jurídicas resultaram na paulatina produção de litígios similares. Ademais, são crescentes situações das quais os órgãos do Poder Público se tornem sujeito processual, seja no polo passivo ou ativo, possuindo o título de maior litigante do Brasil.[312]

Diante dessa sensibilidade era necessário a criação de mais mecanismos para tutela de direitos supraindividuais, um deles é a já mencionada resolução de demandas repetitivas, mecanismo este inspirado no *"Procedimento-Modelo"* (Musterverfahren)[313], método já utilizado pelo Tribunal Administrativo de Munique por iniciativa do próprio tribunal, diante do alto número de litígios similares, designando 30 litígios tidos como representativos (modelo) e suspendendo os demais até que fosse elaborado o

---

cedente, coisa julgada e antecipação dos efeitos da tutela. v. 2, 10ª ed. Salvador: JusPodivm, 2015, p. 465-466.

[310] DIDIER JR., Fredie.; CUNHA, Leonardo Carneiro da. Curso de direito processual civil: Meios de impugnação às decisões judiciais e processo nos tribunais. v. 3, 13ª ed. Salvador: JusPodivm, 2016, p. 590.

[311] Sobre a Litigiosidade em Massa, vale consultar: THEODORO JÚNIOR, H.; NUNES, D.; BAHIA, A. Litigiosidade em massa e repercussão geral no recurso extraordinário. RePro, Revista dos Tribunais, São Paulo, v. 34, n. 177, nov 2009.

[312] VASCONCELOS, Frederico. Poder público é quem mais congestiona o Judiciário, diz pesquisa. Agosto 2015. Disponível em: < http://www1.folha.uol.com.br/poder/2015/08/1666713--poder-publico-e-quem-mais-congestiona-o-judiciario-diz-pesquisa.shtml>. Acesso em: 01/08/2017.

[313] ASSIS, Araken. de. Manual dos Recursos, 8. Ed. São Paulo: Revista dos Tribunais, 2016, p. 458

entendimento do tribunal e esse que seria aplicado aos casos que foram suspensos[314].

O Procedimento-Modelo, introduzido no direito alemão em 16.08.2005[315,316], positivando um mecanismo que possibilita a fixação de tese a ser seguida nos demais casos, direcionado a determinados litígios de pretensão repetitiva[317]. Apesar de inspirado no "Procedimento-Modelo" (Musterverfahren), que por sua natureza foi destinado especificamente para litígios no mercado de capitais e com vigência temporária, porém, posteriormente estendida[318], o CPC/2015 não limitou as matérias suscetíveis a gerar o incidente de resolução de demandas repetitivas e não limitou sua vigência, essa tem caráter definitivo, até que ocorra alguma modificação.

O legislador, adotou alguns pressupostos para o cabimento da instauração do incidente de resolução de demandas repetitivas no art. 976 do CPC, devendo existir simultaneamente: (i) efetiva repetição de processos que contenham controvérsia sobre a mesma questão unicamente de direito;

---

[314] MENDES, Aluísio Gonçalves de Castro; TEMER, Sofia. O Incidente de resolução de Demandas Repetitivas do Novo Código de Processo Civil. RePro, Revista dos tribunais, São Paulo, v. 243, p. 286, maio, 2015.

[315] CABRAL, Antônio do Passo. O novo procedimento-modelo (Musterverfahren) alemão: uma alternativa às ações coletivas. RePro, Revista dos Tribunais, São Paulo, v. 32, n. 147, p.130-131, maio 2007.

[316] MENDES, Aluísio Gonçalves de Castro; TEMER, Sofia. O Incidente de resolução de Demandas Repetitivas do Novo Código de Processo Civil. RePro, Revista dos tribunais, São Paulo, v. 243, p. 286, maio, 2015.

[317] " *O escopo do Procedimento-Modelo é estabelecer uma esfera de decisão coletiva de questões comuns a litígios individuais, sem esbarrar nos ataques teóricos e entraves práticos da disciplina das ações coletivas de tipo representativo. Objetiva-se o esclarecimento unitário de características típicas a várias demandas isomórficas, com um espectro de abrangência subjetivo para além das partes. A finalidade do procedimento é fixar posicionamento sobre supostos fáticos ou jurídicos de pretensões repetitivas*" CABRAL., Antônio do Passo. O novo procedimento-modelo (Musterverfahren) alemão: uma alternativa às ações coletivas. RePro, Revista dos Tribunais, São Paulo, v. 32, n. 147, p.136, maio 2007.

[318] *"Em 2005, uma nova versão de Musterverfahren é criada na KapMuG (Gesetz über Musterverfahren in kapitalmarktrechtlichen Stritgkeiten – Kapitalanleger – Musterverfahrensgesetz pi Lei sobre o Procedimento-Modelo nos conflitos jurídicos do mercado de capital), com vigência temporária, inicialmente até outubro de 2010, mas que foi prorrogada, ato contínuo, até outubro de 2012 e, em seguida, para 01.11.2020. E, também, em 2008, nos moldes da primeira espécie de Musterverfahren e praticamente repetindo o texto do § 93a da Verwaltungsgerichtsordnung, o procedimento-modelo também é adotado no ramo jurisdicional alemão que cuida da assistência e previdência social (Sozialgerichtsgesetz)"* (MENDES, Aluísio Gonçalves de Castro; TEMER, Sofia. O Incidente de resolução de Demandas Repetitivas do Novo Código de Processo Civil. RePro, Revista dos tribunais, São Paulo, v. 243, p. 286, maio, 2015.)

(ii) risco de ofensa à isonomia e à segurança jurídica. Entretanto o Superior Tribunal de Justiça, atribuiu mais dois pressupostos ao caso da possibilidade de suspensão dos processos (art. 982, I, CPC) a requerimento do Ministério Público, da Defensoria Pública ou das partes de incidente de resolução de demandas repetitivas em tramitação, considerado razões de *"segurança jurídica"* ou de *"excepcional interesse social"* (art. 271-A, Regimento Interno do Superior Tribunal de Justiça)[319] e nesse contexto vem produzindo suas decisões.[320]

O CPC estabeleceu o prazo de um ano para que o incidente seja julgado. E, em face de sua ampla repercussão, o caráter é de preferência, salvo os casos em que envolvam réu preso e *habeas corpus*, esse prazo, apesar de impróprio, pode ser estendido, caso entenda o relator e este apresente uma decisão fundamentada (art. 980, CPC). Espera-se do judiciário o resultado de um processo democrático que ouviu os interessados e os legitimados a discutir o assunto em pauta para que, dessa forma, seja fixada uma tese que não contenha vícios, para que, assim, a coisa julgada não seja prejudicada posteriormente mediante ação rescisória. De outro lado, todavia, os precedentes formados em julgamento de recursos extraordinário e especial repetitivos são forjados nas Cortes Superiores (STF e STJ), caso em que a vinculação deve ser geral, pois todos os demais tribunais estão sujeitos aos precedentes das Cortes Superiores.

A quarta situação considerada vem a ser, exatamente, a formação de precedentes a partir dos enunciados das súmulas do Supremo Tribunal Federal, em matéria constitucional, e do Superior Tribunal de Justiça, em matéria infraconstitucional, as ditas súmulas persuasivas que, agora, terão, para o CPC, força e calibre de precedente que orienta as decisões dos demais julgadores, o que já acontece, faz tempo, no mundo da realidade, visto que hoje, em qualquer peça forense que se considere, antes mesmo de observar a doutrina, consultam-se as súmulas das Cortes Superiores,

---

[319] *"Art. 271A. Poderá o Presidente do Tribunal, a requerimento do Ministério Público, da Defensoria Pública ou das partes de incidente de resolução de demandas repetitivas em tramitação, considerando razões de segurança jurídica ou de excepcional interesse social em decisão fundamentada, todos os processos individuais ou coletivos em curso no território nacional que versem sobre a questão objeto do incidente".*
[320] BRASIL. Superior Tribunal de Justiça. Suspensão em incidente de resolução de demandas repetitivas nº 7 – PR (2017/0071428-1), da Comissão Gestora de Precedentes, Brasília, DF, 21 jun. 2017. Disponível em:<https://ww2.stj.jus.br/processo/revista/documento/mediado/?componente=MON&sequencial=73393118&num_registro=201700714281&data=20170623>. Acesso em: 14 ago. 2017.

não restando novidade nisto também, pois prática corriqueira e efetiva de todos os operadores do direito de modo geral. Neste caso, por natural, a vinculação é geral, pois todos os demais tribunais estão sujeitos aos precedentes das Cortes Superiores.

Por fim, considera-se precedente a orientação do plenário ou do órgão especial aos quais estiverem vinculados, recordando-se que todos os tribunais (sejam as Cortes Superiores ou os tribunais inferiores) possuem orientações decisórias emitidas por suas cúpulas mais elevadas hierarquicamente, podendo ser o plenário ou órgão especial. Para essas situações, deve-se observar quem emitiu o precedente, pois se um tribunal local, certamente, por lógico, a vinculação será local, ou seja, os julgadores sujeitos à jurisdição do respectivo tribunal local que emitiu o precedente devem o observar. Caso emitido por uma Corte Superior, ter-se-á a vinculação geral.

4.5. A Revalorização das Decisões Judiciais, Analisadas diante da Nova Realidade do Processo Civil Contemporâneo

Analisadas todas as premissas e ideias a respeito do dever constitucional e legal de fundamentar as decisões judiciais, bem como as repercussões a respeito da garantia necessária para que se tenha uma resposta adequada a um processo efetivamente justo, é preciso verificar as dificuldades que a estrita observação desta garantia encontra na sociedade contemporânea pós-moderna para manter-se íntegra e fiel à efetiva e justa prestação jurisdicional.

Isto, porque, por certo, esta sociedade moderna vive e passa por constantes evoluções dinâmicas, sociais, tecnológicas e, entre elas e com elas, a do próprio Direito. O resultado dessas transformações é justamente a necessidade e, simultaneamente, a exigência de uma consequente sociedade que tem pressa, exigindo cada vez mais uma velocidade em todos os ramos desta vida moderna. Atento a essa realidade, José Roberto Barroso, em corretamente analisando o assunto, informa que a vida acelerada dos dias atuais repercute direta e imediatamente no Direito[321].

---

[321] BARROSO, Luís Roberto. *Neoconstitucionalismo e a constitucionalização do direito. (O triunfo tardio do direito constitucional no Brasil)*. Revista Eletrônica sobre Reforma do Estado (RERE), Salvador, Instituto Brasileiro de Direito Público, n° 09, disponível em http://www.direitodoestado.com.br/rere.asp, acesso em 20/04/16.

Desta forma, analisadas tais condições e realidades em que o Judiciário se encontra, com jurisdicionados cada vez mais desejando uma resposta rápida a seus questionamentos e na necessidade de finalizar o litígio de forma mais adequada e célere possível, emerge a contradição a respeito da efetividade da prestação jurisdicional, em especial a respeito da ponderação entre a razoável duração do processo, efetividade e celeridade processual[322]. Destaca-se, pois, que o processo não deve ser analisado como um mal social, cuja eliminação deve ocorrer de maneira mais rápida possível, mas, sim, visto como uma forma de pacificação social, de estabilidade e segurança das relações jurídicas.

Diante dessa realidade, pode-se observar uma importante dicotomia do Poder Judiciário, tendo, de um lado, uma busca pela efetividade dos princípios fundamentais voltados para o processo, garantindo um processo justo e efetivo, e, de outro lado, a sistemática de acesso à justiça justamente para assegurar a garantia de direitos fundamentais, cuja omissão dos demais Poderes, embora expressamente prevista na Constituição a eficácia imediata de tais direitos, acarrete em graves danos e na necessidade

---

[322] Dierle Nunes, em artigo publicado no Consultor Jurídico, apresentou interessante pesquisa sobre o "congestionamento do Judiciário, explicando "Em pesquisa realizada pelo CNJ em diversos países se constatou que taxa de congestionamento no Brasil é muito alta. Segundo o texto do documento: 'O Brasil é o país que apresenta maior taxa de congestionamento, 70%, seguido de Bósnia e Herzegovina e Portugal, com 68 e 67%, respectivamente. Observa-se elevada diferença entre a taxa mais alta, de 70%, e a mais baixa, de 3%, referente à Federação Russa. Assim como a maior taxa de congestionamento, o Brasil também apresenta o maior número de advogados por magistrado, seguido por Itália e Malta, com 25 e 33 advogados, respectivamente, conforme apresentado na tabela. Como a elevada proporção de advogados em relação a magistrados pode indicar que existe elevada propensão ao litígio e relativa incapacidade de fazer frente a essa tendência, analisou-se o coeficiente de correlação entre a proporção de advogados por magistrados e a taxa de congestionamento. Obteve-se como resultado um valor de 61,8%. Isso significa que há relação alta e significativa entre essas duas variáveis. Ou seja, quanto maior o número de advogados por magistrado, maior tende a ser a taxa de congestionamento desses países. [...] O Brasil possui a terceira maior produtividade quando comparado aos países da Europa. Não obstante, contrariamente à Dinamarca, essa produtividade é ainda inferior à carga de trabalho, e isso se reflete em uma taxa de congestionamento alta. Pode-se dizer que o Brasil está em posição intermediária entre a Bósnia e Herzegovina e a Dinamarca. CNJ. Estudo Comparado Sobre Recursos, Litigiosidade e Produtividade: a prestação jurisdicional no contexto internacional. Brasília: CNJ, 2011". Disponível em http://www.conjur.com.br/2012-ago-06/dierle-nunes-padronizar-decisoes-empobrecer-discurso-juridico. Acesso em 16/04/17.

de substituição pelo Poder Judiciário para consolidar as regras do Estado Democrático de Direito.

Desta forma, em suma, observa-se o crescimento de demandas processuais a serem julgadas pelo Judiciário, em busca de uma resposta rápida a cada caso concreto, surgindo equivocamente na adoção de um modelo de insucesso, mas por vezes inevitável, de *efetividade quantitativa*. Evidente que a eficiência do sistema processual não está intimamente ligada à sua rapidez de resposta aos casos que lhe são colocados em análise, ao contrário, nunca poderá se sobrepor a eficiência à sua legitimidade, devendo afastar a visão meramente utilitarista do processo e de eficiência do sistema como fim a ser alcançado[323].

Boaventura de Sousa Santos, em estudo sobre a explosão da litigiosidade, concluiu que tal realidade obrigou o rever de algumas das ideias feitas sobre a acessibilidade dos tribunais, tendo assim ocasionado severas consequências, inclusive, em seu desempenho, viabilizando altos níveis de desperdício e ineficiência, aduzindo *"por um lado, as medidas mais inovadoras para incrementar o acesso das classes mais baixas em breve foram eliminadas, quer por razões políticas, quer por razões orçamentais. Por outro lado, questionou-se o âmbito da tutela judicial, pois muitas vezes, apesar do seu alargamento, os tribunais continuaram a ser seletivos na eficiência com que responderam à procura da tutela judicial. Nuns países mais do que noutros, o desempenho judicial continuou a concentrar-se nas mesmas áreas de sempre. Além disso, o aumento da litigação agravou a tendência para avaliação do desempenho dos tribunais em termos de produtividade quantitativa. Essa tendência fez com que a massificação da litigação dessa origem a uma judicialização rotinizada, com os juízes a evitar sistematicamente os processos e os domínios jurídicos que obrigassem a estudo ou a decisões mais complexas, inovadoras ou controversas*[324]*"*.

---

[323] NUNES, Dierle José Coelho; FRANCO BAHIA, Alexandre Gustavo Melo. *Eficiência processual: algumas questões*. In: Revista de Processo. Revista dos Tribunais: São Paulo, nº 169, ano 34, março/2009, p.117/139. O próprio autor Dierle Nunes analisa a questão e explica que "evidentemente, se busca evitar que uma profusão de ações e recursos ingressem nos tribunais, embasado no marco exclusivo da eficiência quantitativa, sem viabilizar uma padronização decisória uniformizadora que teria o condão de estabilizar o quadro interpretativo". NUNES, Dierle. Padronizar decisões pode empobrecer o discurso jurídico. Disponível em http://www.conjur.com.br/2012-ago-06/dierle-nunes-padronizar-decisoes-empobrecer-discurso-juridico. Acesso em 16/04/19.

[324] SANTOS, Boaventura de Sousa; MARQUES. Maria Manuel Leitão; PEDROSO, João. *Os Tribunais nas sociedades contemporâneas*.

Por certo, o Judiciário, ultimamente, vem passando por um verdadeiro momento de retrocesso quando falado em eficiência e efetividade de sua prestação, sendo necessário assegurar os esforços para que se possibilitem não somente um acesso ao Judiciário, mas, sim, algo que contraponha esta tradição de demandismo e, ao mesmo tempo, demonstrem ser efetivos mecanismos de desaceleração desse acesso à justiça, como o estabelecimento do sistema de precedentes em nosso ordenamento jurídico.

Ainda, em contrapartida a esaa ideia, critica-se, por igual, a adoção pelos tribunais de mecanismos que, escondendo-se em uma aparente "efetividade de prestação da justiça", na verdade apresentam tão somente mecanismos de rapidez de julgamento, como as chamadas *"jurisprudências defensivas"*, sentenças-padrão, julgamentos por amostragem, dentre outros mais. Desse modo, essa realidade deturpada do Judiciário somente demonstra que, de fato, a efetividade foi descaracterizada, deixando de ser um *meio* de se buscar um resultado justo para, na verdade, ser o *fim* único e precípuo do Judiciário.

No entanto, a instituição de restrições processuais do acesso à justiça somente poderá ser reconhecida como efetivamente válida em nosso sistema, se, de fato, constituir-se e desenvolver-se conforme as garantias fundamentais e constitucionais[325]. Dentre as mais variadas formas de defasagem processual, uma delas, senão a principal, é o desprezo ou a dispensa à fundamentação das decisões judiciais, necessitando de uma efetiva revalorização, para que se efetive a garantia processual e constitucional na prática.

Por esta razão, o processo nunca deverá ser avaliado unicamente pelo seu desempenho, ou seja, como um número quantitativo para a Justiça, mas, sim, valorizando a ética, o justo e a moral do discurso argumentativo e da resposta dada ao caso concreto, em detrimento, neste caso, de uma celeri-

---

[Disponível] em: http://www.anpocs.org.br/portal/publicacoes/rbcs_00_30/rbcs3007.htm. Acesso em 14/11/2019.

[325] "Como dito, o congestionamento dos tribunais tem ensejado a adoção de um grande número de medidas de restrição de acesso. Entretanto, a grande maioria dessas está sendo realizada sem respeitar as bases processuais constitucionais necessárias, que imporiam a busca de uma eficiência sem desrespeitar as garantias processuais constitucionais que asseguram a legitimidade da formação da decisão em uma renovada concepção do Estado Constitucional". NUNES. Dierle José Coelho; FRANCO BAHIA. Alexandre Gustavo Melo. *Processo Constitucional: Uma Abordagem a Partir dos Desafios do Estado Democrático de Direito* In: Revista Eletrônica de Direito Processual. Vol IV. Ano 03, julho/dezembro de 2009, Rio de Janeiro.

dade do julgamento que será, evidente, apenas aparente. Hodiernamente, o discurso de socialização do processo está voltado muito mais para uma preocupação desse acesso quantitativo ao Judiciário, com a produção de uma justiça de alta produtividade, do que de uma prestação jurisdicional qualitativa, preocupada com o impacto decisório na sociedade, na vida dos jurisdicionados ou das partes litigantes, isto é, em razão da busca desenfreada por uma celeridade processual, evocam-se decisões judiciais por vezes dissonantes da realidade processual e constitucional[326].

De fato, a eficiência do sistema processual deve ser analisada não somente no plano quantitativo, mas, sim, observada a perspectiva qualitativa de sua prestação, apta a implementar a qualidade das decisões judiciais e de *"qualificar"* as suas fundamentações, utilizando-se de técnicas que prestigiem o processo justo e a participação democrática das partes. No entanto, o que prepondera em nosso ordenamento jurídico é, tão somente, a perspectiva quantitativa, ou seja, aquela cuja eficiência se definiria apenas em termos de quantidade de julgamento, de processos julgados, em números e custos da prestação, deixando de lado a qualidade do sistema e a própria qualidade de suas decisões[327]. Neste sentido, Paulo Cezar Pinheiro afirmou que, para o Judiciário moderno, *"a importante não é utilizar a técnica processual simplesmente para a produção de uma grande*

---

[326] THEODORO JUNIOR, Humberto; NUNES, Dierle; BAHIA, Alexandre. *Litigiosidade em massa e repercussão geral no recurso extraordinário.* In: Revista de Processo. Revista dos Tribunais: São Paulo, nº 177, ano 34, novembro/2009. p. 09/46.

[327] Exemplo disso é o julgamento conforme a Meta 2, estipulada pelo Conselho Nacional de Justiça, determinando, conforme o julgado a seguir: "1.A Meta 2, estabelecida pelo Conselho Nacional de Justiça, não constitui imposição ao magistrado de prolação de sentença, mas mera recomendação, sob pena de incorrer em inúmeras inconstitucionalidades formais e materiais.2. Decerto, a denominada Meta 2 do CNJ, à luz da garantia de duração razoável do processo (art. 5º, LXXVIII, CRFB), preza a celeridade na tramitação dos feitos judiciais, não a extinção dos processos a qualquer custo.3. É inaceitável que tal ato sirva como subterfúgio para a prolação de sentenças padronizadas, destinadas apenas a diminuir o acervo do Judiciário, melhorando suas estatísticas, sem que se tenha verdadeira, adequada e eficiente prestação jurisdicional. 4. Inobservância da norma do §1º. do art. 267 do CPC. (...) Nesse passo, não resta alternativa senão anular a sentença para determinar o prosseguimento do feito. Dou provimento ao recurso, na forma do art. 557, § 1º-A do CPC." (Tribunal de Justiça do Estado do Rio de Janeiro, 0007984-07.2003.8.19.0202 - Ementa Apelação; DES. Marcelo Lima Buhatem - Julgamento: 02/08/2011 - Quarta Câmara Cível; EMENTA: Processual Civil - Apelação Cível - Ação Ordinária - Sentença de extinção do feito sem resolução de mérito - Meta 2 - Não Configuração do Abandono de Causa pelo Autor - Ausência de intimação pessoal - Cerceamento ao direito de acesso à justiça configurado - Sentença que se anula).

quantidade de sentenças, mas sim visar a qualidade delas, ou seja: produzir sentenças justas[328]".

Desta forma, a eficiência e celeridade tornam-se tão somente os fins a serem alcançados pelo magistrado, cuja cobrança pela quantidade e produtividade passou a ser maior do que a exigência de qualidade ou de efetividade, em especial analisando o posicionamento do próprio Conselho Nacional de Justiça, bem como o sistema de promoção na carreira, conforme artigo 93, inciso II, alínea 'c', da Constituição Federal. Nesse sentido, em busca dessas conquistas e de forma a evitar eventuais cobranças, surgem-se e criam-se mecanismo que, de fato, provocam consideráveis violações à garantia de fundamentação das decisões judiciais. Trata-se da tendência à padronização de decisões, que, no fundo, não julgam causas e fatos, mas, sim, teses pré-estabelecidas. Diferentemente de se empregarem decisões proferidas mediante a aplicação do sistema brasileiro de precedentes, que, efetivamente, busca trazer segurança jurídica ao ordenamento jurídico e estabilidade das relações processuais, há uma violação dos preceitos constitucionais, em especial da igualdade, da ampla defesa e do devido processo legal, ao aplicar sentenças ou decisões padronizadas, ou os chamados modelos, a diversos casos distintos.

Finalmente, a garantia processual e constitucional de fundamentação das decisões judiciais é preceito de ordem individual, cuja incidência deve, por evidente, ser observado caso a caso, merecendo uma análise detida e individualizada, sendo vedado, por certo, em nosso ordenamento jurídico atual, sob a influência dos valores constitucionais, a prolação dessas sentenças padronizadas, sem a necessária correlação ou vinculação entre a decisão proferida e a análise das questões de fato e de direito discutidas no processo.

Finalizadas essas ponderações e apresentadas as principais ideias a respeito da fundamentação das decisões judiciais, analisa-se, pois, a necessidade de revalorizar a garantia constitucional e processual, conferindo

---

[328] PINHEIRO, Paulo Cezar Pinheiro. *A Ética e os personagens do processo*. In: JAYME. Fernando; FARIA. Juliana Cordeiro de; TERRA, Maira (Coord.) Processo Civil: *novas tendências: estudos em homenagem ao Professor Humberto Theodoro Junior*. Belo Horizonte: Del Rey, 2008, p. 561 e continua o autor: "Assim, o processo passa a congregar dois aspectos que se fundem: o plano técnico e o humano, ou ético, não para criar normas, mas para desvendá-las, aprimorá-las, interpretando-as na linha dos escopos jurídicos, sociais e políticos do processo moderno, que informam o estado democrático de direito".

efetividade às decisões e ao próprio processo, observando, assim, todos os preceitos do Estado Democrático de Direito. A principal função da motivação das decisões judiciais é que, para serem condizentes com tais valores construídos, devem conciliar tanto a lógica argumentativa, quanto a própria argumentação jurídica, de forma a proporcionar assim, além da obediência às regras de racionalidade, também à reconstrução persuasiva do discurso para que se torne possível o controle de suas premissas e da própria conclusão obtida pelo julgador.

Por certo, a partir da Constituição Federal de 1988, as normas constitucionais alcançaram o status de normas jurídicas que, enquanto tais, apresentam maior imperatividade diante das situações jurídicas previamente estipuladas. Desta forma, a busca pela efetividade dessas garantias constitucionais se caracteriza como o preceito matriz sobre a qual foi produzida a nova interpretação constitucional[329].

Ademais, a Constituição Federal deixou de ser concebida apenas como uma manifestação de cunho político, passando a ter composição essencial de normas jurídicas fundamentais. Valorizou-se, desse modo, a supremacia do diploma constitucional em face das demais normas, exigindo-se dessas a devida conformação com o texto constitucional hierarquicamente superior, sendo uma manifestação expressa do Estado Democrático de Direito[330].

Analisando essa característica ínsita ao próprio Estado, verifica-se que o discurso relacionado com a própria sistemática de fundamentação exigida por esse mesmo Estado deriva da própria necessidade de observar a Constituição Federal como o instrumento máximo de regras e princípios de todo o ordenamento jurídico, em especial conferindo a garantia de fundamentação como aquela a ser observada não somente para a análise do caso concreto, mas também como um emanar imediato dotado da capacidade de suprir as insuficiências ou ineficiências de tais normas, sendo certo que serão complementadas conforme as evoluções e as exigências sociais.

Por certo, diante dessa perspectiva constitucional, aliada à evidente impossibilidade de se "prever" ou de enquadrar em um único instrumento as normas jurídicas, conciliando com o dinamismo e a realidade vivida

---

[329] BARROSO, Luís Roberto, e BARCELLOS, Ana Paula de. O Começo da História: A Nova Interpretação Constitucional e o Papel dos Princípios no Direito Brasileiro. In: *Interpretação Constitucional*. São Paulo, 2010, p. 271.

[330] CUNHA JÚNIOR, Dirley da. *Controle de Constitucionalidade: teoria e prática*. Salvador: JusPodivm, 2006, p. 32.

pela sociedade, a existência de lacunas é algo que decorre de tais insuficiências das normas ou de seus significados concretos, havendo a necessidade, então, do surgimento não apenas do julgador direto, mas também da figura do julgador-hermeneuta, enquadrado em muitas ocasiões como verdadeiro *"agente-transformador"* da mensagem emitida pelo legislador.

Nesta senda, a norma jurídica situa-se, por óbvio, estática no tempo e no espaço em que deve ser aplicada; daí a valorização do intérprete, enquanto agente propulsor dos entendimentos extraídos de uma determinada norma jurídica, caso contrário, provocam sérios e, por vezes, irreversíveis prejuízos, confrontando com o próprio ideal de construção de uma resposta jurisdicional mais justa e adequada. A partir dessa análise, verifica-se, também, que o próprio estudo da hermenêutica deve ter correlação à análise do discurso jurídico, em especial para a compreensão da função e atividade do intérprete, sobretudo com a estrita necessidade de valorização da argumentação jurídica e da retórica argumentativa, que, por sua vez, constrói orientações para a utilização do discurso pelo hermeneuta, e, por consequência, acarreta na efetiva busca por uma racionalidade prática no momento de adequação das normas jurídicas com a realidade momentânea vivenciada pela sociedade.

Evidente, portanto, a importância da análise da argumentação jurídica, aliada à necessidade de concretização dos discursos jurídicos. Desse modo, a respeito da importância da argumentação no discurso, ensina Luís Roberto Barroso:

A argumentação é a atividade de fornecer razões para a defesa de um ponto de vista, o exercício de justificação de determinada tese ou conclusão. Trata-se de um processo racional e discursivo de demonstração da correção e da justiça da solução proposta, que tem como elementos fundamentais: (i) a linguagem, (ii) as premissas que funcionam como ponto de partida e (iii) regras norteadoras da passagem das premissas à conclusão. A necessidade da argumentação se potencializa com a substituição da lógica formal ou dedutiva pela razão prática, e tem por finalidade propiciar o controle da racionalidade das decisões judiciais[331].

Assim, as teorias que justificam a argumentação jurídica foram estabelecidas mediante premissas orientadas pela análise da escolha e da neces-

---

[331] BARROSO, Luís Roberto. *O Começo da História: A Nova Interpretação Constitucional e o Papel dos Princípios no Direito Brasileiro...* op. cit., p. 340.

sidade de valoração do intérprete no caso concreto, para a efetividade das soluções dos conflitos levados à análise do Poder Judiciário, tendo em vista serem inacabados e, por vezes, lacunosos os instrumentos legais emanados pelo Poder Legislativo. Sustentando essa ideia, leciona Robert Alexy que não é possível:

(...) criar um sistema de normas que é tão perfeito e acabado que cada caso somente em virtude de uma simples subsunção da descrição do fato sob o tipo de uma regra pode ser solucionado. Para isso existem vários fundamentos. De importância fundamental são a vagueza da linguagem do direito, a possibilidade de contradições normativas, a falta de normas, sobre as quais a decisão deixa apoiar-se, e a possibilidade de, em casos especiais, também decidir contra o texto de uma norma (...)[332].

A teoria da argumentação proposta por Robert Alexy demonstra que os fundamentos da decisão judicial dependem da análise pelo julgador de eventuais contradições existentes entre determinados valores, normas ou princípios constitucionais, legitimando a atuação judicial na escolha ou na ponderação por aquele que melhor reflete a realidade social e fática em determinado caso concreto. Ademais, segundo Robert Alexy, a decisão proferida por um julgador não se constitui em uma manifestação lógica das formulações a respeito de normas jurídicas, em decorrência da vagueza da linguagem normativa, da possibilidade de conflito entre normas, bem como dos inevitáveis casos de lacuna legais e da própria existência de decisões arbitrárias e *contra legem*. Desta forma, explica o autor:

> O ponto de partida da teoria da argumentação jurídica é a constatação de que, no limite, a fundamentação jurídica sempre diz respeito a questões práticas, ou seja, àquilo que é obrigatório, proibido e permitido. O discurso jurídico é, por isso, um caso especial do discurso prático geral. Enquanto caso especial do discurso prático geral, ele é caracterizado pela existência de uma série de condições restritivas, às quais a argumentação jurídica se encontra submetida e que, em resumo, se referem à vinculação à lei, ao precedente e à dogmática. Mas essas condições, que podem ser expressas por meio de um sistema de regras e formas específicas do argumentar jurí-

---

[332] ALEXY, Robert. *Constitucionalismo Discursivo*. Trad. de Luís Afonso Heck. 2ª Ed. Porto Alegre: Livraria do Advogado, 2008. p. 36.

dico, não conduzem a um único resultado em cada caso concreto. Em todos os casos minimamente problemáticos são necessárias valorações que não são dedutíveis diretamente do material normativo preexistente. Assim, a racionalidade do discurso jurídico depende em grande medida de se saber se e em que medida essas valorações adicionais são passíveis de um controle racional[333].

Em vista desses aspectos, sustenta-se que as operações lógico-discursivas não poderão jamais se dissociarem do entendimento e da construção da racionalidade, como elemento justificador do alcance da resposta judicial livre de valorações intersubjetivas em excessos. Ressalte-se, portanto, que a revalorização da atividade argumentativa e interpretativa jurisdicional, refletiva na fundamentação da decisão judicial, deve, por evidente, aproximar-se ao máximo do ideal de justiça ("decisão de mérito justa"), devendo necessariamente observar que a atuação deverá ser vinculada, em contrapartida, à racionalidade do julgador, verificando-se, de fato, para o efetivo controle da decisão judicial, seja pelas partes seja pela própria sociedade, que as medidas a serem adotadas pelo julgador na construção do provimento jurisdicional serão aquelas mais adequadas para o caso concreto.

É evidente que a criação das normas jurídicas pelo Estado não supre, tampouco define ou delimita, um sistema jurídico de arcabouço perfeito e completamente fechado, sendo inevitável a percepção de variadas situações hipotéticas, donde as suas respectivas soluções legais, por vezes, estão distantes de serem previstas efetivamente em tais normas jurídicas. Desse modo, torna-se plenamente justificável a necessidade de compreensão e de aplicação das técnicas argumentativas como elemento formador e justificativo do discurso jurídico a ser construído, caracterizando-se como instrumento prático de solução racional dos conflitos sociais.

De fato, a imprecisão causada pelo próprio ordenamento jurídico, imperfeito, lacunoso e, por vezes, sem efetividade, provoca a tão criticada e alarmada ampliação da discricionariedade judicial, caracterizada, justamente, pelo julgamento segundo a valoração das circunstâncias de cada caso concreto, utilizando-se como fundamentação critérios dotados de certas imprecisões, mas, por vezes, necessárias para solucionar lacunas

---

[333] ALEXY, Robert. *Teoria da Argumentação Jurídica*. Tradução de Zilda Hutchinson Schild Silva. São Paulo: Landy, 2001, p.212.

eventualmente existentes no ordenamento jurídico, bem como dos conflitos existentes entre princípios e entre direitos, principalmente quando envolvem direitos fundamentais, porquanto a ponderação nesses casos será puramente valorativa do julgador, afastando a aplicação de um dos direitos em conflito, avaliados para o justo e efetivo provimento jurisdicional.

O que se deve evitar é justamente essa atividade de criação arbitrária (discricionariedade excessiva), em especial analisando quando o conflito ou a lacuna está diretamente relacionada com a importância das normas constitucionais, decorrentes de direitos fundamentais, por vezes, ocorrendo aquilo que anteriormente estudado a respeito do criticado *"decido conforme a minha consciência*[334]*"*.

A análise acerca da argumentação jurídica determina certa limitação aos debates genéricos e decisões desprovidas de enquadramento legal, controlando-se social e juridicamente a prática desmedida dessa atuação jurisdicional. Desta forma, as fundamentações das decisões judiciais refletem a efetiva racionalidade das decisões judiciais, assim erigida como a forma de atuação da atividade de julgar, dessarte compreendida como um efeito do discurso de justificação, uma vez que a resposta jurisdicional, de forma justa e efetiva, somente poderá ser revalorizada se originada destas justificações proferidas por determinado juízo que reflitam, efetivamente, a justiça ao caso concreto.

---

[334] Sobre o tema, reporta-se à nota de rodapé nº 453.

Capítulo 5 – A Estabilidade das Decisões Judiciais

5.1. A Estabilidade das Decisões Judiciais e os Mecanismos de Estabilização

A estabilidade das decisões judiciais é relevante fenômeno para a manutenção do Estado Democrático de Direito, gerando segurança e, consequentemente, paz social. Assim, relevante, antes de explorar outras particularidades deste estudo, compreenderem-se os instrumentos estabilizadores das decisões judiciais.

5.1.1. A Segurança Jurídica e a Paz Social

A busca pela tranquilidade e paz social é uma constante, visto que o conflito, embora necessário, por vezes, gera muito desgaste e causa resultados nefastos aos envolvidos. Nessa esteira, surge a relevante figura da segurança jurídica[335] que pode gerar, consequentemente, a tão pretendida paz social. A segurança jurídica é uma das pretensões da sociedade[336], quiçá

---

[335] Nas palavras de José Afonso da Silva, a segurança jurídica divide-se em segurança como garantia, segurança como proteção dos direitos subjetivos, segurança como direito social e segurança por meio do direito. Silva, José Afonso da. Constituição e segurança jurídica. In Constituição e segurança jurídica: direito adquirido, ato jurídico perfeito e coisa julgada. Coord. Cármen Lúcia Antunes da Rocha. 2. ed., rev. ampl. Belo Horizonte: Fórum, 2009, p. 17.

[336] Nossa sociedade moderna e naturalmente imediatista caminha a passos largos para um futuro do qual não se sabe qual será o resultado. Essa análise a partir de um passado iluminado é relevante para que o futuro seja influenciado por um passado vitorioso e belo, isso é

do Estado[337], visto ser mecanismo de formação de paz social com base na anterior estabilização dos conflitos e demandas judiciais, característica marcante do processo judicial.

Com efeito, a segurança, nos mais variados aspectos da vida, acaba por ser valor relevantíssimo para uma sociedade altamente litigiosa que, com frequência, judicializa seus conflitos. Assim, a segurança nos negócios jurídicos, bem como nas decisões judiciais tomadas, faz-se necessária para que a estabilidade social e a paz se concretizem.

Portanto, pode-se dizer que a segurança jurídica, consequência da estabilização das demandas, implementa-se no direito[338] material pela decadência ou prescrição[339], por exemplo, assim como se concretiza, em direito processual, em relação à decisão judicial, pela preclusão, trânsito em julgado e coisa julgada. Os mecanismos de estabilização das decisões judiciais,

---

relevante para que a nossa sociedade não ande em um futuro nebuloso, fazendo vívidas as palavras do autor Frances Tocqueville [que foi magistrado em 1827], que o passado, quando não mais ilumina o futuro, deixa o espírito andando nas trevas. Nesse sentido, Tocqueville, Alexis de. La démocratie em Amérique. Paris: Garnier: Flammarion, 1951, t. II, cap. VIII, p. 336. De todo esse crescimento torna-se perceptível, assim como relata o autor Darci Ribeiro, que o ser humano tem necessidades ilimitadas, o que faz com que o homem esteja em constante mudança. Ribeiro, Darci Guimarães. La pretensión procesal y La tutela judicial efectiva. Barcelona: J. M. Bosch editor, 2004, p. 28.

[337] Sobre as funções do Estado, observar Duguit, Léon. Traité de droit constitutionnel. t. II. Paris: Ancienne Librairie Fontemoing & Gie, Editeurs, 1923, p. 132 e ss. Sobre os elementos do Estado, ver Duguit, Léon. Traité de droit constitutionnel. t. II. Paris: Ancienne Librairie Fontemoing & Gie, Editeurs, 1923, p. 01 e ss; bem como Bigliati, Francesco Giuseppe. Diritto Internazionale e diritto costituzionale. Torino: Fratelli Bocca Editori, 1904, p. 43-179. Sobre a definição do que é Estado Mosca, Gaetano. Appunti di diritto costituzionale. Milano: Scocietà Editrice Libraria, 1908, p. 7 e ss. Orlando, V. E. Principii di diritto costituzionale. Firenze: G. Barbèra Editore, 1889, p. 18.

[338] Toda essa compreensão se dá naturalmente porque o direito é um produto criado pelo homem e para o homem. Assim, com essa compreensão, vem o autor Darci Ribeiro com arrimo em Radbruch e Díez-Picazo, além outros tantos autores trazidos pelo referido autor. Nesse sentido, vale conferir Ribeiro, Darci Guimarães. Da tutela jurisdicional às formas de tutela. Porto Alegre: Livraria do Advogado, 2010, p. 17 e ss. O direito como uma garantia do Estado é tratado por Casanova, Ludovico. Del diritto costituzionale lezioni di Ludovico Casanova. v. I. Firenze: Eugenio e F. Cammelli Editori-Librai, 1869, p. 1 e ss.

[339] Nery Júnior, Nelson. Princípios do processo na constituição federal: processo civil, penal e administrativo. 10. ed., rev. ampl. e atual. com as novas súmulas do STF. São Paulo: RT, 2010, p. 66.

logo mais estudados, são variados, dependendo do modelo de processo[340] que se tenha em ocorrência. Fora isto, ainda sobre a segurança jurídica, relevante destacar que, como ressaltado, traduz-se em efetiva forma de obtenção de paz social[341].

Em verdade, a segurança jurídica acaba por ser mecanismo que, de forma ampla, assume sentido de garantia, proteção e estabilidade de uma situação ou pessoa em vários campos, enquanto, de outro lado, de forma restrita, consiste em garantia de estabilidade e de certeza dos negócios jurídicos, garantindo às partes dessa obrigação a certeza de que estarão atrelados àquela negociação, por ser estável, por mais que haja modificação sob a norma que regeu o negócio[342]. Assim, compreendido o papel relevante da segurança jurídica, como mecanismo necessário à estabilização social, vejam-se, desde já, no direito positivo, as previsões que envolvem de forma direta a segurança jurídica. Segundo o art. 2º da Declaração dos Direitos do Homem e Cidadão, de 1789, *"a finalidade de toda associação política é a conservação dos direitos naturais e imprescritíveis do homem. Esses direitos são a liberdade, a propriedade, a segurança e a resistência à opressão".*

Na Constituição[343] Federal brasileira, de 1988, o preâmbulo determina que *"nós, representantes do povo brasileiro, reunidos em Assembleia Nacional Cons-*

---

[340] O processo pode ser observado de forma dualista – como foi eleito pelo Brasil – ou até monista, sendo essa corrente defendida pelo autor gaúcho Darci Ribeiro que acaba por seguir as linhas de Carnelutti, assim como se dava em Roma onde os romanos compreendiam não haver a cisão entre direito material e processual, visto que para estes o direito nascia a partir da decisão judicial e não da mera previsão legal. Ribeiro, Darci Guimarães. La pretensión procesal y la tutela judicial efectiva.

[341] Ribeiro, Darci Guimarães. La pretensión procesal y la tutela judicial efectiva. Barcelona: J. M. Bosch, 2004. p. 35. Sobre a segurança jurídica e o possível abuso do direito, importante conferir Condorelli, Epifanio J. L. El abuso del derecho. La Plata: Platense, 1971. p. 42-50

[342] Silva, José Afonso da. Constituição e segurança jurídica. In Constituição e segurança jurídica: direito adquirido, ato jurídico perfeito e coisa julgada. Coord. Cármen Lúcia Antunes da Rocha. 2. Ed., rev. ampl. Belo Horizonte: Fórum, 2009, p. 17.

[343] Importante destacar que a resposta sobre o significado da Constituição depende, assim, da tarefa que se pretende resolver com o conceito eventualmente desenvolvido. Hesse Konrad. Gnmdzüge des Veifassungsrechts der Bundesrepublik Deustschland, 13. erg. Aufl., Heidelberg: C. F. Muller, 1995, p. 3 e ss. Sobre o conceito de Constituição como ideia de um princípio supremo que determina integralmente o ordenamento estatal e a essência da comunidade constituída por esse ordenamento, vale conferir Kelsen Hans. La garanzia giurisdizionale della costituzione, in La giustizia costituzionale, Milano: Giuffre, 1981, p. 152 e ss.

tituinte para instituir um Estado Democrático[344], *destinado a assegurar o exercício*

[344] Sobre a formação de uma democracia, para entender a correta conceituação dessa palavra, averiguar Bobbio, Norberto. Liberalismo e democracia. Tradução de Marco Aurélio Nogueira, São Paulo: Brasiliense, 2000, p. 37. Nesse ponto o autor aproxima a democracia da ideia de igualdade. Ainda na perseguição do que vem a ser a democracia, vale conferir Bonavides, Paulo. Teoria constitucional da democracia participativa. São Paulo: Malheiros, 2001, p. 25 e ss; Por fim, conferir García-Pelayo, Manuel. As transformações do estado contemporâneo. Tradução de Agassiz Almeida Filho, Rio de Janeiro: Forense, 2009, p. 33. Em relação a possibilidade dede realização do Estado de Direito que vise a cultura democrática, por mais que pontuadamente na realidade das ditaduras, é recomendável que observemos as colocações de Raffin, Marcelo. La experiencia del horror: subjetividad y derechos humanos en las dictaduras y posdictaduras del cono sur. Op. cit., p. 180 e ss. Aqui vale a crítica de Miguel Reale arguindo que "se, como diz Sartori, a democracia atual é, na realidade, uma partidocracia, a democracia brasileira é de mera aparência, uma vez que nossa experiência política é a mais precária possível, não sendo nosso título de eleitor representativo de uma participação ativa, mas apenas de um direito formal de manifestar a própria vontade em determinado dia e hora. Fora disso, o que há é o vácuo político, em correspondência com o vazio partidário." Reale, Miguel. Crise do capitalismo e crise do Estado. Op. cit., p. 67-68. Sobre a relação íntima entre o processo e a democracia é interessante observar as colocações de Calamandrei, que acaba por mostrar que o processo pode ser a via de realização da democracia. Nesse sentido, conferir Calamandrei, Piero. Proceso y democracia. Traducción de Hector Fix Zamudio. Buenos Aires: Ediciones Jurídicas Europa-America, 1960, p. 11 e ss. Também deve ser conferida a obra de Ribeiro, Darci Guimarães. Da tutela jurisdicional às formas de tutela. Op. cit., p. 95 e ss.
Sobre a correta construção do que seja democracia, deve ser conferida a obra de Rousseau vide: Rousseau, op. cit., p. 80 e ss. Além deste grande teórico da democracia, o próprio Hans Kelsen também apregoa a necessidade de busca efetiva de realização da democracia. Neste sentido, conferir Kelsen, 2003, op. cit., p. 83. Sobre a busca de democracia, também poderá ser conferida a obra de Gargarella, Roberto. Teoría y crítica Del derecho constitucional. Tomo I, Buenos Aires: AlbeledoPerrot, 2008, p. 149 e ss. Sobre o futuro da democracia, vale observar Bobbio Norberto. El futuro de la democracia. Traduzido por José F. Fernández Santillán. México: Fondo de cultura económica, 1999, p. 23 e ss. Um livro muito interessante sobre a democracia foi escrito pela professora da UFSC Maria Lúcia Duriguetto, vide: Duriguetto, Maria Lúcia. Sociedade civil e democracia – Um debate necessário. São Paulo: Cortez, 2007. Norberto Bobbio relembra as menções feitas por Karl Popper no sentido de que o regime democrático é o único que permite aos cidadãos se livrarem de seus governantes por formas pacíficas e sem derramamento de sangue. Tudo isso demonstra o grau de participatividade e força que a democracia devidamente implantada poderia ter. Vide Bobbio, Norberto. O futuro da democracia: uma defesa das regras do jogo. 2º ed., da trad. bras., p. 39. Na noção de democracia podemos encontrar segundo Canotilho a forma direita e semi-direta, vide: "O exercício do poder directamente pelo povo – democracia directa – pressupõe uma estrutura territorial e social praticamente inexistente na época actual. O arquétipo dos Town Meetings americanos ou dos Landsgemeine suíços desapareceu quase por completo nas democracias constitucionais complexas (cfr. entre nós, art. 245º/2 da CRP, que prevê o 'plenário de cidadãos eleitores'). Não desapareceram, porém, os mecanismos político-constitucionais de

dos direitos sociais e individuais, a liberdade, a segurança, o bem-estar, o desenvolvimento, a igualdade e a justiça[345] *como valores supremos de uma sociedade fraterna, pluralista e sem preconceitos, fundada na harmonia social e comprometida, na ordem interna e internacional, com a solução pacífica das controvérsias, promulgamos, sob a proteção de Deus, a seguinte CONSTITUIÇÃO DA REPÚBLICA FEDERATIVA DO BRASIL".*

Ainda nesse contexto, o art. 5º da Constituição Federal brasileira determina que *"todos são iguais perante a lei, sem distinção de qualquer natureza, garantindo-se aos brasileiros e aos estrangeiros residentes no País a inviolabilidade do direito à vida, à liberdade, à igualdade, à segurança e à propriedade, nos termos seguintes".*

---

democracia semi-directa, progressivamente presentes nas constituições modernas de vários Estados (Suíça, Dinamarca, Irlanda, França, Áustria, Alemanha, Itália, Suécia)". Canotilho, José Joaquim Gomes. Direito Constitucional e Teoria da Constituição. 7º ed., Coimbra: Almedina, 2003, p. 294-295. Deveria a Democracia buscar a efetivação da vontade geral dos cidadãos, que poderia ser garantida através da manifestação dos elegidos que seriam os representantes da nação. Assim refere o autor Ovídio A. Baptista da Silva que "[...] a partir dessa incapacidade demonstrada pelos regimes democráticos para a formação da sonhada "vontade geral" e da persistência das oligarquias e de seus interesses, que a prática política tornaram transparentes e inocultáveis, é que a crise de legitimidade do sistema representativo mais se exacerba e torna-se visível". Silva, Ovídio A. Baptista da. Participação e processo. Coord. Ada Pellegrini Grinover. São Paulo: RT, 1988, p. 108. Ovídio refere que "Fica porém evidente que o pressuposto básico para o estabelecimento de uma democracia consistente e durável deve ser buscado não apenas na formação juridicamente perfeita do dispositivo estatal mas, fundamentalmente, no estabelecimento de condições sócio-culturais que possibilitem o surgimento de verdadeiros e autênticos cidadãos". Vide Silva, O., 1998, op. cit., p. 108. Forte crítica é traçada por Bruce Ackerman ao aduzir que a democracia moderna é, simplesmente, medíocre. Assim, vejamos: "la democracia moderna parece un sistema medíocre, excepto cuando se la compara con las alternativas". Vide Ackerman, Bruce. La política Del diálogo liberal. Tradução de Gabriel L. Alonso. Barcelona: Gedisa editorial, 1999, p. 89 e ss.

[345] Deve-se buscar a justiça, que é sim o fundamento e a esperança de todos que demanda, não buscando, entretanto, a justiça estática, que não será capaz de chegar ao ponto que a justiça efetiva poderia chegar. Assim vejamos Agnes Heller – quando fala da "justiça estática" – justiça do tirando, justiça da verdade do senhor. Vide Heller, Agnes. Más Allá de la justicia. Barcelona: editora crítica, 1990, p. 311 e ss. Ademais, a justiça perfeita jamais se encontrará, o que nos motiva, atualmente, a buscar a justiça de forma moderada e não através de uma pretensiosa e ilusória noção de justiça, neste sentido Ovídio A. Baptista da Silva traz a ideia de ser, a justiça perfeita, pathos tirânico de nossa herança iluminista, sendo uma justiça que se tornou normativa, fugindo da vida real para tornar-se apenas conceitual. Silva, Ovídio A. Baptista da. Processo e ideologia. Rio de Janeiro: Forense, 2004, p. 17.

Como se pode perceber, o papel da segurança jurídica é de centro e relevância para o Estado Democrático de Direito. Em sede judicial a segurança jurídica, para realizar-se, depende inicialmente de uma decisão judicial estável, já tendo ocorrido a estabilização do conflito permeado pela demanda judicial, caso em que, posteriormente, então, realizar-se-á a segurança jurídica. Nesse caso, proferida decisão judicial, ocorrente a coisa julgada, o trânsito em julgado ou uma das formas de preclusão, restará estável, ou seja, definida a questão, que em regra não mais estaria suscetível à discussão ou mudança.

Ocorrendo isso, ter-se-ia, portanto, a concretização da segurança jurídica que reside na efetiva garantia de estabilidade da decisão judicial sólida, gerando, assim, a estabilidade social almejada e consequentemente a paz social. Deve-se alertar, contudo, que esta sistemática de formação da estabilidade das decisões judiciais, como se verá, poderá se dar de forma diferente em relação à estrutura e ao modelo de processo que se esteja a trabalhar, pois processos subjetivos são, por natureza, amplamente diferentes dos processos objetivos[346]. Quanto a isto, particularmente em relação aos mecanismos de estabilidade das decisões judiciais, estudar-se-ão desde logo os detalhes e mecanismos de sua concretização.

5.2. Mecanismos de Estabilidade das Decisões Judiciais

Importante destacar que a estabilidade das decisões judiciais é fenômeno relevante para a manutenção do Estado Democrático de Direito, construindo segurança e paz social. Os mecanismos de estabilidade das decisões judiciais, que serão estudados um a um, são: a coisa julgada, a preclusão e o trânsito em julgado. Com efeito, estes mecanismos concretizam a estabilização das decisões judiciais, gerando a segurança jurídica e paz social, assim como já alertado. Portanto, relevante, antes de explorar outras particularidades deste estudo, compreenderem-se os instrumentos estabilizadores das decisões judiciais nas mais variadas esferas de jurisdi-

---

[346] Sobre a diferença do processo subjetivo e objetivo, pode-se conferir Thamay, Rennan Faria Krüger. A inexistência de coisa julgada, nos moldes clássicos, no controle de constitucionalidade abstrato. Tese (Doutorado) – Faculdade Direito, Pós-Graduação em Direito, PUCRS, Porto Alegre, 2014, p. 180 e ss.

ção[347], iniciando-se pela coisa julgada, passando pela preclusão e finalizando com o trânsito em julgado.

5.2.1. A Coisa Julgada

Noticie-se que para o objetivo deste trabalho, o corte metodológico feito permitirá que se explore, de forma breve, o instituto ora referido, sem, contudo, aprofundá-lo ao extremo. Caso se busque maior profundidade a detalhes do tema, conveniente conferir obras pontuais sobre o tema da *res iudicata*[348]. Deve-se dizer que a origem da coisa julgada[349] remonta à época da antiga Roma. Assim, pode-se observar no Direito romano uma das fontes primárias e iniciais desse instituto.

---

[347] Há um direito à jurisdição, assim como refere o autor argentino Osvaldo Gozaíni. Idem, p. 19 e ss. Tem relação com a jurisdição a chamada tutela diferenciada. Pequena chamada ao leitor que tenha interesse em conhecer as tutelas diferenciadas que são frequentemente estudadas na Argentina, onde existem ações que são tuteladas e procedidas de forma diferenciada, seja por seu grau de urgência ou relevância, conferir Berizonce, Roberto Omar. Aportes para una justicia más transparente. Roberto Omar Berizonce, Coordenador, ... [et al.]. La Plata: LEP, 2009, p. 23 e ss.

[348] Nesse sentido, caso se queira estudar com profundidade o tema, sugere-se: Liebman, Enrico Tullio. Eficácia e autoridade da sentença. 2. ed. Rio de Janeiro: Forense, 1981; Moreira, José Carlos Barbosa. Eficácia da sentença e autoridade da coisa julgada. Revista de Processo, São Paulo: Revista dos Tribunais, a. IX, n. 34, p. 273-285, abr./jun. 1984; Alvim, Thereza. As questões prévias e os limites objetivos da coisa julgada. Revista dos Tribunais, 1977; Tesheiner, José Maria Rosa. Eficácia da sentença e coisa julgada no processo civil. São Paulo: Revista dos Tribunais, 2001. Neves, Celso. Coisa julgada civil. São Paulo: Revista dos Tribunais, 1971; Porto, Sérgio Gilberto. Coisa julgada civil. 4. ed. rev. atual. e ampl., com notas do Projeto de Lei do Novo CPC. São Paulo: Revista dos Tribunais, 2011; Thamay, Rennan Faria Krüger. A inexistência de coisa julgada, nos moldes clássicos, no controle de constitucionalidade abstrato. Tese (Doutorado) – Faculdade Direito, Pós-Graduação em Direito, PUCRS, Porto Alegre, 2014. Thamay, Rennan Faria Krüger. A coisa julgada no controle de constitucionalidade abstrato: em conformidade com o Novo CPC. São Paulo: Atlas, 2015.

[349] Poder-se-ia discutir as raízes da coisa julgada, pois para alguns já havia resquícios deste instituto no Direito babilônico, ou seja, cerca de 3.700 anos atrás. Por todos, Neiva Fenoll, Jordi. La cosa juzgada: el fin de un mito. Problemas actuales del proceso iberoamericano. Málaga: Centro de Ediciones de la Diputación Provincial, 2006. p. 429. Nesse mesmo sentido, Cabral, Antonio do Passo. Coisa julgada e preclusões dinâmicas: entre continuidade, mudança e transição de posições processuais estáveis. Salvador: Juspodivm, 2013. p. 50.

No que concerne a esse aspecto, afirma Giuseppe Chiovenda[350] que os romanos acabavam por observar o referido instituto, atribuindo-lhe certa importância em relação à condenação ou absolvição nele inserido, e não no poder de convencimento da decisão. Sendo que, para eles, existia efetivamente somente a coisa julgada material[351], aquela que reconhecia um bem da vida a um dos demandantes. Destarte, Vicente Greco Filho[352], ao analisar a origem da *res iudicata*, também aponta que a coisa julgada veio da tradição romana, em que a sentença era a própria coisa julgada, ou a coisa julgada o próprio objeto litigioso definitivamente decidido. A concepção de coisa julgada que os romanos empregavam está intimamente ligada à noção de segurança nas relações sociais, em que se dava um cunho muito mais prático ao instituto da *res iudicata*[353].

Muitas foram as teorias acerca da *res iudicata* como instituto jurídico-processual e mecanismo de estabilidade das decisões judiciais[354]. Desse

---

[350] "Essi vedero la importanza della res iudicata non nel ragionamento del giudice, ma nella condanna o nella assoluzione, cioé nella espressione della voliontà del diritto nel caso concreto. Perciò essi non parlano di cosa giudicata se non riguardo alla sentenza di merito, la quale è quella che riconosce un bene della vita a una delle parti." Chiovenda, Giuseppe. Princippi di Diritto Processuale Civile. Napoli: E. Jovene, 1980. p. 907

[351] Essa é a postura adotada neste trabalho, pois se entende como coisa julgada unicamente a substancial. Nesse sentido, conferir Thamay, Rennan Faria Krüger. A inexistência de coisa julgada, nos moldes clássicos, no controle de constitucionalidade abstrato. Tese (Doutorado) – Faculdade Direito, Pós-Graduação em Direito, PUCRS, Porto Alegre, 2014, p. 131. Partindo de Ugo Rocco, na Itália, alerta-se que o conceito de coisa julgada formal é inútil, pois algo que se amolda à preclusão e não à coisa julgada. "Crediamo che tale distinzione sai priva di qualunque utilità e che, anzi, invece di charire i concetti serva a confonderli; dato infati, che nell'atuale sistema legislativo, la forza obrligatoria e unicamente inerente allá sentenza inoppugnabile, si potrà al massimo dire, che la inoppugnibilità della sentenza constituisce um presopposto formale (e non il solo) dell'autorità del cosa giudicata della sentenza." Rocco, Ugo. L'autoritá della cosa giudicata e i suoi limiti soggettivi. Roma: Athaeneum, 1917. t. I. p. 06-07. No mesmo sentido, conferi: BARBI, Celso Agrícola. Da preclusão no processo civil. Revista Forense, Rio de Janeiro: Forense, n. 158, p. 62 et seq., 1955; Marcato, Antônio Carlos. Preclusões: limitação ao contraditório? Revista de Direito Processual Civil, São Paulo, n. 17, p. 105-114, jan./ mar. 1980. p. 110.

[352] Greco Filho, Vicente. Direito Processual Civil brasileiro. São Paulo: Saraiva, 1981. p. 231.

[353] Chiovenda, Giuseppe. Instituições de Direito Processual Civil: os conceitos fundamentais a doutrina das ações. São Paulo: Saraiva, 1965. v. 1. p. 370.

[354] Sobre as muitas teorias desenvolvidas sobre o instituto da coisa julgada, pode-se conferir Thamay, Rennan Faria Krüger. A relativização da coisa julgada pelo Supremo Tribunal Federal: o caso das ações declaratórias de (in)constitucionalidade e arguição de descumprimento de preceito fundamental. Porto Alegre: Livraria do Advogado, 2013, p. 23-34.

modo, por meio de toda a construção da coisa julgada, como instituto jurídico, influenciado pela realidade romana em que a coisa julgada representava certeza e estabilidade social que possibilitava o gozo, de forma relativamente tranquila, de direitos, foi que na sociedade pós-moderna[355] buscou os fundamentos para então chegar hoje à ideia de segurança jurídica[356], passando também pelas contribuições de Francesco Carnelutti[357] e Enrico Tullio Liebman.

[355] Sabe-se que o Estado brasileiro sequer passou pelo estado social, assim como outros países. Nesse sentido, ver García-Pelayo, Manuel. As transformações do estado contemporâneo. Tradução de Agassiz Almeida Filho. Rio de Janeiro: Forense, 2009. Sobre a ideia de ser o nosso Estado pós-moderno, vide: Chevallier, Jacques. O Estado pós-moderno. Tradução de Marçal Justen Filho. Belo Horizonte: Forum, 2009. p. 24 et seq.; Bauman, Zygmunt. O mal-estar da pós-modernidade. Tradução de Mauro Gama, Cláudia Martinelli Gama. Rio de Janeiro: Jorge Zahar, 1998. p. 7 et seq.; Jayme, Erik. Cours général de droit international prive. Recueil des cours. Académie de droit international. t, 251, 1997. The Hague – Boston – London: Martinus Nijhoff Publishers, 1997. t. 251. p. 36-37; Lyotard, Jean-François. O pós-moderno. Rio de Janeiro: Olympio, 1986; Kumar, Krishan. Da sociedade pós-industrial à pós-moderna. Rio de Janeiro: Jorge Zahar, 1997; Harvey, David. Condição pós-moderna. São Paulo: Loyola, 1992; Vattimo, Gianni. O fim da modernidade: niilismo e hermenêutica na cultura pós-moderna. Lisboa: Presença, 1987; Santos, Boaventura de Souza. Pela mão de Alice: o social e o político na pós-modernidade. São Paulo: Cortez, 1997. Sobre a troca paradigmática da modernidade para a pós-modernidade, vale conferir Kaufmann, Arthur. La filosofía del derecho en la posmodernidad. Traducción de Luis Villar Borda. Santa Fe de Bogotá: Temis, 1992. p. 5 et seq. Entretanto, vale referir que existe corrente, forte e respeitada, no sentido de que se acaba de vivenciar uma modernidade tardia, e não, efetivamente, a pós-modernidade, sendo neste sentido Streck, Lenio Luiz. Hermenêutica jurídica e(m) crise: uma exploração hermenêutica da construção do Direito. 5. ed. rev. atual. Porto Alegre: Livraria do Advogado, 2004. p. 25. Para outros autores, o que existe é uma hipermodernidade. Nesse sentido, conferir Lipovetsky, Gilles. Os tempos hipermodernos. Tradução de Mário Vilela. São Paulo: Barcarolla, 2004. p. 51 et seq.

[356] Nesse aspecto, observando as ponderações de Cícero, no sentido de que na coisa julgada é que repousaria a estabilidade estatal, é que vale conferir a obra de Rezende Filho, Gabriel José Rodrigues de. Curso de Direito Processual Civil. São Paulo: Saraiva, 1951. v. 3. p. 54. A segurança jurídica acaba por ser a forma de obtenção de paz social, assim como afirma o autor gaúcho Darci Ribeiro na obra Ribeiro, Darci Guimarães. La pretensión procesal y la tutela judicial efectiva. Barcelona: J. M. Bosch, 2004. p. 35.

[357] Francesco Carnelutti tem opinião diversa da de Giuseppe Chiovenda, por compreender que o comando da sentença pressupõe o comando existente na lei, não fazendo a coisa julgada uma lei paralela, como pretendia Giuseppe Chiovenda. Bomfim Júnior, Carlos Henrique de Moraes [et al.]. A coisa julgada em Fazzalari. In: Leal, Rosemiro Pereira (Coord.). O ciclo teórico da coisa julgada: de Chiovenda a Fazzalari. Belo Horizonte: Del Rey, 2007. p. 233-296. p. 260. Ademais, vale observar que "[...] a eficácia da decisão se expressa antes de tudo, com a

Observando Enrico Tullio Liebman[358], percebe-se a preocupação do autor em distinguir a eficácia da autoridade da coisa julgada. Para ele, a autoridade da *res iudicata* não é efeito da sentença[359], como postura da doutrina da época, mas, sim, modo de se manifestar e se produzir dos efeitos da própria sentença, algo que a esses efeitos se junta para qualificá-los e reforçá-los em sentido bem determinado. Aduz, ainda, com firmeza, o autor que a autoridade da coisa julgada *"[...] não é efeito da sentença, mas uma qualidade, um modo de ser e de manifestar-se dos seus efeitos, quaisquer que sejam,*

imperatividade (que representa tão apenas a projeção da vontade do juiz); [...]. A imperatividade da decisão é chamada também coisa julgada [...]. Em caso de transgressão da sentença, atuarão as sanções como se estivesse se estabelecido pela lei." Carnelutti, Francesco. Sistema de Direito Processual Civil. São Paulo: Classic Book, 2000. v. I. p. 412-415.

[358] "Não é efeito da sentença, como postura da doutrina unânime, mas sim modo de manifestar-se e produzir-se dos efeitos da própria sentença, algo que a esses efeitos se ajunta para qualificá-los e reforçá-los em sentido bem determinado." Id. Eficácia e autoridade da sentença. Tradução de Alfredo Buzaid e Benvindo Aires. Rio de Janeiro: Forense, 1945. p. 36.

[359] "Dicemmo che la sentenza è um atto dello Stato, ossia del giudice, suo organo, nell'esecizio della funzione giurisdicionale". Rocco, Alfredo. La sentenza civile. Milano: Giuffrè, 1962, p. 28. "Las sentencias se dividen en definitivas e incidentales. Aquéllas (§ 300) finalizan el proceso, total o parcialmente, en una instancia. En el segundo caso reciben el nombre de sentencias parciales, que son las definitivas (improcedentes en asuntos matrimoniales) que recaen sobre una parte cuantitativa del pedimento de la demanda, concretamente determinada y susceptible de ser juzgada separadamente; o sobre una de las acciones ejercitadas en una demanda con diversas peticiones (no solamente eventuales) o sobre la demanda o la reconvención, separadamente (§ 301). En cambio, no tiene este carácter, sino simplemente el de, definitiva, la sentencia que ha de dictarse en caso de que uno de los procesos acumulados por orden j judicial (§ 147) esté antes que los demás en condiciones de ser resuelto (§ 300, II). Son sentencias incidentales aquellas que resuelven una cuestión accesoria (§ 303), es decir, una cuestión de cuya resolución depende la continuación del procedimiento (§ 366, I; cfs. También los §§ 347, II, y 461, I) ; así, por ej., sobre el deber de exhibir un documento, o sobre la admisibilidad de un acto de postulación (por ej., sobre admisibilidad de la demanda, es decir, sobre los presupuestos de la sentencia de fondo y sobre los impedimentos procesales, así como también sobre las «excepciones dilatorias» reguladas en el § 275, sobre la admisibilidad de modificaciones en la demanda, de la oposición de la reposición en el estado anterior, de un recurso, de una proposición de pruebas, y aun de la revocación de una confesión) y sobre la reanudación de un procedimiento interrumpido. Además de estas sentencias incidentales sobre cuestiones de esta índole entre las partes, las hay por cuestiones de éstas con terceros, así, por ej., sobre la petición de que se rechace una intervención adhesiva (§ 71), o sobre la petición elevada para que se condene a un abogado a devolver un documento que le ha sido entregado (§ 135) y sobre la procedencia jurídica de la denegación de un testimonio o dictamen pericial (§§ 387 y 402)". Goldschmidt, James. Derecho procesal civil. Trad. Leonardo Prieto Castro. Barcelona: Labor, 1936. p. 302-303.

vários e diversos, consoante as diferentes categorias das sentenças"[360]. Essas linhas sobre a autoridade da coisa julgada, postulando-a, em sua época, como uma qualidade que aos efeitos da sentença se juntam, são valorosas para a doutrina processualista brasileira que, a partir dessas referências, constrói caminho próprio tendo como base diferentes teorias.[361]

Todavia, mesmo as suas considerações, por mais relevantes que fossem, não passaram ilesas na doutrina brasileira. Reconhece-se em Enrico Tullio Liebman[362] o mérito de perceber que a coisa julgada não é efeito da sentença, mas, sim, qualidade que a estes efeitos se ajunta. Destaque-se que o posicionamento de Enrico Tullio Liebman e sua construção são relevantes para a compreensão adequada, em tempos atuais, do instituto da *res iudicata*, mas, como destaca José Carlos Barbosa Moreira[363], os efeitos das sentenças estão sujeitos à mudança, razão por que tal qualidade, referida por Enrico Tullio Liebman, não poderia acobertar a sentença e seus efeitos, mas somente o conteúdo da decisão. Com efeito, pode-se concordar com a distinção da eficácia da sentença com a autoridade da coisa julgada, assim como Enrico Tullio Liebman, mas não se pode concordar com a noção, apontada por Enrico Tullio Liebman, de que a imutabilidade atinge aos efeitos da decisão, mas, sim, o seu conteúdo, não se limitando, a imutabilidade que atinge o conteúdo decisório, ao elemento declaratório, mas, de outro lado, a todo o conteúdo (comando) decisório.

Sustenta-se nesta pesquisa, diferentemente do que fora afirmado por Ovídio A. Baptista da Silva[364], tendo como premissa a postura de José Car-

---

[360] Liebman, Enrico Tullio. Eficácia e autoridade da sentença. Tradução de Alfredo Buzaid e Benvindo Aires. Rio de Janeiro: Forense, 1945. p. 16.

[361] As influências de Enrico Tullio Liebman no Brasil são visíveis em relação a todo o Direito Processual Civil, quanto mais em relação à coisa julgada que foi por ele particularmente estudada a partir de seus conhecimentos e da instrução italiana sobre a matéria, levando em conta certamente as lições de seu mestre Giuseppe Chiovenda.

[362] Ibid., p. 40 et seq.

[363] Id. Eficácia da sentença e autoridade da coisa julgada. Revista de Processo, São Paulo: Revista dos Tribunais, a. IX, n. 34, p. 273-285, abr./jun. 1984.

[364] Ovídio A. Baptista da Silva acaba por concordar com Enrico Tullio Liebman em relação à total separação da coisa julgada e dos efeitos da sentença, não sendo a coisa julgada efeito. Todavia, o autor acaba entendendo que a res iudicata é uma qualidade que se agrega somente aos efeitos declaratórios do conteúdo da sentença, ou seja, à declaração judicial. Silva, Ovídio A. Baptista da Silva. Curso de processo civil (processo de conhecimento). 3. ed. Porto Alegre: Fabris, 1996. p. 422.

los Barbosa Moreira[365], que a autoridade da coisa julgada envolve todo o conteúdo decisório e não somente o declaratório[366]. Assim, a coisa julgada deve proteger e preservar a modificação jurídica operada, não o mero direito de promovê-la, reconhecido ao autor[367]. Realmente, afirme-se que os efeitos fogem do selo da imutabilidade, porque são, como se sabe, variáveis no tempo[368] e em decorrência das realidades fáticas. Assim, um casal separado pode restabelecer, no mundo dos fatos, a união e o relacionamento pelo amor. Os proprietários de um imóvel poderão redefinir, entre si, no mundo dos fatos, a demarcação que cada propriedade poderá ter. A dívida pode ser cumprida espontaneamente pelo devedor, bem como este pode ser perdoado pelo credor. Desta forma, *"[...] tal circunstância em nada afeta a autoridade da coisa julgada que esta porventura haja adquirido. A norma sentencial permanece imutável, enquanto a norma jurídica concreta referida a uma determinada situação"*[369].

Destarte, a decisão, no mundo jurídico, permanecerá imutável pela coisa julgada, mas isto, como se sabe, não impede as partes envolvidas de comporem de diferente maneira a celeuma anteriormente apreciada pelo Judiciário e, por este, definida. Ademais, a *res iudicata* tem ampla ligação com a segurança jurídica[370], que é, sim, perseguida por muitos juristas,

---

[365] O exemplo cabalmente trazido por José Carlos Barbosa Moreira para combater a tese de Ovídio A. Baptista da Silva é o de que "Se o juiz anula o contrato, por exemplo, fica o resultado do processo, após o trânsito em julgado, menos imune à contestação do que ficaria se ele se limitasse a declarar nulo o contrato?" Id. Coisa julgada e declaração. Temas de Direito Processual. 1ª série. 2. ed. São Paulo: Saraiva, 1988, p. 82

[366] Confirmando essa postura, refere José Carlos Barbosa Moreira que "[...] ao nosso ver o que se coloca sob o pálio da incontestabilidade, com referência à situação existente ao tempo em que a sentença foi prolatada, não são os efeitos, mas a própria sentença, ou mais precisamente, a norma jurídica concreta nela contida." Id. Eficácia da sentença e autoridade da coisa julgada. Op. cit.

[367] "Se constitutiva a sentença, o que importa preservar é justamente a modificação jurídica operada, não o mero direito de promovê-la, reconhecido ao autor." Id. Coisa julgada e declaração. Op. cit., p. 83.

[368] Sobre o direito intertemporal, deve se conferir Delgado, Mário Luiz. Novo direito intertemporal brasileiro da retroatividade das leis civis. 2. ed. rev. ampl. São Paulo: Saraiva: 2014

[369] Moreira, José Carlos Barbosa. Ainda e sempre a coisa julgada. Revista dos Tribunais, São Paulo: Revista dos Tribunais, v. 59, n. 146, p. 9-15, jun. 1970.

[370] Cândido Rangel Dinamarco assim contribui: "Pelo que significa na vida das pessoas em suas relações com os bens da vida ou com outras pessoas, a coisa julgada material tem por subsídio ético-político o valor da segurança jurídica, que universalmente se proclama como indispensável à paz entre os homens ou grupos". Nesse sentido Dinamarco, Cândido Rangel.

sempre referente às suas relações jurídicas, buscando, em relação ao litígio, uma solução. E por mais que não seja a esperada, que se tenha ao menos o pronunciamento estatal em relação àquele caso concreto, visando à realização de paz social que se dá em decorrência da estabilidade das relações jurídicas e sociais.

A coisa julgada é capaz de gerar a segurança mencionada, pois, após o trânsito em julgado, por mais que irresignada a parte vencida, poderá aceitar tal decisão, causando, então, em grande parte dos casos, a segurança desejada pela conformação do derrotado com a decisão. Se não houvesse o instituto da coisa julgada, estaríamos, sim, em total insegurança jurídica e possivelmente em uma sociedade desregrada, pois aquele que se insurgisse contra a decisão estatal recorreria perpetuamente para jamais perder o direito que defende como sendo seu.

Reconhecendo que a *res iudicata* é forma de se alcançar a segurança jurídica que gera paz entre os seres humanos, pode-se compreender a significativa relevância jurídica desse instituto, que pode conter os mais elevados ânimos da parte irresignada com a decisão do magistrado[371].

A coisa julgada vem preservada e constituída como garantia fundamental no art. 5º, XXXVI[372], do texto da Constituição Federal de 1988. Embora prevista na Constituição Federal[373] como direito fundamental processual

---

Instituições de Direito Processual Civil. 3 v. 2. ed. São Paulo: Malheiros, 2002. p. 303. Ademais, conferir Wambier, Luiz Rodrigues; Almeida, Flávio Renato Correia de; TALAMINI, Eduardo. Curso Avançado de Processo Civil. v. 1: teoria geral do processo de conhecimento. 7. ed. São Paulo: RT, 2005. p. 547. Por fim, pode ser consultado o artigo da autora Elaine Macedo in Macedo, Elaine Harzheim. Relativização da coisa julgada em direito ambiental. Revista de direito ambiental. v. 42., RT, 2006. p. 70-71.

[371] Sobre a temática da coisa julgada e da segurança jurídica – observando a possibilidade de mudança dos efeitos da sentença, entretanto –, conferir Moreira, José Carlos Barbosa. Eficácia da sentença e autoridade da coisa julgada. Revista de Processo, São Paulo: Revista dos Tribunais, a. IX, n. 34, p. 273-285, abr./jun. 1984. p. 278-279.

[372] "XXXVI – a lei não prejudicará o direito adquirido, o ato jurídico perfeito e a coisa julgada."

[373] Sobre a força da Carta Constitucional, relata o autor argentino Nestor Sagués "cualquier Estado debe tener una constitución formal, de ser posible escrita y en un texto unificado, con supremacía sobre el resto del ordenamiento jurídico, de modo tal que el legislador ordinario se encuentre sometido a ella: si dicta una ley contraria a la constitución, la ley será inválida". Vide Sagués, Nestor p. Elementos de derecho constitucional. Tomo I. Buenos Aires: Artraz, 1997, p. 05. Sabe-se que a Constituição escrita é de tamanha importância para que essa norma tenha maior força frente a seus cidadãos. Calha referir que a Constituição escrita, como forma organizada de legalização, teve sua existência inicial nas colônias inglesas nos Estados Unidos, passando a existir também, depois, nos Estados Unidos em meio a sua independência, assim

do cidadão, não restou conceituada na Carta Política, o que era de se esperar, visto que a sua simples previsão de existência no catálogo dos direitos fundamentais[374] a transformaria em direito fundamental[375] e de aplicação imediata e eficácia plena[376], devendo ser conceituada e constituída pela doutrina e possíveis normas. Todavia, também não sendo novidade, vem a lei de introdução às normas do direito brasileiro, Lei nº 4.707/1942, conceituando, no art. 6º, §3º[377], o que poderia ser a *res iudicata*, mas em seu âmbito formal para alguns, o que para este ensaio é preclusão em alguns casos e pode ser trânsito em julgado em outros. Outra possível definição para a coisa julgada pode ser encontrada no Código de Processo Civil de 1973 no art. 467[378], assim como no art. art. 502[379] do Novo Código de Processo Civil brasileiro.

Com efeito, a *res iudicata* deve ser observada de forma diferenciada, já que garantia fundamental processual, devendo ser não somente aplicada, mas também preservada, visando ao respeito a esse instituto e à segurança

como, também, na França em plena revolução francesa em 1789, tendo sido escrita a referida Constituição em 1791. Nesse sentido conferir Pérez Royo, Javier. Corso de derecho constitucional. Madrid – Barcelona: Marcial Pons, 1998, p. 85. Mais um pouco se pode observar, sobre as Constituições escritas em Esmein, A. Éléments de droit constitutionnel. Paris: Librairie de la société du recueil general des lois et des arrèts, 1896, p. 391-421.

[374] Sobre os direitos individuais conferir Esmein, A. Éléments de droit constitutionnel. Paris: Librairie de la société du recueil general des lois et des arrèts, 1896, p. 363-390..

[375] Sobre a proteção e eficácia dos direitos fundamentais, relevante conferir Sarlet, Ingo Wolfgang. A eficácia dos direitos fundamentais. 4. ed. Porto Alegre: Livraria do Advogado, 2004. p. 150 et seq. e 274 et seq.; Dworkin, Ronald. Levando os direitos a sério. Tradução de Nelson Boeira. São Paulo: Martins Fontes, 2002. p. 283 et seq.

[376] "Os princípios constitucionais do processo civil – que moldam o 'modo de ser' do processo, explicados fundamentalmente, mas não exclusivamente, no art. 5º da Constituição Federal, prescindem de lei para 'existirem juridicamente'. É que o referido dispositivo deve ser lido (e interpretado e aplicado) rente ao que dispõem seus dois primeiros parágrafos. De acordo com eles, todos os direitos e garantias lá previstos não exigem nenhuma regra que os implemente concretamente. São, para empregar nomenclatura consagrada na doutrina tradicional, 'normas de eficácia plena'." Bueno, Cassio Scarpinella. Curso sistematizado de Direito Processual Civil: teoria geral do Direito Processual Civil. 6. ed. São Paulo: Saraiva, 2012. p. 132.

[377] "Art. 6º A Lei em vigor terá efeito imediato e geral, respeitados o ato jurídico perfeito, o direito adquirido e a coisa julgada. [...] § 3º Chama-se coisa julgada ou caso julgado a decisão judicial de que já não caiba recurso."

[378] "Art. 467. Denomina-se coisa julgada material a eficácia, que torna imutável e indiscutível a sentença, não mais sujeita a recurso ordinário ou extraordinário."

[379] "Art. 502. Denomina-se coisa julgada material a autoridade que torna imutável e indiscutível a decisão de mérito não mais sujeita a recurso."

jurídica[380], direito fundamental do cidadão, que também está intimamente ligada à coisa julgada, sendo desta consequência esperada e pretendida pela Constituição Federal de 1988. Não resta dúvida de que a coisa julgada, como direito fundamental, decorre do imperativo social[381], já que não é possível viver com a incerteza e eternização da lide, o que tornaria a vida simplesmente impraticável para muitos.

Destarte, sem ser tautológico, deve se observar a coisa julgada não somente como um instituto tipicamente processual, como muitos têm feito, mas, acima de tudo, como instituto constitucional, pois fora a *res iudicata* incorporada no texto da Constituição, em especial no catálogo dos direitos fundamentais[382], o que lhe dá esta característica imutável de garantia jurídico-social do cidadão. Portanto, "a coisa julgada material torna a sentença imutável, garantindo a segurança jurídica e paz social"[383].

Assim, a coisa julgada tem a função de trazer segurança jurídica e paz social à coletividade[384].

Com efeito, pode-se conceituar a coisa julgada como garantia processual-constitucional que se concretiza como a qualidade que torna imutável o conteúdo decisório da decisão de mérito (e não os seus efeitos, que podem ser mutáveis) e que se torna, por consectário, indiscutível, gerando

---

[380] Sobre a segurança jurídica e o possível abuso do direito, importante conferir Condorelli, Epifanio J. L. El abuso del derecho. La Plata: Platense, 1971. p. 42-50.

[381] "A coisa julgada decorre de um imperativo social. Não é possível conviver por largo tempo ou eternamente – com a insegurança na aplicação do direito. Este estado de incerteza ocasionado pela tramitação do processo deve se encerrar o quanto antes, a fim de que os cidadãos possam levar sua vida adiante." Porto; Ustarroz, op. cit., p. 108.

[382] Nesse sentido, quando falamos de direitos fundamentais e sociais, filiamo-nos à posição de Ingo Sarlet quando afirma que os direitos fundamentais estão tanto no catálogo do art. 5 da Constituição Federal como fora desse dispositivo, existindo os direitos fundamentais e sociais no catálogo e fora do catálogo. Vide Sarlet, Ingo Wolfgang. A eficácia dos direitos fundamentais. 4. ed., rev. atual., Porto Alegre: Livraria do Advogado, 2004, p. 73 e 133. Sobre o dever de o Estado reconhecer e colocar em prática os direitos sociais, resta importante conferir Abramovich, Víctor. Courtis, Christian. El umbral de la ciudadanía: el significado de los derechos sociales en el Estado social constitucional. Buenos Aires: Del Puerto, 2006, p. 47 e ss. Continuam os autores aduzindo que para falar com propriedade de um direito é necessário que existam mecanismos de garantia desse direito. Nesse sentido, Idem., p. 65 e ss.

[383] TJ-MG – AC: 10024101173532001 MG, Relator: Áurea Brasil, Data de Julgamento: 23/05/2013, Câmaras Cíveis / 5ª CÂMARA CÍVEL, Data de Publicação: 28/05/2013

[384] TJ-SP – AR: 03742897920108260000 SP 0374289-79.2010.8.26.0000, Relator: Ana Luiza Liarte, Data de Julgamento: 25/02/2013, 2º Grupo de Direito Público, Data de Publicação: 08/03/2013.

a segurança e estabilidade jurídica esperada pela sociedade e necessária ao Estado.

5.2.2. A Preclusão

A preclusão caracteriza-se pela impossibilidade de realização de determinado ato processual como, por exemplo, o de recorrer ou realizar diligência forense que tenha prazo fatal determinado e que, por conseguinte, não comporte superação do prazo determinado pela norma processual ou, até mesmo, pelo juiz[385]. Trata-se de mecanismo de estabilidade das decisões judiciais que se alia, fortemente, à segurança jurídica para, consequentemente, trazer paz social. Sabe-se que a preclusão está estruturada em três modalidades tradicionais que demonstram a impossibilidade de, em regra, praticar determinado ato processual, sem significar isso imutabilidade do que fora decidido, assim como pressupõe a *res iudicata*, instituto amplamente diferente, mas ligado pela consequente estabilidade das decisões judiciais.

Assim, pode-se afirmar que a preclusão pode ser compreendida como temporal, consumativa ou lógica, dependendo, portanto, da estrutura de cada situação específica. Com efeito, a preclusão temporal consubstancia-se na perda, por não exercício tempestivo ou intempestivo, do direito de praticar ato processual. Por outras palavras, *"a mais usual das modalidades, a preclusão temporal, consiste na perda do direito de praticar determinado ato processual pelo decurso do prazo fixado para o seu exercício"*[386].

Pode-se aqui, portanto, visualizar-se essa modalidade de preclusão, caso determinada decisão seja prejudicial a uma das partes, abrindo-se o prazo para que a parte prejudicada possa recorrer e combater a referida decisão. Caso a parte interessada na reforma da decisão deixe escoar o prazo determinado para a interposição do recurso e, nesse contexto, queira, depois de vencido o prazo, recorrer, restará obstaculizada pela preclusão temporal, ou seja, pela perda do direito de recorrer no tempo determinado pela

---

[385] Sobre a posição do Juiz frente a norma jurídica, conferir Mendez, Francisco Ramos. Derecho y proceso. Barcelona: Libreria Bosch, 1979, p. 193 e ss.

[386] Rubin, Fernando. A preclusão na dinâmica do processo civil. Porto Alegre: Livraria do Advogado, 2010. p. 101

norma processual[387], não mais podendo recorrer daquela decisão que lhe fora prejudicial e desfavorável. De outro lado, a preclusão consumativa é aquela que se concretiza por já ter sido praticado determinado ato processual específico, sendo por isso descabido querer realizá-lo novamente em momento posterior. De outra forma, a preclusão consumativa *"se origina de fato de já ter sido praticado um ato processual, não importando se com total êxito ou não, descabendo a possibilidade de, em momento ulterior, tornar a realizá--lo, emendá-lo ou reduzi-lo"*[388].

Nesse contexto, pode-se explicá-la, em concreto, a partir da mesma situação lançada anteriormente. Caso haja uma decisão judicial desfavorável a uma das partes, pode esta, tempestivamente, combatê-la por meio do recurso adequado e cabível no sistema processual próprio. Caso o interessado recorra, esquecendo-se de combater determinado ponto relevante da decisão, não poderá, depois de já interposto o recurso, querer agregar ou modificar a estrutura recursal, assim como não poderá novamente recorrer para combater o ponto não arguido pelo fato de já haver anteriormente, no momento da interposição do recurso, consumado sua possibilidade de recorrer, por meio daquele recurso específico, sendo, por isso, impossível novamente querer recorrer consubstanciado no fundamento não trazido no recurso anteriormente interposto. Ainda se deve compreender, por fim, como se desenvolve a sistemática da preclusão lógica. Nesse caso, a preclusão se desenvolve pelo fato de que o sujeito, que poderia realizar determinado ato, acaba realizando antes ato totalmente contrário ao que pretende posteriormente realizar, tornando-se extinta a possibilidade de realizar ato posterior contrário ao anterior. Desse modo, *"a preclusão lógica é a que extingue a possibilidade de praticar-se determinado ato processual, pela realização de outro ato com ele incompatível"*[389].

Nesse sentido, pode-se trazer à baila, com base na mesma situação anteriormente trabalhada, o caso de um cidadão que obtenha determinada decisão judicial desfavorável. Podendo este recorrer da decisão comba-

---

[387] Sobre o conteúdo da norma processual, tanto em seu viés instrumental como material, vale conferir as palavras do saudoso autor italiano Carnelutti. Vide Carnelutti, Francesco. Lezioni di diritto processuale civile. v. I, Pádova: Edizioni Cedam, 1986, p. 183 e ss.
[388] Rubin, Fernando. A preclusão na dinâmica do processo civil. Porto Alegre: Livraria do Advogado, 2010. p. 117
[389] Rubin, Fernando. A preclusão na dinâmica do processo civil. Porto Alegre: Livraria do Advogado, 2010. p. 109.

tendo os seus fundamentos, acaba por livre e expressamente renunciar ao direito de recorrer[390], por exemplo, sendo, por esse motivo, impossível depois da desistência pretender recorrer da referida decisão. Nesse caso, obrada a renúncia ao direito de recorrer, será impossível ao interessado que renunciou tentar, posteriormente, recorrer da mesma decisão, visto que renunciou ao direito de recorrer, fazendo com que se implemente a preclusão lógica. Essas modalidades de preclusão, efetivamente, acabam por estabilizar a decisão judicial proferida, dando-lhe não somente a estabilidade, assim como a concretização da segurança jurídica pelo fato de, em princípio, dar estabilidade à decisão, garantindo-lhe a autoridade, mas não, de outro lado, a imutabilidade.

De fato, a coisa julgada não se parece à preclusão, assim como não se trata de mesmo instituto. A *res iudicata* caracteriza-se como a qualidade que torna imutável o conteúdo decisório da decisão de mérito (e não os seus efeitos, que podem ser mutáveis) e que se torna, por consectário, indiscutível, gerando a segurança e estabilidade jurídica esperada pela sociedade e necessária ao Estado. Todavia, a preclusão não garante imutabilidade, pois basta uma nova demanda com os mesmos fundamentos da anterior, entre as mesmas partes, ou seja, idêntica (em alguns casos), para que a decisão anterior, estabilizada pela preclusão, venha a ser desconstituída, visto que a preclusão não passa de uma "perda" ou de uma "impossibilidade" de realização de ato processual, seja pela perda do prazo (temporal), seja pela já realização do ato processual (consumativa), ou ainda, seja pela realização anterior de ato processual amplamente contrário ao ato processual que se pretende realizar na atualidade (lógica).

Portanto, pode-se dizer que a preclusão é instituto processual que impossibilita a realização de ato processual pela perda ou esgotamento do prazo definido para a sua realização (preclusão temporal), bem como pela já realização do ato processual anteriormente (preclusão consumativa), ou ainda no caso de ter-se realizado anteriormente ato processual contrário ao que se pretende atualmente realizar no mesmo feito (preclusão lógica), gerando-se, por conseguinte, segurança jurídica e estabilidade da decisão judicial.

---

[390] Situação que se pode dar no sistema processual brasileiro, assim como autoriza o art. 502 do CPC/73, bem como do art. 999 do CPC/2015: "A renúncia ao direito de recorrer independe da aceitação da outra parte".

5.2.3. O Trânsito em Julgado

Outro relevante mecanismo de estabilização das decisões judiciais vem a ser, exatamente, o trânsito em julgado, fenômeno realmente distinto da coisa julgada e da preclusão. Com efeito, assim como alertado, importante se faz, antes de se investigar detidamente o conceito de trânsito em julgado, distinguir a coisa julgada do trânsito em julgado. Perceba-se que o trânsito em julgado é, em verdade, um momento e não uma força ou autoridade que torna imutável o conteúdo da decisão judicial, ou seja, a coisa julgada[391]. Todavia, como visto, o trânsito em julgado não quer dizer imutabilidade (decorrente de coisa julgada), pois, como se sabe, esta interfere no julgado ao ponto de tornar a decisão inquestionável novamente, enquanto o trânsito em julgado, como fenômeno, impede a recorribilidade e estabiliza a decisão.

Portanto, como se observa, trata-se de institutos amplamente distintos, mas que, embora diferentes, convivem em harmonia, pois são, em verdade, complementares. O trânsito em julgado[392], como momento fenomênico de indiscutibilidade da decisão, garante, a partir de seu implemento, a impossibilidade de utilização de mecanismos recursais impugnativos da decisão, que pretendam modificar a decisão anteriormente produzida[393], quer por haver esgotamento ou até por ter ocorrido uma das modalidades de preclusão. Como anuncia Eduardo Talamini[394], a distinção entre a coisa julgada (*res iudicata*) e o trânsito em julgado (*transitus in rem iudicatam*) se deu no direito canônico.

Em verdade, tratando do tema de forma aguda, especialmente em relação à distinção entre coisa julgada e trânsito em julgado, Antonio do Passo Cabral aduz que esta *"[...] distinção não pode escapar aos olhos do processualista:*

---

[391] Thamay, Rennan Faria Krüger. A inexistência de coisa julgada, nos moldes clássicos, no controle de constitucionalidade abstrato. Tese (Doutorado) – Faculdade Direito, Pós-Graduação em Direito, PUCRS, Porto Alegre, 2014, p. 253

[392] Importante pesquisa é efetivada por Carlos Henrique Soares, buscando dar maiores esclarecimentos e definições para o trânsito em julgado, recomendando-se, então, a leitura. Soares, Carlos Henrique. Novo conceito de trânsito em julgado. Revista CEJ, Brasília, v. 51, p. 85-88, out./dez. 2010.

[393] Moreira, José Carlos Barbosa. Ainda e sempre a coisa julgada. Revista dos Tribunais, São Paulo: Revista dos Tribunais, v. 59, n. 146, p. 9-15, jun. 1970.

[394] Talamini, Eduardo. Eficácia e autoridade da sentença canônica. Revista de Processo, São Paulo: Revista dos Tribunais, a. 27, v.107, p. 24-63, jul./set. 2002. p. 28-29.

pode haver trânsito em julgado sem observarmos imutabilidade, mas não pode haver imutabilidade sem que tenha se verificado o trânsito em julgado, com o fim das possibilidades impugnativas recursais"[395]. Não é novidade a problemática criada sobre o fenômeno do trânsito em julgado, visto que o Código de Processo Civil brasileiro não conceitua, de forma clara, o que vem a ser o referido instituto.

Assim, resta à doutrina buscar a conceituação desse instrumento, o que não tem sido feito largamente. Antes de chegar ao conceito que a doutrina, bem como este trabalho, dá ao trânsito em julgado, relevante se faz observar outros sistemas jurídicos que, frequentemente, prestam-se a emprestar conceitos e construções ao sistema brasileiro. Em resumo, pode-se dizer que a decisão transita em julgado quando dela não caiba mais qualquer recurso (quer por esgotamento, quer por preclusão) como mecanismo de questionamento motivador, é claro, de possível reforma decisória. Portanto, a decisão se torna indiscutível naquele feito.

O trânsito em julgado traduz-se em um momento fenomênico que, não pela imutabilidade, necessariamente, mas pela indiscutibilidade, por esgotamento das vias de impugnação ou pela ocorrência de uma das modalidades de preclusão, a decisão judicial torna-se indiscutível (no mesmo feito), gerando estabilidade da decisão judicial, na sistemática jurídico-processual, implementando-se a segurança jurídica e a paz social. O trânsito em julgado está relacionado à possibilidade de continuidade ou não de impugnação da decisão. Diga-se, mais precisamente, que esse fenômeno está ligado à (im)possibilidade de recorribilidade da decisão judicial[396]. Destarte, se da decisão ainda couber recurso possível, para pretender-lhe a reforma, inocorrente será o trânsito em julgado. Diversamente, caso não haja mais possibilidade de recorribilidade, ao ponto de reforma da decisão, produzir-se-á o trânsito em julgado, que não significa a necessária realização de coisa julgada.

---

[395] Cabral, Antonio do Passo. Coisa julgada e preclusões dinâmicas: entre continuidade, mudança e transição de posições processuais estáveis. Salvador: Juspodivm, 2013. p. 53.

[396] Thamay, Rennan Faria Krüger. A inexistência de coisa julgada, nos moldes clássicos, no controle de constitucionalidade abstrato. Tese (Doutorado) – Faculdade Direito, Pós-Graduação em Direito, PUCRS, Porto Alegre, 2014, p. 255.

5.3. A Estabilidade das Decisões no Controle de Constitucionalidade Abstrato

Chega-se ao ponto central desta etapa do estudo: compreender quais os mecanismos de estabilização das decisões, no controle de constitucionalidade abstrato, visando a possibilitar a realização da segurança jurídica, estabilidade e paz social. Como visto antes, os típicos instrumentos de estabilidade das decisões judiciais são a coisa julgada, a preclusão e o trânsito em julgado, cada uma de sua forma.

Esses mecanismos são capazes de, por diferentes maneiras, gerar a tão pretendida segurança jurídica, estabilizando as decisões judiciais, assim como, em consequência, propiciar a paz social tão almejada. Com efeito, diferentemente não se poderia pensar, pois decisões judiciais que não se estabilizam, no tempo[397], certamente poderiam gerar, na sociedade, um sentimento perigoso de insegurança, desestabilidade e eternização dos conflitos, aquilo que, certamente, impediria a formação da segurança jurídica e o desenvolvimento de uma sociedade estável e passível de viver em tranquilidade e paz.

O conflito ou a demanda não foram instituídos e planejados para a eternidade, pois qualquer ser humano não seria capaz de suportar o desgaste que uma demanda judicial pode causar, em um panorama de eternização do conflito. Diferentemente, as demandas judiciais foram pensadas para que o Estado-Judiciário pudesse, em tempo razoável e célere, bem analisando a questão, julgar de forma adequada[398], levando em conta que o tempo tanto pode ser nefasto para as partes envolvidas no litígio, bem como para a própria concretização do que fora determinado na decisão judicial.

Essas linhas de reflexão, de um problema realmente sério, são aqui pontuadas para que se pense e compreenda que a estabilidade das decisões judiciais tanto deve ser levada a sério como deve ser corretamente compreendida. Portanto, dúvida não deve haver de que as decisões judiciais se estabilizam, por um dos mecanismos apontados anteriormente, ou, em

---

[397] Sobre a relação tempo e direito, uma importante compreensão vem construída por OST, François. O tempo do direito. Lisboa: Instituto Piaget, 1999, p. 39. Em relação à morosidade dos processos muito se tem escrito para a busca da solução, o que não é questão fácil, mas para a pesquisa relevante conferir os escritos de OST, François. O tempo do direito. Op. cit., p. 17.
[398] No sentido de observar o bem julgar propiciador da construção da democracia, vide Garapon, Antonie. Bem julgar: ensaio sobre o ritual judiciário. Lisboa: Instituto Piaget, 1997, p. 327.

alguns casos, por alguns deles, sendo essa a garantia de formação da segurança jurídica e de paz social.

Destarte, colocando a questão no ponto nevrálgico, que gira em torno de quais mecanismos estabilizadores se aplicam, como fundamentos realizadores da estabilidade das decisões judiciais, ao controle difuso e abstrato, chega-se a uma proposta que, de forma inovadora, apresenta-se desde já. O controle de constitucionalidade difuso, caracterizado pelo litígio entre partes, *inter partes*, que pretende a constituição, manutenção ou restituição de um direito intersubjetivo, realiza-se por meio de demandas que poderão chegar ao Supremo Tribunal Federal por meio do Recurso Extraordinário, com a finalidade de declarar no caso concreto a (in)constitucionalidade, *incidenter tantum*.

Nesse caso, que muito embora referido, não abrange o conteúdo deste estudo, desenvolve-se a estabilidade das decisões judiciais, em sede de controle difuso de constitucionalidade, por meio da ocorrência da coisa julgada, bem como por meio da preclusão e até pelo trânsito em julgado. Pode-se dizer isso, evidentemente, em decorrência tanto da ocorrência por meio do trânsito em julgado como da preclusão, assim como por existir e se formar a coisa julgada, em face das decisões do Supremo em controle de constitucionalidade difuso, o que, entretanto, não se pode afirmar em face do controle de constitucionalidade abstrato que, diversamente, embora comporte a ocorrência do trânsito em julgado e da preclusão, não vislumbra a formação da coisa julgada como imutabilidade do conteúdo decisório da decisão judicial[399]. Nesse ponto, vamos de encontro ao posicionamento de José Joaquim Gomes Canotilho, pois sustenta que "à semelhança do que acontece com as outras decisões dos tribunais, também as sentenças do Tribunal Constitucional têm força de caso julgado formal e material. *Rei judicata* em sentido formal são decisões finais, insusceptíveis de recurso, preclusivas de reproposição da questão por elas resolvida no mesmo processo. A força de caso julgado material (na medida em que se

---

[399] Sobre os fundamentos para a inexistência de coisa julgada no controle abstrato, pode-se conferir Thamay, Rennan Faria Krüger. A inexistência de coisa julgada, nos moldes clássicos, no controle de constitucionalidade abstrato. Tese (Doutorado) – Faculdade Direito, Pós-Graduação em Direito, PUCRS, Porto Alegre, 2014, p. 178 e ss.

não distinga o efeito de caso julgado da eficácia *erga omnes*) significa que a sentença do Tribunal Constitucional vale por todos"[400].

Percebe-se aqui que o referido autor acaba confundindo coisa julgada com eficácia *erga omnes*, institutos realmente diferentes. Gilmar Ferreira Mendes utiliza a compreensão de Bryde para diferenciar a coisa julgada da eficácia *erga omnes*, demonstrando ser aquela um instituto capaz de "imutabilizar" uma decisão. Já esta, a eficácia *erga omnes*, é vista como uma força que faz com que determinadas decisões alcancem a todos para que possam ser vinculados pela decisão, mesmo que dela não tenham participado, o que não se pode entender em relação à coisa julgada, que pressupõe a participação das partes para que possam estas receber a imutabilidade e consequente indiscutibilidade do conteúdo decisório do acórdão, por exemplo.

A eficácia *erga omnes* é capaz de fazer com que a decisão do Supremo possa atingir a todos, de forma coletiva, fazendo com que todos tenham que se inclinar à referida decisão. Razoável que assim seja, já que, ao controlar a constitucionalidade de leis, atos normativos ou o descumprimento de preceito fundamental, na via abstrata, o Supremo Tribunal Federal decide e, por ser a instância máxima, coerente que haja alcance mais amplo possível atingindo todos de forma justificável.

Por conseguinte, a eficácia *erga omnes* é aquela cujos efeitos da decisão judicial se estendem para atingir tantas pessoas quantas as situações jurídicas forem submetidas ao conteúdo judicial decisório. Ainda mais, como se verá por outras tantas razões trazidas seguidamente, quando do estudo da inexistência de coisa julgada no controle de constitucionalidade abstrato, típico processo objetivo não contraditório e que não possui partes, mas, sim, e tão somente, legitimados a agir em favor da Constituição[401].

Com efeito, portanto, faz-se necessário, desde já, estudar os motivos para compreender que a coisa julgada não se forma no controle de constitucionalidade abstrato, razão por que não é, nesse caso, mecanismo de estabilização da decisão judicial nesse controle, diferentemente do que ocorre no controle difuso no qual é mecanismo de estabilidade. Também imperioso estudar, seguidamente, as razões para compreender que a pre-

---

[400] Canotilho, José Joaquim Gomes. Direito constitucional. 7. ed. Coimbra: Livraria Almedina, 2003, p. 1009.

[401] Pode se adotar, com certa medida, a ideia de que seja a Constituição um "conjunto de normas, fundamentalmente escritas, y reunidas en un cuerpo codificado". Assim, conferir Bidart Campos, Germán. Manual de la Constitución reformada. Buenos Aires: Ediar, 1998, p. 291.

clusão e o trânsito em julgado são os típicos mecanismos de estabilidade das decisões judiciais no controle de constitucionalidade abstrato, assim como no difuso.

5.3.1. A Inexistência de Coisa Julgada

Sustentar a inexistência da coisa julgada, nos moldes clássicos, no controle de constitucionalidade abstrato, a partir de fundamentos técnico-jurídicos, é algo forte e, por vezes, trabalhoso, mas possível, pois são muitos os fundamentos para essa realidade. A *res iudicata*, como fundamento da segurança jurídica[402], exige, para sua realização, a imutabilidade do conteúdo decisório da decisão de mérito. Essa qualidade de imutabilidade que se dá, com maior tranquilidade, no processo subjetivo, não se dá no processo objetivo, ainda mais no controle de constitucionalidade abstrato que abre ao Supremo Tribunal Federal a possibilidade de decidir determinada questão em momento específico da realidade social, dando, também, àquela Corte, a possibilidade de decidir questão que envolva a mesma anteriormente decidida, pois o efeito vinculante não está a alcançar o Supremo.

Efetivamente, a realidade social e suas mutações constantes fazem com que o Supremo possa novamente ser questionado sobre determinada questão já solucionada anteriormente, já que aquilo que foi tempos atrás constitucional pode não mais ser em dias hodiernos, obrigando a Corte, desde que provocada para tanto, a decidir e, sendo o caso, mudar a sua forma de julgar e o resultado do julgado.

Por isso pode-se dizer, por exemplo, que norma declarada constitucional, em tempos pretéritos, poderá ser declarada inconstitucional em dias atuais, assim como pode o descumprimento de preceito fundamental, antes não reconhecido ou até reconhecido, ser novamente questionado em dias atuais e receber nova e diversa decisão. Contudo, sem dúvida, um dos pontos de dúvida da investigação é saber que aquilo que foi declarado inconstitucional anteriormente poderá, a *posteriori*, ser declarado constitu-

---

[402] Cármen Lúcia Antunes Rocha compreende a coisa julgada como manifestação da segurança jurídica e assim aduz: "Afirma-se a coisa julgada como manifestação necessária ou como decorrência precisa da segurança jurídica, em virtude do que as decisões judiciais devem se revestir de intangibilidade absoluta após o seu trânsito em julgado." Rocha, Cármen Lúcia Antunes [et al.]. Constituição e segurança jurídica: direito adquirido, ato jurídico perfeito e coisa julgada. 2. ed. rev. e ampl. Belo Horizonte: Fórum, 2009, p. 167.

cional[403]. Acreditamos que sim, pois em sendo a norma declarada inconstitucional e não retirada do ordenamento jurídico poderá, nesse tempo, ser declarada, caso haja provocação ao Tribunal, bem como em sendo declarada inconstitucional, poderá a norma ser reeditada e novamente questionada em sua constitucionalidade, sendo, desta vez, declarada constitucional. Tudo isso, de forma clara, mostra que as decisões no controle abstrato não são tipicamente imutáveis, ou seja, não recebem o manto da coisa julgada.

Além disso, existem outros fundamentos para que se sustente a inexistência da coisa julgada no controle de constitucionalidade abstrato, já que a natureza das decisões neste controle é jurídica (não obstante também política em relação à forma de tomada de decisão), bem como neste modelo de controle de constitucionalidade inexistem partes, o que também ajuda a descaracterizar a formação da coisa julgada que foi instituída para atingir as partes. Com efeito, outro argumento, diga-se melhor, fundamento, para a não formação da coisa julgada no controle abstrato é a inocorrência da imutabilidade do conteúdo decisório da decisão proferida pelo próprio Supremo, como se verá, fortalecendo ainda mais essa compreensão.

Perceptível será que as decisões proferidas pelo Supremo Tribunal Federal, no controle abstrato de constitucionalidade, recebem, por ordem normativa, o efeito vinculante, o que é salutar, já que garante que os demais órgãos do Poder Público respeitarão a decisão do Supremo. Contudo, alerte-se que esse efeito nada tem a ver com a coisa julgada, pois institutos amplamente distintos, embora, infelizmente, muito confundidos pela doutrina. Não menos importante é recordar a eficácia *erga omnes*, pois relevante para que o controle abstrato tenha a sua amplitude e alcance em face de todos os cidadãos. Também se destaque que essa eficácia não tem nenhuma relação com a *res iudicata*, pois esta é a imutabilidade e, consequente, indiscutibilidade do conteúdo decisório, enquanto que aquela é uma eficácia (potencialidade) que abrange a todos, garantindo que a decisão proferida pelo Supremo no controle abstrato terá aplicabilidade em face de todos, não significando de longe imutabilidade. Relevante, ademais, perceber que a interpretação conforme a Constituição é um dos fatores de constante atualização e, por vezes, de modificação das decisões da Suprema Corte em relação ao controle abstrato, sendo um fenômeno

---

[403] Nesse sentido, Hans Kelsen sustenta a possibilidade de declaração de constitucionalidade daquilo que foi declarado inconstitucional pela corte. Isso, visto que na Áustria essa possibilidade era real. Kelsen, Hans. Jurisdição constitucional. São Paulo: Martins Fontes, 2003, p. 304.

que comprova a inocorrência da coisa julgada neste controle, pois, se pode o Supremo modificar seu posicionamento sobre determinada norma, por exemplo, julgada constitucional antes, a imutabilidade e indiscutibilidade não foram implementadas em face dessa decisão, demonstrando que a coisa julgada não se aperfeiçoou.

Imperioso também recordar que trânsito em julgado não é sinônimo de coisa julgada, pois esta é a imutabilidade do conteúdo decisório, enquanto aquele não passa, como veremos, de mero momento preclusivo. Nesse sentido, percebe-se que, de fato, a legislação posterior pode contrariar o posicionamento anterior do Supremo e fazer com que aquela decisão seja simplesmente ineficaz para qualquer cidadão, mais uma vez demonstrando que a coisa julgada não se realizou.

Destarte, admite-se falar em coisa julgada no controle difuso de constitucionalidade, pois dotado de partes e demais elementos necessários para que uma decisão seja tornada imutável e indiscutível, diversamente do que ocorre no controle abstrato, no qual, como se verá, não existe coisa julgada e não ocorre nos mesmos moldes do controle difuso. Alguns desses pontos serão abordados desde já, demonstrando a inexistência da coisa julgada no controle abstrato de constitucionalidade, já que sistema de controle diferente e próprio que discute, em tese, a (in)constitucionalidade.

No controle de constitucionalidade abstrato, participam os legitimados do art. 103 da Constituição Federal, que poderão propor as ações correspondentes à forma objetiva da jurisdição constitucional (ADI, ADO, ADC e ADPF). Percebe-se, assim, que o controle abstrato de constitucionalidade é processo objetivo, já que processo de controle de atos normativos e leis em abstrato[404].

O controle de constitucionalidade busca retirar do ordenamento jurídico a lei ou ato normativo eivados de inconstitucionalidade, pois detêm um vício totalmente ofensivo à Constituição Federal. No que concerne a esse aspecto, acrescenta José Joaquim Gomes Canotilho, referindo que *"relacionando com o controlo concentrado e principal, o controlo abstrato significa que a impugnação da constitucionalidade de uma norma é feita independentemente de qualquer litígio concreto. O controlo abstrato de normas não é um processo con-*

---

[404] Nesse sentido, importante conferir a ADC 1-DF em questão de ordem, especialmente no voto do Min. Moreira Alves na página 20. Vide: BRASIL. Supremo Tribunal Federal. ADC 1-DF. Tribunal Pleno. Min. Moreira Alves. Julgado em 01/12/1993. Disponível em: <http://redir.stf.jus.br/paginadorpub/paginador.jsp?docTP=AC&docID=884>. Acesso em: 20 mar. 2019.

traditório de partes; é, sim, um processo que visa sobretudo à defesa da constituição e do princípio da constitucionalidade através da eliminação de atos normativos contrários à constituição"[405].

Percebe-se, portanto, que as regras do controle de constitucionalidade abstrato (processo objetivo) são próprias e não vinculadas a normas voltadas para o controle de lides pessoais e subjetivas, pois de naturezas diversas. Inconcebível, obviamente, a interligação entre as duas modalidades de controle, ou seja, aquilo que alguns têm chamado de concentração do controle difuso[406], pois sistemas diversos com natureza distinta e objetivos peculiares.

Importante questão a ser enfrentada é a da inexistência de partes, no processo objetivo (especialmente no controle abstrato de constitucionalidade), mas, sim, existência de legitimados. Essa premissa é uma das bases para se compreender, posteriormente, a inexistência da coisa julgada no controle de constitucionalidade abstrato. Há significativa diferença entre os dois conceitos partes e legitimados. Em um deles há interesse real e pessoal na medida judicial promovida, enquanto, distintamente, para o outro não há interesse real e muito menos pessoal, senão uma atuação em decorrência do cargo exercido e da ordem constitucional que vem no sentido de proteger a própria Constituição das inconstitucionalidades.

Para José Frederico Marques[407], as partes são aquelas que pedem ou contra as quais se pede a prestação jurisdicional. De um modo geral, partes são os sujeitos ativo e passivo, respectivamente, da pretensão e da lide, mas, em verdade, partes são o autor, como sujeito ativo da ação, e o réu,

---

[405] Canotilho, José Joaquim Gomes. Direito Constitucional e teoria da Constituição. 7. ed. Coimbra: Almedina, 2007. p. 892.

[406] Luiz Dellore propõe a aproximação dos sistemas em decorrência da similitude dos efeitos aplicáveis às decisões. Assim refere o autor: "Ao longo do tópico anterior, procurou-se demonstrar como, com as reformas legislativas, houve uma aproximação entre os efeitos dos dois modelos. De um paradigma em que a decisão do controle difuso era eminentemente inter partes, lentamente caminha-se para uma decisão erga omnes, ainda que de forma indireta." Dellore, Luiz. Estudos sobre a coisa julgada e o controle de constitucionalidade. Rio de Janeiro: Forense, 2013. p. 349.

[407] "Partes, por outro lado, são aqueles que pedem ou contra os quais se pede a prestação jurisdicional. De um modo geral, partes são os sujeitos ativo e passivo, respectivamente, da pretensão e da lide; mas, na realidade, partes são o autor, como sujeito ativo da ação, e o réu, como sujeito do direito de defesa. Donde distinguir-se parte em sentido material da parte em sentido formal." Marques, José Frederico. Manual de Direito Processual Civil. São Paulo: Saraiva, 1974. v. III. p. 172.

como sujeito do direito de defesa. Salvatore Satta e Carmine Punzi, a partir do Direito Processual Civil italiano, a seu tempo, afirmam que são partes aqueles que portam o interesse e a vontade particular contrária à da outra parte. Assim, *"tutti costoro sono parti indubbiamente perché si presentano ciascuno come portatore di un interesse e di una volontà [particolare], in contrasto con la volontà e l'interesse non meno [particolare] dell'altro"*[408].

Igualmente relevante é a definição de parte para Luigi Paolo Comoglio, Corrado Ferri e Michele Taruffo. Para eles, partes são aqueles que realmente atuam como destinatários finais do provimento judicial. Assim, se um sujeito titular de um direito substancial afirma, no processo, a existência daquele direito e pretende a tutela jurisdicional[409], pode ser observado como parte. Ainda acabam definindo parte como o sujeito que propõe uma demanda e que busca, junto ao magistrado, um provimento ao seu favor e que seja o destinatário final dos efeitos do provimento judicial. Assim, observe-se o que textualmente afirmam os autores:

> *(...)parti, per il diritto processuale civile, sono i soggetti diversi dal giudice che compiono atti di un procedimento giurisdizionale e sono destinatari degli effeti dei provvedimenti del giudice. È questa tuttavia una definizione assai ampia e di scarsa utilità per l'interpretazione delle numerose norme del codice che si riferiscono alle parti; essa si risolve nell'affermazione che nel processo vi sono soggetti chiamati parti: infatti, se un soggetto titolare di un diritto sostanziale afferma, nel processo, l'esistenza di quel diritto e ne chiede tutela giurisdizionale, si può concludere che non vi è processo senza parti. Muovendosi in una prospettiva, forse meno ampia, ma generica, si possono definire le [parti] i soggetti che nel processo hanno proposto una domanda al giudice*

---

[408] Satta, Salvatore; Punzi, Carmine. Diritto Processuale Civile. 13. ed. Padova: CEDAM, 2000. p. 97.

[409] A prestação da tutela jurisdicional deve ser de qualidade, devendo o judiciário estar preocupado em qualificar as suas decisões, devendo essas sofrer o devido controle e os magistrados uma maior responsabilização por suas decisões, não sendo os magistrados a mera boca da lei. In Berizonce, Roberto Omar. Participação e processo. Coord. Ada Pellegrini Grinover. São Paulo: RT, 1988, p. 136-138. A título de referência para quem interesse sobre a tutela jurisdicional e sua relação com a técnica do processo, vale conferir Carnacini, Tito. Tutela giurisdicionale e técnica del processo. Revista de la facultad de derecho de México. 1953, n. 12, p. 97 e ss.

chiedendogli di emanare un provvedimento a loro favore e, per altro verso, i soggetti che sono destinatari degli effeti del provvedimento[410].

Essa conceituação deixa bem claro que as partes estão, necessariamente, ligadas de forma direta à lide, pois são aquelas que têm a necessidade do movimento da jurisdição para resolver uma determinada celeuma. Portanto, serão partes aqueles que não somente promovem a medida por interesse pessoal, mas aqueles que receberão as eficácias e os efeitos da decisão judicial.

No controle de constitucionalidade abstrato não existem partes[411], mas, sim, legitimados, o que é de significativa relevância para a não formação da coisa julgada. No controle abstrato, por conseguinte, não há partes que busquem proteger seus interesses e direitos, senão legitimados que buscam agir para manter a Constituição hígida[412]. Luís Roberto Barroso[413] percebe que a ação direta é veiculada por intermédio de um processo objetivo, em que não há lide em sentido técnico, nem partes. Assim, para esse autor, não há, no controle de constitucionalidade abstrato, a defesa de interesses, pois a legitimação para propor ação direta de inconstitucionalidade é limitada a determinados órgãos e entidades. Os legitimados recebem

---

[410] Comoglio, Luigi Paolo; Ferri, Conrado; Taruffo, Michele. Lezioni sul processo civile. 2. ed. Bolonha: Il Mulino, 1998. v.1. p. 287.

[411] Observando as lições de Chiovenda, refere Celso Agrícola Barbi que "[...] parte é aquele que demanda em seu nome próprio (ou em cujo nome é demandada) a atuação de uma vontade da lei, e aquele em face de quem essa atuação é demandada." BARBI, Celso Agrícola. Comentários ao Código de Processo Civil. 5. ed. Rio de Janeiro: Forense, 1988. p. 114.

[412] Nesse sentido, importante conferir a ADC 1-DF em questão de ordem, especialmente no voto do Min. Moreira Alves na página 20-21. BRASIL. Supremo Tribunal Federal. ADC 1-DF. Tribunal Pleno. Min. Moreira Alves. Julgado em 01/12/1993. Disponível em: <http://redir.stf.jus.br/paginadorpub/paginador.jsp?docTP=AC&docID=884>. Acesso em: 20 mar. 2014. Assim, também conferir: Id. Supremo Tribunal Federal. ADC 29/DF. Tribunal Pleno. Min. Luiz Fux. Julgado em 16/02/2012. Disponível em: <http://www.stf.jus.br/portal/processo/verProcessoAndamento.asp?numero=29&classe=ADC&codigoClasse=0&origem=JUR&rec urso=0&tipoJulgamento=M>. Acesso em: 20 mar. 2019.

[413] "A ação direta é veiculada através de um processo objetivo, no qual não há lide em sentido técnico, nem partes. Devido a seu caráter institucional – e não de defesa de interesses –, a legitimação para propor ação direta de inconstitucionalidade, é limitada a determinados órgãos e entidades." Barroso, Luís Roberto. O controle de constitucionalidade no Direito brasileiro. 2. ed. São Paulo: Saraiva, 2006. p. 50. Também conferir Zavascki, Teori Albino. Processo coletivo: tutela de direitos coletivos e tutela coletiva de direitos. 3. ed. rev. e atual. São Paulo: Revista dos Tribunais, 2008. p. 60.

normativa autorização para a propositura das medidas judiciais do controle abstrato de constitucionalidade. Vislumbre-se que os legitimados buscam agir em favor da Constituição e não representam ou substituem absolutamente ninguém. A própria Constituição é que instituiu a figura dos legitimados, órgãos ou entidades, e não pessoas, que agem com a única finalidade de afastar e expungir do ordenamento jurídico normas e atos normativos que afrontem e contrariem a Constituição.

Outra razão de grande importância para compreender a legitimidade é a atuação não pessoal dos legitimados, mas, sim, de seus cargos ou dos órgãos que compõem. Assim, o Presidente da República, por exemplo, age, como legitimado, em conformidade com seu cargo e função e não, obviamente, pelo interesse pessoal ou coletivo[414]. Destarte, esse legitimado atua no processo objetivo (controle abstrato) imbuído do dever constitucional

---

[414] Uma das formas atualmente observadas de solvência de conflitos e celeumas existentes em relação a direitos coletivos é através do chamado processo coletivo. Sobre essa proteção via processo coletivo, deve ser observada a obra de Oteiza, Eduardo. Procesos colectivos. Coordinado por Eduardo Oteiza. Santa Fe: Rubinzal-Culzoni, 2006, p. 21 e ss. Assim também por ser o processo coletivo uma forma de participação e garantia constitucional assim como refere Oteiza. Vejamos: "El Poder Judicial se ha constituido en un importante canal de participación democrática al dar curso a debates relevantes". Idem, p. 54-55. Interessante foi à perspectiva que o autor argentino Verbic analisou, observando desde o conflito coletivo, como ponto de partida, e chegando ao processo coletivo como consequência daquele conflito anteriormente instalado. Assim vide Verbic, Francisco. Procesos Colectivos. Buenos Aires: Editorial Astrea, 2007, p. 42 e ss. Em relação ao Processo Coletivo o movimento de acesso à justiça inicia na Itália com sua forte doutrina, tornando-se conexa em relação às ações coletivas com grande força e, certa inovação, na doutrina brasileira, sendo isso reconhecido pelos estudos elaborados pelo autor argentino Ricardo Lorenzetti na obra Justicia colectiva. Santa Fe: Rubinzal-Culzoni, 2010, p. 124 e ss. Importante observar, para quem tenha o interesse, uma das variadas obras de Roberto Berizonce, onde o autor argentino explora o processo coletivo e as suas ações de classe, passando pelas questões da legitimidade e da coisa julgada, sempre observando de forma direta a realidade argentina. Nesse sentido, Berizonce, Roberto Omar. El proceso civil en transformación. La Plata: LEP, 2008, p. 445 e ss. No Brasil, sobre a temática dos processos coletivos, vale conferir Gidi, Antonio. A class action como instrumento de tutela coletiva dos direitos: as ações coletivas em uma perspectiva comparada. São Paulo: RT, 2007, p. 466. Grinover, Ada Pellegrini. Direito processual coletivo e o anteprojeto de código de processos coletivos. Coordenado por Ada Pellegrini Grinover, Aluisio Gonçalves de Castro Mendes e Kazuo Watanabe. São Paulo: RT, 2007, p. 12. Didier Jr, Fredie. Zaneti Jr, Hermes. Curso de direito processual civil: processo coletivo. V. 4. 5. ed., Salvador: Juspodivm, 2010, p. 363 e ss. Alerte-se que embora pareça ser uma novidade, a proteção dos direitos coletivos e a proteção coletiva dos direitos já vem de tempos, vindo no Brasil desde a época da elaboração da lei da ação civil pública e outras tantas posteriores. Sobre a base histórica conferir Zavascki, Teori

de proteção da própria Constituição, não havendo aqui nenhuma possibilidade de ser observado como parte, mas, sim, e como é, legitimado a atuar processualmente. Assim, pode-se mudar o detentor do cargo de Presidente da República, por exemplo, mas a demanda proposta pelo legitimado Presidente será conduzida, então, pelo novo detentor do cargo e não pela pessoa do proponente da demanda, o que, mais uma vez, demonstra que a noção de parte não tem, nesse aspecto, qualquer vinculação com aquilo que se entende como legitimação.

Não se pode querer transportar regras de proteção de direito e processo subjetivo para a proteção do direito e processo objetivo, pois incompatíveis entre si, assim como já afirmado pelo Supremo Tribunal Federal ao analisar essa temática[415].

Albino. Processo coletivo: tutela de direitos coletivos e tutela coletiva de direitos. 4. ed., rev. e atual., São Paulo: RT, 2009, p. 14-15.
A título de curiosidade sobre danos eminentemente coletivos, vale observar a perspectiva do dano moral coletivo, por exemplo, conferindo Morello, Augusto Mario. Stiglitz, Gabriel. Tutela procesal de derechos personalísimos e intereses colectivos. La Plata: LEP, 1986, p. 117 e ss.
[415] Agravo Regimental a ADI 1254/RJ, Rel. Min. Celso de Mello, é claro em demonstrar que o processo objetivo não se amolda a discutir interesses individuais ou coletivos, pois detêm legitimados a agir e jamais partes que pretendam proteger direito subjetivo seu ou de outrem. Nesse sentido, confira-se: "Ementa: AÇÃO DIRETA DE INCONSTITUCIONALIDADE –PROCESSO DE CARÁTER OBJETIVO – INCLUSÃO DE ENTIDADE PRIVADA NO PÓLO PASSIVO DA RELAÇÃO PROCESSUAL – INADMISSIBILIDADE – TUTELA DE SITUAÇÕES SUBJETIVAS E INDIVIDUAIS – INCOMPATIBILIDADE COM A NATUREZA ABSTRATA DO CONTROLE NORMATIVO – FUNÇÃO CONSTITUCIONAL DO ADVOGADO-GERAL DA UNIÃO – AGRAVO IMPROVIDO ENTIDADES PRIVADAS NÃO PODEM FIGURAR NO PÓLO PASSIVO DO PROCESSO DE AÇÃO DIRETA DE INCONSTITUCIONALIDADE – O caráter necessariamente estatal do ato suscetível de impugnação em ação direta de inconstitucionalidade exclui a possibilidade de intervenção formal de mera entidade privada no pólo passivo da relação processual. Precedente. O CONTROLE NORMATIVO ABSTRATO CONSTITUI PROCESSO DE NATUREZA OBJETIVA – A importância de qualificar o controle normativo abstrato de constitucionalidade como processo objetivo –vocacionado, exclusivamente, à defesa, em tese, da harmonia do sistema constitucional – encontra apoio na própria jurisprudência do Supremo Tribunal Federal, que, por mais de uma vez, já enfatizou a objetividade desse instrumento de proteção 'in abstracto' da ordem constitucional. Precedentes. Admitido o perfil objetivo que tipifica a fiscalização abstrata de constitucionalidade, torna-se essencial concluir que, em regra, não se deve reconhecer, como pauta usual de comportamento hermenêutico, a possibilidade de aplicação sistemática, em caráter supletivo, das normas concernentes aos processos de índole subjetiva, especialmente daquelas regras meramente legais que disciplinam a intervenção de terceiros na relação processual. Precedentes. NÃO SE DISCUTEM SITUAÇÕES INDIVIDUAIS NO PROCESSO

Com efeito, relevante rememorar que a coisa julgada está extremamente ligada às partes que dela poderão receber efeitos. Nesse contexto, pode-se recordar que a coisa julgada é mecanismo político estatal de estabilidade social que busca atingir as partes envolvidas na lide, muito embora seus efeitos, excepcionalmente, possam alcançar a terceiros. A *res iudicata* tem limites, como já se observou, quais sejam os limites subjetivos, objetivos e temporais. Não obstante, para este momento do estudo, importante recordar que a coisa julgada está tão ligada às partes do feito que os limites subjetivos estarão atrelados às partes.

Nesse contexto, deve-se observar a coisa julgada como força, que é, de regra, restrita às partes. Assim, percebe-se a ligação entre o instituto da coisa julgada e as partes, pois existe *res iudicata* para que as partes envolvidas recebam a força do comando decisório.

Giuseppe Chiovenda, ao trabalhar a coisa julgada como instituto necessariamente ligado às partes, refere que *"la cosa juzgada como resultado de la definición de la relación procesal es obligatoria para los sujetos de esta relación: sin*

DE CONTROLE NORMATIVO ABSTRATO – Não se discutem situações individuais no âmbito do controle abstrato de normas, precisamente em face do caráter objetivo de que se reveste o processo de fiscalização concentrada de constitucionalidade. O círculo de sujeitos processuais legitimados a intervir na ação direta de inconstitucionalidade revela-se extremamente limitado, pois nela só podem atuar aqueles agentes ou instituições referidos no art. 103 da Constituição, além dos órgãos de que emanaram os atos normativos questionados. – A tutela jurisdicional de situações individuais – uma vez suscitada controvérsia de índole constitucional – há de ser obtida na via do controle difuso de constitucionalidade, que, supondo a existência de um caso concreto, revela-se acessível a qualquer pessoa que disponha de legítimo interesse (CPC, art. 3º). FUNÇÃO CONSTITUCIONAL DO ADVOGADO-GERAL DA UNIÃO – A função processual do Advogado-Geral da União, nos processos de controle de constitucionalidade por via de ação, é eminentemente defensiva. Ocupa, dentro da estrutura formal desse processo objetivo, a posição de órgão agente, posto que lhe não compete opinar e nem exercer a função fiscalizadora já atribuída ao Procurador-Geral da República. Atuando como verdadeiro curador (defensor legis) das normas infraconstitucionais, inclusive daquelas de origem estadual, e velando pela preservação de sua presunção de constitucionalidade e de sua integridade e validez jurídicas no âmbito do sistema de direito, positivo, não cabe ao Advogado-Geral da União, em sede de controle normativo abstrato, ostentar posição processual contrária ao ato estatal impugnado, sob pena de frontal descumprimento do 'munus' indisponível que lhe foi imposto pela própria Constituição da República. Precedentes." BRASIL. Supremo Tribunal Federal. ADI 1254 AgR/ RJ. Tribunal Pleno. Min. Celso de Mello. Julgado em 14/08/1996. Disponível em: <http://www. stf.jus.br/portal/processo/verProcessoAndamento.asp?numero=1254&classe=ADI-AgR&c odigoClasse=0&origem=J UR&recurso=0&tipoJulgamento=M>. Acesso em: 20 mar. 2019.

embargo, a veces, tiene alguna excepción (eadem quaestio inter easdem personas revocatur)"[416].

Francesco Carnelutti já sustentava que *"en el lenguaje común se enuncia la misma limitación diciendo que la cosa juzgada tiene fuerza de ley o causa estado sólo frente a las partes"*[417]. Diferente não seria a visão de Eduardo Couture sobre o tema, ao declarar que a coisa julgada está vinculada às partes e necessita destas para se realizar. Nesse contexto, refere o jurista uruguaio que:

> (...) *el punto de partida en esta materia es el de que, por principio, la cosa juzgada alcanza tan sólo a los que han litigado; quienes no han sido partes en el juicio anterior no son afectados por ella, y pueden proclamarse ajenos a ésta aduciendo que res inter alios judicata alliis neque prodesse neque nocere potest. La doctrina francesa ha dicho siempre que esta regla es la misma que rige para las convenciones*[418].

A opção normativa foi clara, pois elenca como uma das qualidades da coisa julgada a existência das partes, o que qualifica a decisão e possibilita tornar-se imutável e indiscutível o seu conteúdo, entre as partes, pois projetada a *res iudicata* para dar às partes e à sociedade estabilidade e segurança jurídica. Ora, a coisa julgada só tem sentido se formada para as partes e pelas partes por meio do litígio. Os limites subjetivos da *res iudicata* são parcela necessária à sua existência, assim como o são os limites objetivos e temporais. Tudo isso se diz em face de ser a coisa julgada formada, tradicionalmente, pelos seus limites objetivos e subjetivos sujeitos à imutabilidade. A coisa julgada existe para e em decorrência das partes, tornando o conteúdo decisório da decisão imutável em face dos sujeitos processualmente envolvidos, já que a decisão é imperativa. Isso não poderia ocorrer em face dos legitimados, já que estes agem em decorrência do cargo ou da atribuição exercida, mas, jamais, frise-se, como partes com interesse próprio e subjetivo na demanda.

---

[416] Chiovenda, Giuseppe. Principios de Derecho Procesal Civil. Traducción de José Casáis y Santalo. Madrid: Reus, 1925. t. I. p. 429.

[417] Carnelutti, Francesco. Instituciones del nuevo proceso civil italiano. Traducción de Jaime Guasp. Barcelona: BOSCH, 1942. p. 95.

[418] Couture, Eduardo J. Fundamentos do Direito Processual Civil. Tradução de Benedicto Giaccobini. Campinas: RED Livros, 1999. p. 422.

Fora isso, as demandas são, classicamente, identificadas pela teoria da tríplice identidade (*trea eadem*). Essa classificação é deveras importante para a formação da *res iudicata*, pois a coisa julgada se forma em relação a quem (limite subjetivo), ao que (limite objetivo) e até que momento (limite temporal), sendo isto definido pela existência de partes, causa de pedir e pedidos. Esses requisitos estarão presentes na petição inicial, bem como na sentença que, pela coisa julgada, tornar-se-á imutável. Assim, os elementos identificadores das demandas são: a) as partes; b) a causa de pedir, e, por fim, c) os pedidos.

O conceito de partes serve, ademais, para: a) individualização das demandas; b) declarar quem estará sujeito à autoridade da coisa julgada ou se existe ou não litispendência entre uma e outra demanda; c) se possível, ou não, a participação por meio das intervenções de terceiros; d) quem pode ser testemunha. Ademais, o conceito de partes presta-se, como se vê, a uma série de situações, mas, destacadamente, para com a formação da coisa julgada em relação ao seu limite subjetivo, ou seja, sob quem irá pairar a imutabilidade da *res iudicata*.

Nesse ponto, deve-se afirmar que, inexistindo partes, mas somente legitimados, como no controle de constitucionalidade abstrato, típico processo objetivo, não se pode falar em coisa julgada, pois ausente uma de suas necessárias condicionantes, a(s) parte(s). Sérgio Gilberto Porto[419], percebendo esse problema, refere que, na concepção ortodoxa do instituto da coisa julgada, imprescindível a perfeita compreensão antecedente dos

---

[419] "Acaso haja absoluta identidade dos três elementos antes referidos entre uma e outra demanda, e se uma delas já estiver definitivamente julgada, ou seja, com sentença de mérito transitada em julgado, dir-se-á presente o instituto da coisa julgada ou – como prefere a orientação portuguesa, referendada pela Lei de Introdução às normas do Direito Brasileiro (art. 6.º, § 3.º) – estaremos diante do caso julgado.
Dessa forma, na concepção ortodoxa do instituto da coisa julgada, imprescindível a perfeita compreensão antecedente dos conceitos de parte, pedido e causa de pedir, para que seja possível a identificação da ocorrência ou não de tal instituto, uma vez que somente com a precisa identificação daqueles é que resultará possível a averiguação da presença desta, na medida em que a variação de qualquer dos elementos identificadores das 'ações' implicará a variação da demanda e, por decorrência, na ausência de coisa julgada." Porto, Sérgio Gilberto. Coisa julgada civil. 4. ed. rev. atual. e ampl. com notas do Projeto de Lei do Novo CPC. São Paulo: Revista dos Tribunais, 2011. p. 30-31. Contrariamente a essa posição, vem Vicente Greco Filho, aduzindo que "[...] tríplice identidade é indispensável para a identificação das ações, mas não serve para a objeção de coisa julgada, que tem uma aplicação mais ampla." Greco Filho, Vicente. Comentários ao Código de Proteção do Consumidor. São Paulo: Saraiva, 1991. p. 362.

conceitos de parte, pedido e causa de pedir, para que seja possível a identificação da ocorrência ou não de tal instituto, uma vez que somente com a precisa identificação daqueles é que resultará possível a averiguação da presença desta, na medida em que a variação de qualquer dos elementos identificadores das ações implicará a variação da demanda e, por decorrência, a ausência de coisa julgada.

Essa posição, a qual se adota neste ensaio, não foi somente pensada por Sérgio Gilberto Porto, mas, também, pela jurisprudência do Supremo Tribunal Federal, visto que, no julgamento da Ação Rescisória 1343/SC349, estabeleceu o Supremo Tribunal Federal que a coisa julgada pressupõe, ainda, a tríplice identidade de pessoas, de causa de pedir e pedido. Não há falar no fenômeno quando diversas as demandas reveladoras dos títulos em cotejo, quer em relação às partes, quer no tocante às causas de pedir e aos pedidos. Com isso, comprova-se que, não havendo na demanda a tríplice identidade, pela ausência de partes no controle abstrato, não haverá a formação de coisa julgada, pois esta depende, para ocorrer, daquela. No controle de constitucionalidade abstrato, como referido anteriormente, não há partes, razão por que seria impossível falar de coisa julgada.

Outro aspecto relevante, que merece o destaque, desde já, vem a ser a compreensão de que não existe vinculação do Supremo Tribunal Federal aos seus próprios julgados. O efeito vinculante[420], como instituto, foi constituído, e acolhido normativamente, para que as decisões do Supremo se tornassem respeitadas por todos os órgãos do próprio Poder Judiciário, bem como do Poder Executivo. Essa vinculação, realmente necessária, é mecanismo significativo na manutenção da autoridade do Supremo, como guardião da Constituição e seu intérprete, bem como um marco relevante para a estabilidade das posições adotadas pela Corte. Com efeito, esse instituto garante respeitabilidade às decisões do Supremo e torna-as vinculativas aos órgãos que estejam submetidos à vinculação.

---

[420] Sobre a origem do efeito vinculante, como instituto, afirma Gilmar Ferreira Mendes que "[...] tal constatação parece legitimar a investigação sobre o significado do 'efeito vinculante', que, como já tivemos a oportunidade de explicitar, foi inspirado diretamente pela chamada Bindungswirkungdo direito germânico (§ 31, I, da Lei da Corte Constitucional alemã)." MENDES, Gilmar Ferreira. O efeito vinculante das decisões do Supremo Tribunal Federal nos processos de controle abstrato de normas. Brasília, v. 1, n. 4, ago. 1999. Disponível em: <http://www.planalto.gov.br/ccivil_03/revista/Rev_04/efeito_vinculante.htm>. Acesso em: 21 fev. 2019.

Destarte, falando de efeito vinculante, em relação à sua incursão normativa, resta aclarar que sua determinação vem disposta, em relação à ADI, ADO e ADC, no art. 28, parágrafo único, da Lei nº 9.868/1999. Além do mais, sendo caso de ADPF, o efeito vinculante vem esculpido no art. 10, § 3º, da Lei nº 9.882/1999. Em Portugal, o efeito vinculante vem previsto no art. 282, n.º 1. da CRP, assim como no art. 66 da LTC. Nessa linha, vem o Supremo Tribunal Federal aplicando a norma e colocando em prática as suas determinações, fazendo valer o efeito vinculante, como pretendido em sua natureza, para os demais órgãos do Poder Judiciário e Executivo.

No agravo regimental na Reclamação 2143/SP, o Supremo explicitou que o efeito vinculante se dá "em relação a todos os magistrados e tribunais, bem assim em face da Administração Pública federal, estadual, distrital e municipal, impondo-se, em consequência, a necessária observância por tais órgãos estatais, que deverão adequar-se, por isso mesmo, em seus pronunciamentos, ao que a Suprema Corte, em manifestação subordinante, houver decidido, seja no âmbito da ação direta de inconstitucionalidade, seja no da ação declaratória de constitucionalidade, a propósito da validade ou da invalidade jurídico-constitucional de determinada lei ou ato normativo"[421].

Acredita-se que o efeito vinculante possa atingir a todos os demais órgãos do Poder Judiciário com exceção do próprio Supremo Tribunal Federal que poderá, buscando manter-se atual às realidades fáticas e evolutivas sociais, dar nova conotação à decisão anteriormente proferida pelo fato de, necessariamente, não estar aquela Corte vinculada às suas próprias decisões. Isso tudo desde que seja provocada, uma vez mais, a Corte, sendo o caso, por exemplo, de posterior declaração de inconstitucionalidade do que antes, por anterior demanda, fora declarado constitucional.

Esse critério garante constante atualidade à interpretação normativa, obrada pelo Supremo, pois possibilita à Corte nacional, que controla a (in)constitucionalidade das leis, a constante mutação de seus paradigmas decisórios. Isso se dá especialmente para evitar que a decisão do Supremo, em controle abstrato, torne-se intocável por ele próprio, o que, necessariamente, enrijeceria o sistema jurídico nacional, pois aquilo que hoje é constitucional pode ser inconstitucional posteriormente, bem como aquilo que era

---

[421] BRASIL. Supremo Tribunal Federal. Rcl 2143/SP. Tribunal Pleno. Min. Celso de Mello. Julgado em 12/03/2003. Disponível em: <http://www.stf.jus.br/portal/processo/verProcesso-Andamento.asp?numero=2143&classe=Rcl-AgR&codigoClasse=0&origem=JUR&recurso=0 &tipoJulgamento=M>. Acesso em: 20 mar. 2019.

inconstitucional, caso editada novamente a norma nos mesmos moldes e com a mesma definição do direito objetivo, poderá ser, se questionada, declarada constitucional, assim como poderá aquilo que era considerado cumprimento de preceito fundamental não mais o ser tempos depois ou vice-versa. Pesando nisso, na ausência de vinculação do Supremo às suas próprias decisões, é que nasce a possibilidade, àquela Corte, de decidir sobre anterior declaração por ela proferida, inviabilizando-se, assim, a formação da coisa julgada, já que suas decisões, em especial seu conteúdo, não são imutáveis.

Caso se considerasse a decisão do Supremo imutável, outro problema sistêmico grave ocorreria, qual seja petrificar as decisões da Corte como cláusulas pétreas que estão fora das previstas no art. 60, § 4º, da Constituição Federal, já que as decisões do Supremo seriam intocáveis e não mais poderiam mudar, assim como se dá com as cláusulas pétreas. Isso seria inadmissível, razão por que o sistema, além das outras razões apontadas, não comporta como imutáveis as decisões do Supremo em relação ao controle de constitucionalidade abstrato. Frente a tudo isso, resta importante observarem-se as pontuações de Gilmar Ferreira Mendes, que nos traz a problemática que surgiu na Alemanha:

> Questão que tem ocupado os doutrinadores diz respeito, todavia, à eventual vinculação do Tribunal no caso de declaração de constitucionalidade. Poderia ele vir a declarar, posteriormente, a inconstitucionalidade da norma declarada constitucional? Estaria ele vinculado à decisão anterior? Tal como referido, a questão suscitou controvérsias na Alemanha[422].

No Tribunal Constitucional alemão (Bundesverfassungsgericht), questionava-se se poderia haver ou não essa vinculação, em que se chega a perguntar se o Supremo Tribunal Federal também se vincula à declaração de constitucionalidade proferida anteriormente. Gilmar Ferreira Mendes começa solucionando o caso no Tribunal Constitucional alemão dizendo que *"embora a Lei orgânica do Tribunal Constitucional alemão não seja explícita a propósito, entende a Corte Constitucional ser inadmissível construir-se aqui uma autovinculação"*[423].

---

[422] Mendes, Gilmar Ferreira. Jurisdição constitucional. 5. ed. São Paulo: Saraiva, 2007. p. 360.
[423] Mendes, Gilmar Ferreira. Jurisdição constitucional. 5. ed. São Paulo: Saraiva, 2007. p. 360.

Nesse contexto, o autor emenda, sustentando que "o efeito vinculante atinge não só as partes do processo, mas também os demais órgãos constitucionais federais e estaduais (Presidente da República, Governo Federal, Parlamento Federal, Conselho Federal, no plano federal), os Tribunais e as autoridades administrativas federais e estaduais. Inexiste, todavia, efeito vinculante para o próprio Bundesverfassungsgericht, que não está obrigado a manter posição jurídica sustentada em uma decisão posterior"[424]. Gilmar Ferreira Mendes, então, pensando no sistema alemão, em relação ao efeito vinculante no Brasil, afirma que "a primeira questão relevante no que concerne à dimensão subjetiva do efeito vinculante refere-se à possibilidade de a decisão proferida vincular ou não o próprio Supremo Tribunal Federal. Embora a Lei Orgânica do Tribunal Constitucional alemão não seja explícita a propósito, entende a Corte Constitucional ser inadmissível construir-se aqui uma autovinculação."

Essa orientação conta com aplauso de parcela significativa da doutrina, pois, além de contribuir para o congelamento do direito constitucional, tal solução obrigaria o Tribunal a sustentar teses que considerasse errôneas ou já superadas. A fórmula adotada pela Emenda nº 3, de 1993, parece excluir também o Supremo Tribunal Federal do âmbito de aplicação do efeito vinculante. A expressa referência ao efeito vinculante em relação aos demais órgãos do Poder Judiciário legitima esse entendimento.

De um ponto de vista estritamente material, também é de se excluir uma autovinculação do Supremo Tribunal aos fundamentos determinantes de uma decisão anterior, pois isso poderia significar uma renúncia ao próprio desenvolvimento da Constituição, a fazer imanente dos órgãos de jurisdição constitucional. Todavia, parece importante, tal como assinalado por Bryde, que o Tribunal não se limite a mudar uma orientação eventualmente fixada, mas que o faça com base em uma crítica fundada do entendimento anterior que explicite e justifique a mudança"[425].

---

[424] Id. O efeito vinculante das decisões do Supremo Tribunal Federal nos processos de controle abstrato de normas. Brasília, v. 1, n. 4, ago. 1999. Disponível em: <http://www.planalto.gov.br/ccivil_03/revista/Rev_04/efeito_vinculante.htm>. Acesso em: 21 fev. 2019.

[425] 359 Mendes, Gilmar Ferreira. O efeito vinculante das decisões do Supremo Tribunal Federal nos processos de controle abstrato de normas. Brasília, v. 1, n. 4, ago. 1999. Disponível em: <http://www.planalto.gov.br/ccivil_03/revista/Rev_04/efeito_vinculante.htm>. Acesso em: 21 fev. 2014.

Importante passo dá-se, a partir das reflexões desse autor, já que, se houvesse a dita autovinculação, o Supremo seria obrigado a observar todas as suas decisões anteriores que, por vezes, já estariam superadas temporal, teórica e socialmente, fazendo com que a constante evolução do sistema jurídico fosse obstada, sem falar do retrocesso que seria manterem-se, por exemplo, decisões de séculos passados em momentos hodiernos sob o enfoque de novas realidades e necessidades sociais. Não seria possível, ao Supremo, mudar as posições equivocadamente formadas, pois aquele Tribunal também pode errar, fazendo com que decisões equivocadas se perpetrassem para sempre.

Portanto, pode-se afirmar que o Supremo, então, poderá reanalisar por meio de uma ADI, por exemplo, aquilo que já havia declarado constitucional anteriormente em ADC ou ADI improcedente, visto que poderá existir uma mudança na compreensão dos princípios constitucionais, sendo sua interpretação em um dado momento diferente da obtida anteriormente. Nesse caso, poderia haver a reapreciação pelo Supremo de sua anterior decisão que declarou constitucional lei ou ato normativo, por exemplo, para que não fossem aplicadas interpretações arcaicas a um ornamento jurídico que se moderniza a cada dia, por ser dinâmico, buscando a efetividade do processo, respeitando o devido processo legal, o contraditório e a ampla defesa e, principalmente, a razoável duração do processo.

Assim, de tudo isso, não existindo partes nas demandas do controle abstrato, assim como por ser adequado que não se fale em vinculação[426] à Corte de suas próprias decisões, pode-se tranquilamente concluir que não haverá, em relação às decisões da Corte, imutabilidade do conteúdo decisório, ou seja, não haverá coisa julgada, pois esta sequer se formará. Nesse caso, como já afirmado, por mais que seja a coisa julgada mecanismo de estabilidade das decisões judiciais, que se desenvolve no controle difuso, não se desenvolverá no controle abstrato como mecanismo de estabilidade por sua efetiva inocorrência.

---

[426] "Conferir efeito vinculante às decisões dos tribunais superiores é uma tendência universal, e consiste em lhes dar maior eficácia, isto é, além da eficácia erga omnes, própria das proferidas em jurisdição concentrada, na fiscalização abstrata da constitucionalidade, quer dizer que todos os órgãos judiciários e administrativos ficam a ela vinculados, obrigados a respeitar o que já ficou decidido pelo Supremo, o que possibilita igualdade de efeitos de sua manifestação, pela submissão a seus termos de todas as causas, inclusive daqueles que estão em andamento." Ferrari, Regina Maria Macedo Nery. Efeitos da declaração de inconstitucionalidade. 4. ed. rev. atual. e ampl. São Paulo: Revista dos Tribunais, 1999. p. 177.

Considerações Finais

Por primeiro, conclui-se, por certo, diante de todo o estudo efetuado, que toda decisão judicial, mais do que a aplicação simples e direta da lei ao caso concreto, é fruto de raciocínio jurídico, análise material e de uma inequívoca criatividade judicial, derivadas diretamente de um ato de valoração das matérias de fato e de direito propostos pela demanda, sem que isso viole, de qualquer forma, os postulados do Estado Democrático de Direito.

Sabe-se que a importância e a necessidade de estudo da fundamentação das decisões judiciais, em nossa nova sistemática processual civil, emergem em um momento de crise do próprio Poder Judiciário, cuja realidade dos conflitos submetidos à sua apreciação é preocupante diante dos grandes números de processos que se amontoam, da demora da solução das controvérsias, inclusive, em algumas hipóteses, acarretando no próprio descrédito do Judiciário.

Com a entrada em vigência do CPC/2015 em nosso ordenamento jurídico, houve por parte do legislador a tentativa de instituir um modelo de fundamentação, pautado na cooperação entre os integrantes da relação jurídica processual, conferindo maiores poderes aos julgadores na condução dos processos, em especial para a interpretação do direito material e sua concretização no processo, bem como na atribuição de uma maior validade e eficácia aos precedentes judiciais obrigatórios e vinculantes e a sua influência na tomada de decisões pelo julgador.

Reconhece-se, inevitavelmente, que a atual condição do Poder Judiciário brasileiro, de assoberbamento de trabalho, do excesso de demandas, da judicialização de massa, bem como da diminuta e escassa mão de obra disponível, levou os intérpretes e aplicadores da lei a buscar novas formas para a solução dos litígios, uma vez que a sociedade espera uma prestação jurisdicional mais efetiva, célere e, acima de tudo, de qualidade.

Desta forma, analisadas tais condições e realidades em que o Judiciário se encontra, com jurisdicionados cada vez mais desejando uma resposta rápida a seus questionamentos e na necessidade de finalizar o litígio de forma mais adequada e célere possível, emerge, de certa forma, uma natural contradição a respeito da efetividade da prestação jurisdicional, em especial a respeito da ponderação entre a razoável duração do processo, a efetividade e a celeridade processual. Destaca-se e enfatiza-se que o processo não deve ser visto como um mal social, cujo julgamento deve ocorrer de maneira mais rápida possível, mas, sim, visto como uma efetiva forma de pacificação social, de estabilidade e segurança das relações jurídicas.

Diante dessa realidade, pode-se observar uma importante dicotomia do Poder Judiciário, tendo, de um lado, uma busca pela efetividade dos princípios fundamentais voltados para o processo, garantindo um processo justo e efetivo e, de outro, a sistemática de acesso à justiça justamente para assegurar a garantia de direitos fundamentais, cuja omissão dos demais Poderes, embora expressamente prevista na Constituição a eficácia imediata de tais direitos, acarrete em graves danos e na necessidade de substituição pelo Poder Judiciário para consolidar as regras do Estado Democrático de Direito.

Desta forma, observa-se o crescimento de demandas processuais a serem julgadas pelo Judiciário, em busca de uma resposta rápida a cada caso concreto, surgindo equivocamente na adoção de um modelo de insucesso, mas por vezes inevitável, de efetividade quantitativa.

Tendo a fundamentação judicial como o limite precípuo e primordial do julgador para a análise dos casos concretos, analisaram-se os conceitos de retórica e da nova retórica para delimitar a função do discurso jurídico como a forma de convencer dois interlocutores ou auditório (juízes ou tribunais), ou seja, na intenção de persuadir aos interessados a respeito da legitimidade, justiça e efetividade do provimento jurisdicional.

Por certo, explica Perelman, que todo discurso envolve uma exposição quanto a juízo de valores, não tendo como exigir do julgador uma lógica em tais hipóteses, quando utilizados em determinadas teses a serem defendidas ou sustentadas, assim entendidas como a necessidade de se submeter e estabelecer aquilo que é, de fato, adequado para cada questão apresentada.

Da mesma forma, Alexy identificou que o julgador, no momento de julgar uma demanda (orador), deve apresentar todas as razões que justificam o seu entendimento, no intuito de garantir a racionalidade do discurso, uma vez que admite que todo discurso, inevitavelmente, sofre a influência de questões de ordem moral e valorativa. No entanto, justifica que todo e qualquer discurso deriva da necessidade de ser observada uma série de regras predefinidas, que devem obrigatoriamente fazer parte integrante de uma espécie de razão comunicativa.

Podemos, ainda, afirmar, que a técnica da ponderação de valores, direitos e princípios (criticadas por alguns juristas) surge, certamente, em um momento em que há a necessidade de proferir, de maneira qualitativa, uma decisão judicial que seja própria, justa e específica para os casos difíceis, em relação aos quais o raciocínio tradicional e as regras básicas de argumentação e de subsunção não se demonstram mais adequados.

Assim, no nosso sistema, quando o intérprete se deparar com conflitos ou casos difíceis em que se contraponham normas e direitos constitucionais, bem como frente a determinadas normas infraconstitucionais, possivelmente se estará diante de um caso prático no qual somente a ponderação (daí, de certa forma, possibilitando a utilização da criatividade judicial) será o meio adequado para se chegar à solução efetiva de um possível conflito, sem que isto viole a legitimidade argumentativa do magistrado ou os postulados do Estado de Direito.

Evidente que o juiz nunca poderá agir de modo arbitrário no processo, de forma desarrazoada, sem observar os limites impostos pelo próprio ordenamento jurídico, pelos critérios objetivos e subjetivos propostos pelo legislador e, em especial, àquilo que determina a própria Constituição Federal. Neste sentido, o legislador determinou, no art. 489 do CPC/2015, além do dever de fundamentação das decisões judicias, as hipóteses legais em que não será considerada como devidamente fundamentada a sentença, ou seja, que não observou corretamente aqueles elementos essenciais, estruturantes e constitutivos exigidos pela legislação infraconstitucional, evidenciando que o julgador deverá observar em sua decisão se não é caso de aplicação de algum desses elementos, sob pena de nulidade da sua sentença, presumindo-se, pois, que o controle de legitimidade da fundamentação, neste caso, dá-se em razão da própria determinação da lei.

Assim, a criatividade judicial do julgador, no momento de proferir a sua decisão judicial, sempre encontrará, por certo, o seu limite no próprio dever de motivar, cuja legitimidade de utilização, prevista constitucionalmente, possibilitará o devido controle no processo (endoprocessual) pelas partes ou, ainda, pela própria sociedade e jurisdicionados (extraprocessual), bem como para evitar abusos e arbitrariedades por parte dos julgadores, evitando uma contaminação de todo o processo argumentativo utilizado para justificar determinada decisão, a partir de seu poder de retórica argumentativa, sempre no intuito de persuadir o "auditório" no qual seu discurso judicial estará inserido, demonstrando que, de fato, a sua decisão judicial está nos limites propostos pelo Direito vigente e em conformidade com as técnicas e exigências de fundamentação, possibilitando, consequentemente, o devido controle de seus relatos.

É certo, portanto, que o juiz, ao justificar a sua decisão, exerce uma função de persuasão em relação às partes no processo, visando a convencê-las de que ao julgar aplicou ao caso concreto a solução mais adequada que poderia ser encontrada no ordenamento legal e que, consequentemente, seria essa a melhor alternativa, dentre outras eventualmente possíveis, a de se esperar do julgador.

Finalmente, analisando as proposições do CPC/2015 a respeito da fundamentação das decisões judicias, previstas no art. 489, § 1º, a decisão jurídica de fundamento defeituoso ou aquela ausente de fundamentação, carece de legitimidade, sendo contrária à previsão constitucional do dever de motivar e da legislação infraconstitucional, esclarecendo como elemento essencial da sentença os fundamentos, em que o juiz analisará as questões de fato e de direito em que se funda a ação, não podendo se ter como inexistente ou anulável o pronunciamento jurisdicional, mas, sim, de vício de nulidade, por se tratar de ato emanado pelo Estado, desrespeitando a forma exigida pela lei e instituída no interesse da ordem pública.

Desta forma, evidente a necessidade de se observarem os critérios da argumentação e do discurso argumentativo como limitação aos debates genéricos e decisões desprovidas de enquadramento legal, controlando-se social e juridicamente a prática desmedida dessa atuação jurisdicional. Portanto, a fundamentação das decisões judiciais reflete, justamente, a própria essência do Estado de Direito, no sentido de buscar a efetiva racionalidade do discurso do magistrado, assim erigida como a forma de atuação da atividade (e da criatividade) de julgar, suprindo lacunas existentes no próprio sistema, envolvendo, por vezes, direitos e preceitos fundamentais.

A respeito da estabilidade das decisões do Supremo Tribunal Federal, no controle difuso, podemos afirmar que esta se desenvolve, de fato, por meio da coisa julgada, da preclusão e do trânsito em julgado.

De outro lado, a estabilidade das decisões do Supremo, no controle abstrato de constitucionalidade, desenvolve-se por meio da preclusão e do trânsito em julgado, visto que não se forma a coisa julgada no controle de constitucionalidade abstrato; sobre a não formação da *res iudicata* no controle abstrato de constitucionalidade, como elementos de comprovação da sua não ocorrência, pode-se concluir:

(i) inexistem partes, na acepção tradicional da palavra, seguindo a doutrina abalizada, no controle de constitucionalidade abstrato, pois processo objetivo, havendo, sim, entretanto, legitimados a agir que o farão em função do cargo e em favor da Constituição, mas, jamais por interesse intersubjetivo próprio ou coletivo. Isso se pode dizer porque parte será aquele que como autor ou réu receberá as influências da coisa julgada e tenha, portanto, interesse pessoal na causa litigiosa.

(ii) também não se vê o implemento da tríplice identidade (*trea eadem*), que é a teoria capaz de dar identificação às ações, bem como suporte à formação da coisa julgada. A tríplice identidade é composta pelas partes, causa de pedir e pedidos. Ressalte-se que, no controle abstrato, conforme já enfatizado, não existem partes (mas, sim, legitimados). Por conseguinte, a tríplice identidade não resta implementada, impossibilitando a formação da coisa julgada nestas decisões, pois, sem partes, não haverá coisa julgada em seu limite subjetivo.

Conclua-se, dessa forma, que esse é um dos fortes fundamentos para a compreensão da inexistência da coisa julgada.

A coisa julgada é uma das modalidades de estabilização de demandas e conflitos, ou seja, de lides. Outro aspecto relevante é compreender que nas ações do controle abstrato não se visualiza a lide, isto é, a pretensão de alguém resistida por outrem. Se não há falar em lide no controle abstrato, pois processo objetivo, também se perderá uma das grandes forças para se pensar em *res iudicata*.

Outrossim, não se pode falar em coisa julgada no controle abstrato pelo fato de inexistir vinculação do Supremo Tribunal Federal às suas próprias decisões, visto que o efeito vinculante atinge os demais órgãos do Poder Judiciário e da Administração Pública, mas não o Supremo, que sempre poderá, desde que provocado, decidir novamente questão já decidida anteriormente. Se isso pode ocorrer, natural que se conclua que, pela possibilidade da mudança, não haverá imutabilidade, portanto, não haverá coisa julgada.

Assim como visto, as decisões do Supremo Tribunal Federal não são imutáveis e indiscutíveis em seu conteúdo decisório, razão por que adequado que se sustente, logicamente, não haver coisa julgada, já que esta é fatidicamente a imutabilidade do conteúdo decisório da decisão. Esse fenômeno é relevante para que a Corte continue dando passos firmes e evolutivos, em sua postura julgadora e seus posicionamentos, buscando manter o ordenamento jurídico adequado à realidade social, política e econômica vivenciada e mantendo sempre vívida a ideologia da Constituição.

A consequência da estabilização das decisões, por meio de um ou alguns de seus mecanismos, vem a ser exatamente a produção de segurança jurídica e consequente paz social, em face da autoridade da decisão proferida pelo Supremo Tribunal Federal.

Posfácio

Em tempos de diálogos profundos sobre a leitura constitucional do Direito Processual Civil, a obra "Decisão Judicial", do amigo, grande jurista e excelente processualista Rennan Faria Krüger Thamay, em coautoria com o nobre e destacado estudioso e processualista Vanderlei Garcia Junior, torna-se leitura mais do que obrigatória.

No moderno processo civil brasileiro, debates sobre a força de precedentes judiciais e sua natureza vinculante, bem como sobre os cuidados inerentes à formação da coisa julgada, traçam sérios parâmetros para uma nova era de abordagem do tema referente à técnica de formação da decisão judicial. Nesse contexto, não raro, as normas fundamentais do Código de Processo Civil disseminam diretrizes para que os sujeitos do processo, e dentre eles o magistrado, possam cooperar ao longo do trâmite processual, culminando-se com a devida prestação da tutela jurisdicional, materializada através da decisão judicial e do seu real e efetivo cumprimento. E, para tanto, não só estudos sobre a execução da decisão judicial são necessários.

A legitimidade para uma efetiva execução judicial também está lastreada na real necessidade de o título executivo judicial estar muito bem construído, em pleno atendimento a todos os princípios inerentes ao devido processo legal.

E, nesta linha, estudar como o magistrado deve motivar suas razões de decidir, em pleno atendimento à leitura constitucional do artigo 489 do Código de Processo Civil, assim como o impacto dessa motivação na estabilização das decisões judiciais e na formação de precedentes obrigatórios, denota atenção com a leitura contemporânea da já consolidada preocupação transnacional de como se obter um processo verdadeiramente efetivo e em plena conformidade com os melhores vetores de interpretação do princípio da segurança jurídica.

A obra ora em análise, portanto, é leitura mais do que obrigatória para os estudiosos do moderno processo civil.

Boa leitura e um brinde aos autores, que sabiamente abordaram tema sofisticado e com muita erudição; sem, contudo, perder a didática e a clareza dos importantíssimos ensinamentos que constam da obra, em uma demonstração de domínio da melhor técnica doutrinária, que só os reais professores, movidos pela paixão pelo que fazem, dominam e sabem exercer.

Elias Marques de Medeiros Neto

Pós Doutor em Direito Processual Civil pelas Universidades de Lisboa e Coimbra/IGC".

Referências

AARNIO, Aulis, VALDÉS, Ernesto Garzón; UUSITALO, Jyrki (Org.). *La Normatividad del Derecho*. Barcelona: Gedisa, 1997.

ADEODATO, João Maurício. *A retórica constitucional*. São Paulo: Saraiva, 2009.

_____. Uma crítica retórica à retórica de Aristóteles. In. *A retórica de Aristóteles e o Direito – Bases clássicas para um grupo de pesquisa em retórica jurídica*. Org. João Maurício Adeodato. Curitiba, PR: CRV, 2014.

_____. A Retórica de Aristóteles e o Direito. In. *A retórica de Aristóteles e o Direito – Bases clássicas para um grupo de pesquisa em retórica jurídica*. Org. João Maurício Adeodato. Curitiba, PR: CRV, 2014, p. 30.

_____. *Uma retórica da norma jurídica e do direito subjetivo*. São Paulo: Noeses, 2011.

ALVIM, Arruda. *Manual de Direito Processual Civil*, vol. 2, 7ª ed., São Paulo: Ed. Revista dos Tribunais, 2016.

ALVIM, Eduardo Arruda. THAMAY, Rennan Faria Kruger. GRANADO, Daniel Willian. *Processo constitucional*. São Paulo: RT, 2014.

ALEXY, Robert. *Teoria da argumentação jurídica: A Teoria do Discurso Racional como Teoria da Justificação Jurídica*. Trad. Zilda Hutchinson Schild Silva. São Paulo: Landy, 2001.

_____. *Teoria dos Direitos Fundamentais*. 2ª ed. Tradução de Virgílio Afonso da Silva. São Paulo: Malheiros, 2015.

_____. *Ponderação, Jurisdição Constitucional e Representação*. In. Constitucionalismo Discursivo, trad. Luís Afonso Heck, 2ª Ed., Porto Alegre: Livraria do Advogado, 2008.

_____. *Direitos Fundamentais no Estado Constitucional Democrático. Para a Relação entre Direitos do Homem, Direitos Fundamentais, Democracia e Jurisdição Constitucional*. Trad. Luís Afonso Heck. In: Revista Direito Administrativo, Rio de Janeiro, 217: 55-66, jul./set. 1999.

_____. *El concepto y la validez del derecho*. 2ª ed. Barcelona: Gedisa, 2004.

_____. *Constitucionalismo Discursivo*. Trad. de Luís Afonso Heck. 2ª Ed. Porto Alegre: Livraria do Advogado, 2008.

_____. *Sistema jurídico, principios jurídicos y razón practica*. Revista DOXA: Cuadernos de Filosofía del Derecho, nº. 05, 1988.

AMODIO, Ennio. *Motivazione della sentenza penale*. Enciclopedia del Diritto. Milano: Giuffrè, 1977.

ARENHART, Sérgio Cruz. *Ônus da prova e sua modificação no processo civil brasileiro. Provas: aspectos atuais do direito probatório – Coord. Daniel Amorim Assumpção Neves*, Rio de Janeiro: Forense; São Paulo: Método, 2009.

ARISTÓTELES. Retórica.

ATIENZA, Manuel. *As razões do direito: teorias da argumentação jurídica*. São Paulo: Landy, 2006.

_____. *Tras la justicia: una introducción al derecho e al razonamiento jurídico*, Barcelona: Ariel, 2000.

ÁVILA, Humberto. *Teoria dos Princípios. Da definição à aplicação dos princípios jurídicos*. 4ª ed. São Paulo: Malheiros, 2005.

AZEVEDO, Plauto Faraco de. *Do Poder Criativo do Juiz*. In. Aplicação do direito e contexto social. 2ª ed., São Paulo: Editora Revista dos Tribunais, 2000.

BARBI, Celso Agrícola. *Comentários ao Código de Processo Civil – art. 1º a 153*. 3ª ed. Rio de Janeiro: Forense, 1983.

BARCELLOS, Ana Paula de. *Alguns Parâmetros Normativos para a Ponderação Constitucional*. In: BARROSO, Luís Roberto (organizador). A Nova Interpretação constitucional: ponderação, direitos fundamentais e relações privadas. 2. ed. Rio de Janeiro: Renovar, 2006.

_____. *Ponderação, Racionalidade e Atividade Jurisdicional*. Rio de Janeiro: Renovar, 2005.

BARILLI, Renato. *Retórica*. Lisboa: Ed. Presença, 1985.

BARROSO, Luís Roberto. *Fundamentos teóricos do novo direito constitucional brasileiro. A nova interpretação constitucional*. Rio de Janeiro: Renovar, 2003.

_____. *Judicialização, Ativismo Judicial e Legitimidade Democrática*, Disponível em <http://www.oab.org.br/editora/revista/users/revista/1235066670174218181901.pdf> Acesso em 04 de janeiro de 2012.

_____. *Neoconstitucionalismo e constitucionalização do direito. O triunfo tardio do Direito constitucional no Brasil*. Revista da Escola da Magistratura Regional Federal da 2ª Região – EMARF. Rio de Janeiro: EMARF – TRF 2ª Região/RJ 2010 – vol. 13, nº 1, p. 205-224.

_____. *O Direito Constitucional e a Efetividade de suas Normas*, 9ª Ed. Rio de Janeiro: Renovar, 2008.

BEDAQUE, José Roberto dos Santos, *Poderes Instrutório do Juiz*, 4ª ed., São Paulo: Revista dos Tribunais, 2009.

_____. *Efetividade do Processo e Técnica Processual*, 2ª ed. São Paulo: Malheiros, 2007.

BENTHAM, Jeremy. *Tratado de las pruebas judiciales*. Trad. Manuel Ossorio Florit. Buenos Aires: Granada Editorial Comares, 2001.

BETTIOL, Giuseppe. *Instituizioni di diritto e procedura penale*. Padova: CEDAM Casa Editrice Dott. Antonio Milani, 1966.

BIONDI, Biondo. *Intorno alla Romanità del Processo Civile Moderno*. BIDR, XIII, 1934, In. VILLAR, Alfonso Murillo. La Motivación de la Sentencia en el Proceso Civil Romano. Cuadernos de História del Derecho. Madrid, n. 2, 1995.

BOBBIO, Norberto. *Teoria da Norma Jurídica*. Trad. de Ariani Bueno Sudatti e Fernando

REFERÊNCIAS

Pavan Baptisti; apresentação de Alaôr Caffé Alves. 6ª ed. São Paulo: EDIPRO, 2016.

_____. *O Positivismo Jurídico: Lições de filosofia do direito*. São Paulo: Ícone, 2006.

BONAVIDES, Paulo. *Curso de Direito Constitucional*. 23ª ed. São Paulo: Malheiros, 2008.

BRAGA, Sidney da Silva. *Iniciativa Probatória do Juiz no Processo Civil*, São Paulo: Saraiva, 2004.

BUENO, Cássio Scarpinella. *Curso Sistematizado de Direito Processual Civil, vol. I*, São Paulo: Editora Saraiva, 2ªed., 2008.

_____. *Curso Sistematizado de Direito Processual Civil, vol. II*, São Paulo: Editora Saraiva, 2ªed., 2008.

BUZAID, Alfredo. *Estudos e Pareceres de Direito Processual Civil*. São Paulo: Editora Revista dos Tribunais, 2002.

CALAMANDREI, Piero. *Eles, Os Juízes, Vistos Por Um Advogado*. Tradução de Paolo Barile. São Paulo: Martins Fontes, 2000.

_____. *La teoria "dell'error in iudicando" nel diritto italiano intermédio*. In. "Opere Giuridiche", v.8, 1979.

_____. *Processo e Democracia*. Pádua: CEDAM, 1952.

CANOTILHO, J. J. GOMES. *Direito Constitucional e Teoria da Constituição*. 6. ed. Coimbra: Almedina, 2002.

_____. *Direito Constitucional*. Coimbra: Almedina, 1999.

CARNELUTTI, Francesco. *Como se faz um processo*, Campinas: Servanda, 2010.

_____. *Teoría general del derecho*, MADRID: Revista de Derecho Privado, 1941.

CARNEIRO, Athos Gusmão. *Sentença mal fundamentada e sentença não fundamentada*. Revista de Processo, São Paulo, n. 81,1996.

CARVALHO, Aurora Tomazini de. *Curso de teoria geral do direito: o constructivismo lógico--semântico*. 2ª ed. São Paulo: Noeses, 2010.

CASTILHO, Ricardo. Filosofia do direito, 2ª ed. rev. e ampl. São Paulo: Saraiva, 2005.

CASTRO, Marcos Faro. *O Supremo Tribunal Federal e a Judicialização da Política*, Revista de Ciências Sociais, São Paulo, nº 34, vol. 12, p.27, 1997.

CINTRA, Antonio Carlos de Araújo; GRINNOVER, Ada Pelegrini; e DINAMARCO, Candido Rangel. *Teoria Geral do Processo*, 27ª ed. São Paulo: Malheiros, 2011.

CITTADINO, Gisele. *Judicialização da política, constitucionalismo democrático e separação de poderes*. In: VIANNA, Luiz Werneck (org). *A democracia e os três poderes no Brasil*. Belo Horizonte: Editora UFMG. Rio de Janeiro: IUPERJ/FAPERJ, 2002.

CHIOVENDA, Giusepe. *Instituições de direito processual civil*, vol. III.

COLESANTI, Vittorio. *Del contradditorio e procedimenti speciali*. In. Rivista di Diritto Processuale, 30 (4):612, 1975.

COMANDUCCI, Paolo. *La motivazione in fatto, La conoscenza del fato nel processo penale*, Ubertis (org.), Milano, 1992.

_____. *L'analise del regionamento giuridico*, Diritto Penale e Processo 4: 496, 1995.

_____. *Formas de (neo)constitucionalismo: un análisis metateórico*. Trad. Miguel Carbonell. In: "Isonomía. Revista de Teoría y Filosofía del Derecho", nº 16, 2002.

COSTA, Moacyr Lobo da. *A Revogação da Sentença Civil*. São Paulo: Ícone, Edusp, 1995.

COUTURE, Eduardo Juan. *Estudios de derecho procesal civil – la constitución y el proceso civil*, t. I, 3ª ed. Buenos Aires: Depalma, 1998.

DALL'AGNOL, Antonio. *Comentários ao Código de Processo Civil – art. 102 a 242 (Coord. Ovídio A. Baptista da Silva)*, vol. II, 2ª ed., São Paulo: Ed. Revista dos Tribunais, 2007.

DINAMARCO, Cândido Rangel. *Instituições de Direito Processual Civil*, vols. I e II. São Paulo: Editora Malheiros, 6ª ed., 2009.

_____. *Fundamentos do processo civil moderno*, 3ª ed. São Paulo: Malheiros,

_____. *A Instrumentalidade do Processo*, 14ª ed. São Paulo: Malheiros, 2009.

_____. *Princípio do Contraditório*, in *Fundamentos do Processo Civil Moderno*, São Paulo: Rev. dos Tribunais, 1986.

DINIZ, Maria Helena. *Compêndio de Introdução à Ciência do Direito*, 9ª ed. atualizada, São Paulo: Saraiva, 1997.

DWORKIN, Ronald. *O Império do Direito*. Trad. de Jefferson Luiz Camargo. São Paulo, Martins Fontes, 2006.

_____. *Levando os Direitos a Sério*. Tradução de Nelson Boeira. São Paulo: Martins Fontes, 2002.

ECHANDÍA, Hernandes Devis, *Teoría general de la prueba judicial*, t. I.

FAZZALLARI, Elio. Instituizoni di diritto processuale, 5ª. ed. Padova: CEDAM, 1989.

_____. *La sentenza in rapporto alla struttura e all'oggetto Del processo*. In: *La sentenza in Europa*. Padovam: Cedam, 1988.

FERNANDEZ-LARGO, Antonio Osuna. Exposición de la nueva teoría hermenéutica de H. G. Gadamer. In. *La Hermenéutica Jurídica de Hans-Georg Gadamer*. Valladolid: Espanha, 1992.

FERRAJOLI, Luigi. *Diritto e Ragione: Teoria del Garantismo Penale*. 3. ed. Roma: Laterza, 1996.

FONSECA, Leonardo Alvarenga da. *A fundamentação per relationem como técnica constitucional de racionalização das decisões judiciais*. Derecho y Cambio Social. 01.04.2014. Disponível em www.derechoycambiosocial.com. ISSN 2224-4131. Acesso em 11.11.2014.

GADAMER, Hans-Georg. *Verdade e método I – traços de uma hermenêutica filosófica*. 7 ed. São Paulo: Vozes, 2005.

_____. *Verdade e método*. 7ª ed. Petrópolis, RJ: Vozes, 2005. v. 1.

GAVAZZI, Giacomo. Tópica jurídica, *Novissimo digesto italiano*, Torino, UTET, 1973, v. 19.

GALUPO, Marcelo Campos. *Princípios jurídicos e a solução de seus conflitos: A contribuição da obra de Alexy*. Belo Horizonte: Revista da Faculdade Mineira de Direito, vol.1, nº 2, 1998.

_____. *Os princípios jurídicos no Estado Democrático de Direito: ensaio sobre o seu modo de aplicação*. Revista de Informação Legislativa, Brasília, ano 36, nº 143, julho/setembro 1999.

GERHARDT, Michael J. The multiple functions of precedents. In. *The power of precedente*, Oxford: Oxford University, 2008.

GIANFORMAGGIO, Letizia. Modelli di ragionamento giruidico: modelo dedutivo, modelo indutivo, modelo retorico. *Studi sulla giustificazione giuridica*. Torino: Giapichelli, 1986.

GOMES, Luiz Flávio. *O STF está assumindo um ativismo judicial sem precedentes?* Jus Navigandi, Teresina, ano 13, n. 2164. Disponível em: http://jus.com.br/revista/texto/12921. Acesso em: 12.06.2012.

GONÇALVES, Marcus Vinicius Rios. *Novo Curso de Direito Processual Civil*, 2ª ed., São Paulo:

Saraiva, 2009.
GRINOVER, Ada Pellegrini; GOMES FILHO, Antônio Magalhães e FERNANDES, Antônio Scarance. *Recursos no processo penal*. 7ª ed. São Paulo: Editora Revista dos Tribunais, 2011.
GRINOVER, Ada Pellegrini. *A iniciativa instrutória do juiz no processo penal acusatório*, 1999.
_____. *O Controle do Raciocínio Judicial pelos Tribunais Superiores Brasileiros*. In. Revista da Associação dos Juízes do Rio Grande do Sul, 17 (50):12, 1990
_____. *Novas Tendências do Direito Processual*. São Paulo: Fundação Universitária, 1990.
GUASTINI, Riccardo. *Das fontes às normas*. Tradução de Edson Bini. São Paulo: Quartier Latin, 2005.
_____. *Materiali per uma storia dela cultura giuridica*. In. Tema di ragionamento giudizario 11 (1): 199-200, 1981.
HESSE Konrad. *A Força Normativa da Constituição*. Tradução de Gilmar Ferreira Mendes, Sérgio Antônio Fabris Editor: Porto Alegre, 1991.
_____. *Elementos de Direito Constitucional da República Federal da Alemanha*. Sérgio Antônio Fabris Editor: Porto Alegre: Porto Alegre, 1998.
J.J. Carreira Alvim. *Neutralidade do Juiz e Ativismo Judicial*. Disponível em: http://flaviobenincasa.blogspot.com.br/2010/05/neutralidade-do-juiz-e-ativismo.html. Acesso em 22.04.2012.
KANT, Immanuel. *Fundamentación de la Metafísica de las Costumbres*. 12ª ed. Madrid: Epasa Calpe, 1996.
KELSEN. Hans. *Teoria pura do direito*. Trad. de João Baptista Machado. 7ª ed. São Paulo: Martins Fontes, 2006.
KOCHE, José Carlos. *Fundamentos de Metodologia Científica: teoria da ciência e iniciação à pesquisa*. Rio de Janeiro: Editora Vozes, 2002.
LASSALE, Ferdinand. *A Essência da Constituição*. 6ªed. Rio de Janeiro, Lumen Juris, 2001.
LIEBMAN, Enrico Tullio. *Manual de Direito Processual Civil*, volume I, Rio de Janeiro, 2ª Ed., Ed. Forense, 1985.
_____. *Do Arbítrio à Razão*. In. Rev. de Processo, 8 (29): 79-81, 1983, São Paulo: RT.
_____. *Parte ou 'Capo' di Sentenza*. In. Rivista di Diritto Processale, 1964.
LOPES, João Baptista. *Os Poderes do Juiz e o Aprimoramento da Prestação Jurisdicional*, Revista de Processo, Julho/Setembro de 1984.
_____. *A prova no direito processual civil*, RT, 2000.
MARCO GRADI. *Il principio del contraddittorio e le questioni rilevabili d'ufficio*. In. RePro, vol. 186, São Paulo: RT.
_____. *Il principio del contraddittorio e la nullità delle sentenze della "terza via"*. In. *Rivista di diritto processuale*, Padova: CEDAM, n. 4/2010 N. 4/2010.
MARINONI, Luiz Guilherme. ARENHART, Sérgio Crus e MITIDIERO, Daniel. *O Novo Processo Civil*. São Paulo: RT, 2015.
MARINONI, Luiz Guilherme. *Curso de Processo Civil*, v. II. São Paulo: Revista dos Tribunais, 2007, p. 265.
_____. *Precedentes obrigatórios*. 4ª ed. rev., atual., e ampl. São Paulo: Editora Revista dos Tribunais, 2016.
_____. *A ética dos precedentes*. São Paulo: Editora Revista dos Tribunais, 2014.

MARQUES, Cláudia Lima. *Superação das antinomias pelo Diálogo das Fontes: o modelo brasileiro de coexistência entre o Código de Defesa do Consumidor e o Código Civil de 2002*. Revista da Escola Superior da Magistratura de Sergipe, Aracaju, SE, v. 7, p. 15-54, 2004.

MARQUES, José Frederico. *Instituições de Direito Processual Civil*, vols. I e III, Campinas, Ed. Millennium, 2000.

MARTINS, Nelson Juliano Schaefer. *Poderes do juiz no processo civil*, São Paulo: Dialética, 2004.

MACCORMICK, Neil. *Rethoric and the rule of law – A theory of legal reasoning*. New York: Oxford University Press, 2005.

MEDINA, José Miguel Garcia. *Novo Código de Processo Civil Comentado*: com remissões e notas comparativas ao CPC/73. 3ª ed., São Paulo: RT, 2015.

MOREIRA, José Carlos Barbosa. *O Juiz e a Prova – Conferência de Direito Processual Civil*, Revista de Processo, Julho/Setembro de 1984.

_____. *Os Poderes do Juiz na Direção e na Instrução do Processo*, Revista Brasileira de Direito Processual, Rio de Janeiro: Forense, 1985.

_____. *Os Poderes do Juiz*, in Marinoni, Luiz Guilherme. *O Processo Civil Contemporâneo*. Curitiba: Juruá, 1994.

_____. *A Garantia do Contraditório na Atividade de Instrução*, in *Revista de Processo*, nº 35.

_____. *A Igualdade das Partes no Processo Civil*, in *Temas de Direito Processual Civil, Quarta Série*, São Paulo: Saraiva, 1994.

_____. *A Motivação das Decisões Judiciais como Garantia Inerente ao Estado de Direito*. In. Revista Brasileira de Direito Processual, Ed. Forense, v. 16/111.

MÜLLER, Friedrich. *O novo Paradigma do Direito*. Trad. Dimitri Dimoulis. São Paulo: RT, 2007.

NERY JUNIOR, Nelson. *Comentários ao Código de Processo Civil*, 10ª Ed..

_____ *Princípios do Processo Civil na Constituição Federal*. 8ª ed. São Paulo: Revista do Tribunal, 2004.

NINO, Carlos Santiago. *A validade do direito*. Buenos Aires: Astrea, 1985.

NOJIRI, Sérgio. *O dever de fundamentar as decisões judiciais*. São Paulo: RT, 1998.

ORESTANO, Riccardo. *L'appelo Civile in Diritto Romano*. Torino: G. Gkiappichelli, 1952.

PASSOS, JJ Calmon de. *Comentários ao Código de Processo Civil*, vol. III, Rio de Janeiro, 4ª ed., Ed. Forense, 1983.

PAULA, Alexandre de. *Código de Processo Civil Anotado*, vols. I e II, São Paulo: Editora Revista dos Tribunais, 7 ed..

PERELMAN, Chäim; e OLBRECHTS-TYTECA, Lucie. *Tratado da argumentação: A nova retórica*. São Paulo: Martins Fontes,1999.

PERELMAN, Chaïm. *Argumentação*, in Enciclopédia Einaudi, vol. 11, Lisboa: INCM, 1987.

_____. *Lógica jurídica*. Tradução Vergínia K. Pupi. 2ª ed., São Paulo: Martins Fontes, 2004.

PEYRANO, Jorge W. La regla de la carga de la prueba enfocada como norma de clausura del sistema, *Doutrinas essenciais de processo civil*, vol. 4, p. 901, Out.2011.

_____. *Nuevos lineamentos de las cargas probatórias dinâmicas*. ED, 2005, t. 153.

PLATÃO. Works of Plato. In. *Protágoras*, 312/313. The Works of Plato, Org. John M. Cooper, trad. Stanley Lombardo and Karen Bell. Indianapolis/Cambridge: Hackett Publishing

Company, 1997.

POSNER, Richard. *How Judges Think*. Massachusetts, London, England: Harvard University Press Cambridge, 2009.

REALE, Miguel. *Lições Preliminares de Direito*. 19 ª ed. São Paulo: Saraiva, 1991.

RONCAGLI, Giorgio. *Il Giudizio Sintetico nel Processo Civile Romano*. Milano, Giuffré, 1955.

SANTOS, Moacyr Amaral. *Comentários ao Código de Processo Civil – art. 332 a 475*, 3ª ed. Rio de Janeiro: Forense, 1982.

_____. *Primeiras Linhas de Direito Processual Civil*, São Paulo: Saraiva, 2008.

_____. *Prova judiciária no cível e comercial*, v. I, 5ª ed. São Paulo: Saraiva, 1983.

SILVA, De Plácido e. *Vocabulário Jurídico*. 3' ed. Rio de Janeiro, Forense, 1991.

SILVA, José Afonso. *Curso de Direito Constitucional Positivo - 35ª* ed. São Paulo: Malheiros, 2012.

SILVA, Ovídio A. Baptista da. *Jurisdição e execução na tradição romano-canônica*. São Paulo: Revista dos tribunais, 1997.

STRECK, Lênio Luiz e ABBOUD, Georges. *O que é isto – O precedente judicial e as súmulas vinculantes*. 3ª ed. Porto Alegre: Livraria do Advogado, 2015.

STRECK, Lenio. Hermenêutica e dogmática: aportes críticos acerca da crise do Direito e do Estado. In. *Cadernos de Pesquisa do Curso de Mestrado em Direito da Unisinos*. Porto Alegre: Unisinos, 1997.

_____. *O que é isto – decido conforme minha consciência?* Porto Alegre: Livraria do Advogado, 2010.

TARUFFO, Michele. *La Motivazione della Sentenza Civi*le. Pádua: CEDAM, 1957.

_____. Il controlo di razionalità fra logica, retorica e dialettica, *Diritto penale, controlo di razionalità e garanzie del citadino*, Basciu (org.), Padova: CEDAM, 1998.

_____. La giustificazione dele decisioni fondate su standarts, *L'analisis del regionamento giuridico*, Comanducci e Guastini (org.), Torino: Giappichelli, 1989.

_____. *Il significato costituzionale dell'obbligo di motivazione*. In. GRINOVER, Ada Pellegrini; DINAMARCO, Cândido Rangel; WATANABE, Kazuo (Coord.). Participação e Processo. São Paulo: RT, 1988.

TEIXEIRA. Sálvio de Figueiredo. *Atualidades Jurídicas. O Aprimoramento do Processo Civil Como Pressuposto de Uma Justiça Melhor."* Del Rey. Belo Horizonte. Ano Centenário da Faculdade de Direito, p. 134. 1992.

TEIXEIRA FILHO, MANUEL ANTONIO. *A Sentença no Processo do Trabalho*. 2ª ed. São Paulo: LTr, 1996.

TESHEINER, José Maria; e THAMAY, Rennan Faria Kruguer. *Teoria Geral do Processo, em conformidade com o Novo CPC*. Rio de Janeiro: Forense, 2015.

_____. Tesheiner, José Maria Rosa; Thamay, Rennan Faria Krüger. *Ativismo judicial e judicialização da política: determinação judicial de políticas públicas*. Revista Brasileira de Direito Processual – RBDPro, Belo Horizonte, ano 23, n. 92, p. 129-143, out./dez. 2015.

THAMAY, Rennan Faria Krüger. *Los procesos colectivos: Argentina y Brasil*. Buenos Aires: Cathedra Jurídica, 2012.

THEODORO Junior, Humberto. *Curso de Direito Processual Civil*, 48ª ed., Rio de Janeiro: Ed. Forense, 2008.

TROCKER, Nicolò. *La responsabilità del giudice*. Rivista Trimestrale di Diritto e Procedura

Civile 36:1.300, 1982

TUCCI, José Rogério Cruz e; AZEVEDO, Luiz Carlos. *Lições de História do Processo Civil Romano*, São Paulo: Editora Revista dos Tribunais, 1996.

TUCCI, José Rogério Cruz e. *Constituição de 1988 e Processo*. São Paulo: Saraiva, 1989.

_____. *Precedente judicial como fonte do direito*. São Paulo: Revista dos Tribunais, 2004.

VASCONCELOS, Arnaldo. *Teoria Pura do Direito: repasse crítico de seus principais fundamentos*. Rio de Janeiro: G Z, 2010.

WAMBIER, Teresa Arruda Alvim. *Estabilidade e adaptabilidade como objetivos do direito civil: civil law e common law*, RePro, n. 172.

WARAT, Luís Alberto. Problemas epistemológicos da linguagem: uma análise do neopositivismo lógico e problemas pragmáticos da linguagem natural: uma análise da filosofia da linguagem ordinária. In. *O Direito e sua linguagem*. Porto Alegre: Fabris, 1995.

WATANABE, Kazuo. *Acesso à Justiça e Sociedade Moderna*. In: GRINOVER, Ada Pellegrini Cândido Rangel Dinamarco e Kazuo Watanabe. São Paulo: Revista dos Tribunais, 1988.

WRÓBLEWSKI, Jerry. Justification, *Dictionnaire encyclopedique de theorie et de sociologie du droit*. Arnaut (org), Paris: LGDJ, 1993.

_____. *La sentenza in rapporto alla struttura e all'oggetto Del processo*. In: La sentenza in Europa. Padovam: Cedam, 1988.

_____. Livelli di giustificazione dele decisioni giuridiche. *Etica e Diritto: le vie dela giustificazione razionale*. Gianformaggio e Lecaldano (org.), Bari: Laterza, 1986.